SV

Luc Boltanski

Soziologie und Sozialkritik

Frankfurter Adorno-Vorlesungen 2008

Institut für Sozialforschung an der
Johann Wolfgang Goethe-Universität,
Frankfurt am Main

Aus dem Französischen von
Achim Russer und Bernd Schwibs

Suhrkamp

Bibliografische Information der Deutschen Nationalbibliothek
Die Deutsche Nationalbibliothek verzeichnet diese Publikation
in der Deutschen Nationalbibliografie;
detaillierte bibliografische Daten sind im Internet
über http://dnb.d-nb.de abrufbar.

Erste Auflage 2010

Satz: TypoForum GmbH, Seelbach
Druck: Druckhaus Nomos, Sinzheim
Printed in Germany
Umschlag: Werner Zegarzewski
ISBN 978-3-518-58546-7

1 2 3 4 5 6 – 15 14 13 12 11 10

Für Jean-Élie Boltanski

Ich muß Ihnen eins sagen: ich hab mein ganzes Leben für mich gedacht, unabhängig, ich bin anders geboren. Ich bin ich, und damit basta. Bin anders als die anderen ... Ich weiß fast gar nichts. Hab aber an manchem meine Zweifel. Wenn's darum geht, einem verzwickten Gedanken nachzuspüren, bin ich ein Jagdhund, wie's keinen zweiten gibt. Lassen Sie vor meinen Augen eine Idee los, ich stöbere hinter ihr her bis ins tiefste Dickicht. Amen! Wissen Sie, was es geben müßte? Alle Gelehrten, Politiker, höhere Behörden müßten zusammenkommen und endgültig vereinbaren, in einer gemeinsamen Versammlung ein für allemal Schluß zu machen mit der Vorstellung, daß es einen Teufel gibt, verkünden, daß er nicht existiert, daß er nicht existieren kann. Und zwar kraft des Gesetzes! Nur so bekämen die Leute endlich ihren Seelenfrieden. Warum kümmert sich bloß die Regierung nicht darum? Ach, ich weiß, daß es unmöglich ist. Glauben Sie nicht, ich sei ein Narr. Es ist etwas anderes, gute Ideen auszudenken, als mit einem Land umzugehen voll Leuten aus Fleisch und Blut mit ihren tausendundsovielen Nöten ... Eine Unmenge von Menschen – man erschrickt, wenn man dran denkt –, und keiner hat Ruhe: alle werden geboren, wachsen heran, heiraten, suchen Arbeit, Brot, Gesundheit, Reichtum, wollen sich wichtig tun, wollen Regen und gute Geschäfte ...

Joãn Guimarães Rosa, *Grande Sertão*

Inhalt

Vorwort

Dem vorliegenden Werk liegen drei Vorträge zugrunde, die im November 2008 im Rahmen der vom Frankfurter Institut für Sozialforschung eingerichteten *Adorno-Vorlesungen* gehalten wurden. Die Initiative zu dieser für mich gleichermaßen anregenden wie einschüchternden Aufgabe ging von Axel Honneth aus, mit dem mich seit einigen Jahren ein fruchtbarer Dialog verbindet. Ihm sei für diese Gelegenheit, Überlegungen, die mich in den letzten vier Jahren beschäftigt haben, im Zusammenhang darstellen zu können, herzlich gedankt.

Als ich diese Vorlesungen mit Blick auf eine Veröffentlichung erneut zur Hand nahm, konnte ich nicht umhin, eine Reihe von Argumenten wieder aufzugreifen, die ich damals aus Zeitgründen fallengelassen hatte. Darüber hinaus wurden aktuellere Gedanken zu zeitgenössischen Formen von Herrschaft aufgenommen, die ich im Oktober 2008 an der Berliner Humboldt-Universität im Rahmen der alljährlich zu Beginn des Wintersemesters vom Centre Marc Bloch organisierten Vorlesung vortragen durfte. Die drei Adorno-Vorlesungen fanden sich damit gleichsam verdoppelt; aus alldem ergeben sich die sechs Abschnitte des vorliegenden Werks. Doch da ich mir bewußt bin, wie schwierig der Übergang von der mündlichen Vorlesung zum geschriebenen Buch ist – angesichts der bei beiden Formaten jeweils höchst unterschiedlichen Argumentations- und Vorgehensweise eine fast nicht zu bewältigende Aufgabe[1] –, habe ich beim Schreiben versucht, die ursprüngliche mündliche Form so weitgehend wie möglich beizubehalten. Die sechs Abschnitte sind demnach wie eine Abfolge von sechs Vorträgen zu lesen. Der Leser darf damit aber auch kein fertiges, abgerundetes Werk erwarten – dies zu schreiben hätte mich noch mehr Jahre des Arbeitens gekostet und wäre (wird?) zu umfangreich geraten –, sondern lediglich eine Reihe von Bemerkungen, deren innerer Zusammenhang und Kohärenz sicher noch zu wünschen übrig lassen, gewissermaßen im Hinblick auf ein noch zu verfassendes Buch hingeworfene Gedanken. Oder, wenn man so will: eine Art »Abriß« der Kritik.

1 Vorlesungen folgen oft einem rascheren Rhythmus und sind anspielungsreicher. Der mündliche Vortrag erlaubt es nicht, auf Details einzugehen, wie es in einem Buch möglich ist, und dies zum einen vor allem, weil der Redner die Gedächtniskraft und das Aufmerksamkeitspotential seiner Zuhörer berücksichtigen muß, zum anderen, weil der Paratext fehlt.

Die sechs Abschnitte können jeweils paarweise zusammengefaßt werden und bilden dann drei unterschiedliche Teile. Die beiden ersten Abschnitte behandeln die Frage des Verhältnisses von Soziologie und Sozialkritik. Sie sucht die Soziologie seit ihren Ursprüngen heim. Soll die nach dem Modell der (Natur-)Wissenschaften konstituierte, wesentlich deskriptiv ausgerichtete Soziologie in den Dienst einer Kritik der Gesellschaft gestellt werden, was voraussetzt, letztere aus einer normativen Perspektive in den Blick zu nehmen – und wenn ja, wie muß die Soziologie dabei vorgehen, um Deskription und Kritik kompatibel zu machen? Führt die Ausrichtung an der Kritik zwangsläufig zu einer Beschädigung der Integrität der Soziologie und zur Abkehr von deren wissenschaftlichem Projekt – oder ist vielmehr anzuerkennen, daß die kritische Ausrichtung gleichsam den Endzweck oder einen der Endzwecke der Soziologie darstellt, die abgelöst von den Sorgen und Anliegen der Personen, aus denen die Gesellschaft besteht, eine leere, sinnlose Beschäftigung wäre? Derartige Fragen sind im Lauf der Geschichte der Soziologie immer wieder aufgetaucht und haben einen Rattenschwanz weiterer Gegensatzpaare wie etwa Tatsachen vs. Werte, Ideologie vs. Wissenschaft, Determinismus vs. Autonomie, Struktur vs. Handeln, Makro- vs. Mikroansätze, Erklären vs. Deuten bzw. Verstehen usw. mitgeschleift.
Nach einer raschen Darstellung der Begriffe, die zum Beschreiben der Struktur der kritischen Theorien in den Sozialwissenschaften dienlich sind, im ersten Abschnitt (der als eine Art Einführung gelesen werden kann), beschäftige ich mich im zweiten mit dem Vergleich zweier Programme, zu denen ich zu verschiedenen Zeitpunkten meines beruflich-akademischen Werdegangs einen Beitrag zu liefern versucht habe: zum einen dem der *kritischen Soziologie* der 1970er Jahre, vor allem in der ihr in Frankreich durch Pierre Bourdieu verliehenen Gestalt; zum anderen dem der *pragmatischen Soziologie der Kritik*, das von einigen von uns innerhalb der ›Groupe de sociologie politique et morale‹ an der École des hautes études en sciences sociales (EHESS) in den 1980-90er Jahren entwickelt wurde, und zwar in Opposition zum ersten Programm und *gleichzeitig* mit dem Ziel, an dessen grundlegender Intention festzuhalten. In diesem Abschnitt findet sich denn auch eine wechselseitige Kritik der beiden Programme unter dem leitenden Gesichtspunkt ihres jeweiligen Beitrags zur Sozialkritik.
In den Abschnitten 3 und 4, lesbar als ein zweiter Teil, sind die Umrisse eines Analyserahmens dargelegt, der aufs neue die Frage der

Kritik aufrollen soll, so wie sie unvermittelt nicht im Theorieraum der Soziologie, sondern in der alltäglichen Realität auftritt. Zugleich soll dieser Rahmen aber auch das nötige Instrumentarium zur Eindämmung der Spannung zwischen kritischer Soziologie und Soziologie der Kritik liefern. Er verfolgt damit ein Ziel der Pazifizierung. Ausgangspunkt dieses Rahmens ist das Postulat (eine Art geistiges Experiment), wonach der Aufbau des sozialen Lebens einer radikalen Ungewißheit hinsichtlich der Frage zu trotzen hat, *wie es um das, was ist, bestellt ist*. Im Mittelpunkt stehen hier die Institutionen, betrachtet zunächst in ihren semantischen Funktionen als Instrumente zur Konstruktion der Realität vermittels von Operationen der Qualifizierung von Wesen – Personen und Objekten – und der Definition von Prüfungsformaten. Die Möglichkeit der Kritik erwächst aus einem innerhalb der Institutionen selbst sich stellenden Widerspruch – hier beschrieben als *hermeneutischer Widerspruch*. Die Kritik gerät damit in ihrer dialogischen Beziehung zu den Institutionen in den Blick, gegen die sie auftritt. Sie kann sich bekunden, indem sie entweder aufzeigt, daß die Prüfungen so, wie sie durchgeführt werden (das heißt als Fallbeispiele oder, wie es in der analytischen Philosophie heißt, als *token*), nicht mit ihrem Format (oder ihrem *Typus*) übereinstimmen, oder indem sie in der Welt Beispiele und Fälle aufspießt, die mit der etablierten Realität nicht übereinstimmen und die damit *die Realität der Realität* in Frage zu stellen und deren Konturen zu verändern erlauben. Das begriffliche Gerüst dieser Analysen liefert die Unterscheidung zwischen *Realität* und *Welt*.
Die Abschnitte 5 und 6, die den dritten Teil bilden, sind direkter auf aktuelle politische Probleme ausgerichtet. Abschnitt 5 stellt einige summarische, der Kennzeichnung unterschiedlicher Herrschaftsmodi gewidmete Anwendungen des in den vorhergehenden Abschnitten skizzierten Analyserahmens dar. Der Begriff der Herrschaft – in dem Sinne, wie er im vorliegenden *Abriß* verwendet wird – verweist auf historische Situationen, in denen die Arbeit der Kritik sich je nach politischem Kontext und mehr oder minder offen oder verschleiert erheblichen Behinderungen ausgesetzt sieht. In diesem Abschnitt geht es insbesondere um einen – als managementkonform zu bestimmenden – Herrschaftsmodus, der im Begriff ist, sich in den westlichen demokratisch-kapitalistischen Gesellschaften festzusetzen. Absicht des Abschnitts 6 (als provisorischer Schluß lesbar) ist es, einige der Wege anzudeuten, die die Kritik heute einschlagen könnte, um sich in Richtung Emanzipation zu orientieren.

Abschließend sei ergänzt, daß die Frage der Kritik und die Probleme, die sich aus dem Verhältnis von Soziologie und Kritik ergeben, denen ich seit langen Jahren einen Großteil meiner Arbeit gewidmet habe, mich nicht nur aufgrund ihrer theoretischen Attraktivität gefangengenommen haben. Sie haben für mich und sicher allgemeiner für die Soziologen meiner Generation, die in den Jahren vor dem Mai 68 oder wenig später begonnen haben, sich mit diesem Fach zu beschäftigen, nahezu biographischen Charakter. Wir sind durch Perioden hindurchgegangen, in denen die Gesellschaft von machtvollen kritischen Bewegungen beherrscht war, dann wiederum durch Perioden, die von ihrem Abebben markiert waren. Vielleicht stehen wir heute am Beginn einer Epoche, die deren Rückkehr erleben wird.[2] Diese großgeschichtliche Entwicklung muß sich zwangsläufig auch auf die kleine Geschichte der Soziologie auswirken.

2 Am Rande seiner mediävistischen Arbeiten hat der Historiker Jérôme Baschet der zapatistischen Bewegung eine Schrift gewidmet (*La rébellion zapatiste*, Paris: Flammarion 2002), in deren Einleitung er eine wenn nicht erwiesene, so doch verführerische Periodeneinteilung vorschlägt, die durch Zyklen der Rebellion und der Rückkehr zur Ordnung gekennzeichnet ist. Ihm zufolge ging ein im ersten Drittel des 20. Jahrhunderts begonnener Zyklus sozialer Kämpfe um 1972 bis 1974 zu Ende (ein nach Baschet weitaus relevanterer Einschnitt als der häufiger genannte von 1989 bis 1991). Darin bilden die 68er Bewegungen einen Höhepunkt, denen eine »Trendwende« folgt, geprägt durch ein »stärker das Kapital begünstigendes Kräfteverhältnis« und einen Niedergang von Reflexion und kritischem Handeln. Seit 1994 und vor allem 2000 setzt, so unser Autor, eine neue Wende ein – mit dem Zapatismus als einer ihrer ersten Manifestationen –, mit der »kritisches Denken und Handeln« erneut einen Aufschwung erfahren (S. 15 ff.). Ähnliche Gedanken, hier auf die Frage der sozialen Klassen, ihrer Formen und ihres Mobilisierungsgrads bezogen, finden sich bei dem Soziologen Louis Chauvel (siehe namentlich *Les classes moyennes à la dérive*, Paris: Seuil 2006): Einer durch beträchtliche soziale Errungenschaften gekennzeichneten Periode großer Konfliktintensität (zwischen 1890 und 1970) sei eine weniger konfliktträchtige Periode gefolgt, die zu einem Verlust jener Errungenschaften geführt und neuen Konfliktformen den Weg gewiesen habe.

1. Die Struktur der kritischen Theorien

Macht oder Herrschaft. Gesellschaft oder soziale Ordnung

Bei meinen Überlegungen zu den kritischen Soziologien gehe ich vom Begriff der *sozialen Herrschaft* aus, einem polemischen Begriff insofern, als er eine Hauptachse der kritischen Theorien dargestellt hat, zugleich aber von anderen soziologischen Strömungen häufig verworfen wurde, zumindest in dem Maße, wie der Terminus »Herrschaft« nicht nur benutzt wird, um unterschiedliche Formen der Indienstnahme von Macht zugunsten einer Politik gleich welcher Art zu bezeichnen – wie etwa Webers »Herrschaftsformen« –, sondern herangezogen wird, um Machtäußerungen zu identifizieren und zu verurteilen, die als mißbräuchlich und übertrieben erachtet werden. Wie im weiteren zu sehen sein wird, hat ihn die kritische Soziologie ausgiebig in dieser Bedeutung verwendet, die pragmatische Soziologie der Kritik ihn dagegen schlicht ignoriert. Erwarten Sie bitte keine begriffsgeschichtlichen Erläuterungen – dazu fehlt mir hier der Raum und zudem überstiege dies leider auch meine Kompetenzen. Ich möchte mich nur auf diesen problematischen Begriff stützen, um damit versuchsweise das Verhältnis von Soziologie und Kritik zu klären und zu untersuchen, inwieweit beide in Kompromißbildungen zusammenfinden könnten, die freilich nie ohne Spannungen sind.

Ein erstes Merkmal der Herrschaftssoziologien beruht darin, daß sie ein synthetisches Objekt in dem Sinne prägen, daß es sich direkter Beobachtung entzieht und seine Offenlegung notwendig über eine Rekonstruktion durch den Analysierenden erfolgt. Der Soziologie sind einzig Machtverhältnisse beobachtbar. Für die Standardsoziologie geht der Bezug auf Macht mit der Identifizierung von Asymmetrien einher, die allerdings unterschiedlich, partiell, lokal und transitorisch sind. Unterschiedliche Quellen und Orte der Macht generieren ein Netzwerk, innerhalb dessen die Machtformen sich verfangen, widersprechen und sogar wechselseitig neutralisieren können. Die Tatsache der Machtausübung oder der Machtunterwerfung ist den Akteuren bzw. Handelnden durchaus bewußt, so wie die Machtverhältnisse einem Beobachter in der Regel wahrnehmbar sind. Macht kann somit leicht zum Gegenstand empirischer Soziologie werden, zum einen deshalb, weil die sozialen Beziehungen von zumindest in bestimmten Situationen unschwer beobachtbaren Machtverhältnissen durchdrungen sind, zum anderen, weil die Machtverhältnisse vielfach vorgängigen Formaten eingeschrieben sind, die in Form von Bräuchen Bestand gewinnen oder ihren Niederschlag in Texten, etwa juristischen Schriften oder anderen Regelungen, finden. Wie Max Weber gezeigt hat, tendiert Macht zur eigenen Rationalisierung gleich welcher Art insofern, als ihre Strukturen und ihre Ausübung zumindest formell *Erfordernissen der Rechtfertigung* unterworfen sind, was ihnen eine gewisse Widerstandsfähigkeit verleiht. Denn unter Verweis auf diese Erfordernisse können Inhaber von Macht diese als »legitim« reklamieren und damit jene, die sie in Frage stellen, zu einer weiteren *Abstraktionsleistung*, einer Verallgemeinerung, zwingen, nämlich die Grundsätze selbst, auf die jene Machtinhaber sich berufen, der Kritik zu unterwerfen.[1] Umgekehrt bedeutet die Bezeichnung einer Macht als »arbiträr«, daß sie sich unmöglich durch den Bezug auf ein vorgängiges Format bemessen läßt, das ihrer Ausübung gewisse Konstanz verleiht, womit zugleich die Schwierigkeiten, ihr gegenüber vorhersagbare Erwartungen auszubilden, hervorgehoben werden, mit denen die ihr Unterworfenen konfrontiert sind. Weil sie sich zugleich zur Geltung bringen und sich rechtfertigen muß, spricht Macht von Macht.

Für Herrschaft gilt dies nicht. Die kritischen Theorien der Herrschaft postulieren das Vorhandensein tiefgreifender, dauerhafter Asymmetrien, die zwar in unterschiedlichen Kontexten unterschiedliche Aspekte annehmen, sich aber zugleich fortwährend reduplizieren und am Ende die Realität in ihrer Gesamtheit kolonisieren. Diese Theorien übernehmen die Perspektive der Totalität.[2] Es gibt überall Beherrschte und Herrschende, seien letztere nun identifiziert als herrschende Klasse, als herrschender Gender oder auch als herrschende Ethnie. Das, worum es geht, ist nicht nur nicht unmittelbar beobachtbar, sondern entzieht sich meistens auch noch dem Bewußtsein der Akteure. Herrschaft muß verschleiert werden. Sie spricht nicht von sich selbst und versteckt sich in *Dispositiven*, deren sichtbare Machtformen lediglich die oberflächlichste Dimension darstellen. So steht etwa die Forderung,

1 Vgl. Luc Boltanski und Laurent Thévenot, *Über die Rechtfertigung. Eine Soziologie der kritischen Urteilskraft*. Aus dem Französischen von Andreas Pfeuffer, Hamburg: Hamburger Edition 2007.

2 Vgl. Bruno Karsenti, »L'expérience structurale«, *Gradhiva*, 2005, Nr. 2, S. 89-107.

etwas zu tun, wie sie sich in einem hierarchischen Verhältnis durch einen Befehl äußert, jenen Manövern oder, noch schwieriger durchschaubar, den in einer Umwelt verwurzelten sozialen Bedingungen gegenüber, die einen Akteur mit dazu bringen, etwas für einen anderen zu tun, als ob er es von sich aus und für sich selbst tun würde. Alles hat mithin den Anschein, als ob die Akteure die ihnen auferlegte Herrschaft nicht nur ohne ihr Wissen erleiden, sondern zuweilen selbst zu ihrer Ausübung beitragen würden.

Die Theorien der Herrschaft sind dementsprechend auf ein Objekt angewiesen, das gegenüber dem der hier der Kürze wegen als Standardsoziologien gekennzeichneten leicht verschoben ist. Diese Verschiebung ergibt sich aus unterschiedlichen Formen der Totalisierung. In ihrer empirischen Variante kann die Soziologie unterschiedliche Dimensionen des sozialen Lebens (und unterschiedliche Machtformen) beschreiben, ohne sie in den integrierenden Blick einer kohärenten Totalität nehmen zu müssen; sie kann im Gegenteil sogar versuchen, die Besonderheit jeder Dimension hervortreten zu lassen. Demgegenüber enthüllen die Herrschaftstheorien die Beziehungen zwischen diesen verschiedenen Dimensionen und lassen sie als ein System sichtbar werden. Objekt der Soziologie sind *Gesellschaften*, gleichgültig wie sie identifiziert werden (man könnte zeigen, daß es häufig auf Nationalstaaten hinausläuft, wie es z. B. eindeutig bei Durkheim[3] der Fall ist); die Theorien der Herrschaft konstruieren dagegen unter Rückgriff auf die soziologischen Beschreibungen eine andere Art Objekt – wir wollen sie *soziale Ordnungen* nennen. Erst wenn dieses Objekt konstituiert ist, kann eine Herangehensweise an die kritisch als Totalität betrachtete Gesellschaft postuliert[4] und ein Herrschaftsmodus in seiner Gesamtheit beschrieben werden – und erst dann können auch die dieser Ordnung immanenten *Widersprüche* identifiziert

3 Über die Art und Weise, wie die werdende Soziologie das Wort »Gesellschaft« in seiner Bedeutung veränderte, indem sie es Ende des 17. Jahrhunderts von seiner alten Bedeutung (»die gute Gesellschaft«) ablöst und damit ein Kollektiv bezeichnet, von dem ohne Bezug auf die es bildenden Individuen gesprochen werden kann, sowie dazu, wie sich zwischen diesen Kollektiven und den auf dem Territorium eines Nationalstaates anzutreffenden Populationen eine stillschweigende Äquivalenz herstellt, vgl. Robert Nisbet, *La tradition sociologique*, Paris: PUF 1984 (1966), und Peter Wagner, *Liberté et discipline. Les deux crises de la modernité*, Paris: Métailié 1996 (1994).

4 Über die Genese dieser grundlegenden Position, insbesondere in der von Max Horkheimer im Kern der Kritischen Theorie verankerten Form, vgl. Rolf Wiggershaus, *Die Frankfurter Schule. Geschichte, Theoretische Entwicklung, Politische Bedeutung*, München: Hanser 1986, S. 202 ff.

werden, an denen die Kritik sich festmachen kann. Widersprüche unterscheiden sich vom Disparaten in der Tat nur innerhalb eines einheitlichen Rahmens.[5] Die Ersetzung der sozialen Beziehungen – als angeblich aus der empirischen Beobachtung erwachsendes Objekt – durch die soziale Ordnung – ein erkennbar konstruiertes Objekt – macht Stärke und Schwäche der kritischen Herrschaftstheorien aus. Sind sie doch immer als illusorisch denunzierbar, das heißt als realitätsferne Beschreibungen, als bloßer Ausdruck einer Realitätsverwerfung, die lediglich auf partikularen (und anfechtbaren) Gesichtspunkten oder auf dem Verlangen (und Ressentiment) derer beruhen, die jene Realität verurteilen.[6]

Moral, Kritik und Reflexivität

Gegenüber den sogenannten Naturwissenschaften zeichnen die Sozialwissenschaften sich spezifisch dadurch aus, daß sie sich mit Menschen nicht als biologischen, sondern als reflektierenden Le-

5 Dieser globalisierenden Perspektive stellt sich in gewisser Weise die Foucaultsche Methode der Analyse der Mikro-Mächte und ihrer Verästelungen entgegen. Allerdings blieben letztere ohne die Totalisierungspotenzen, die im Begriff der Episteme stecken, verstreut und irrelevant.

6 Der kritische und systematische Charakter der Herrschaftstheorien und deren ständiger Anspruch, über die Ursachen der Unzufriedenheit der Akteure mehr zu wissen als diese selbst, hat ihre Gegner vielfach dazu verleitet, sie mit einer Art von Wahnsinn gleichzusetzen. Diese Analogie wurde insbesondere in bezug auf eine Pathologie vorgeschlagen, deren Beschreibung übrigens etwa zeitgleich mit der Entwicklung der kritischen Theorien und, allgemeiner, der Sozialwissenschaften einsetzte, nämlich der Paranoia. Explizit wurde dieser Vergleich von den beiden Psychiatern vorgenommen, denen in Frankreich die ersten Beschreibungen dieser nosologischen Kategorie zu verdanken sind: den Ärzten Sérieux und Capgras. Sie vergleichen den »Paranoiker« mit einem »Soziologen«. Wie der Paranoiker überall ein Komplott wittert, so der kritische Soziologe überall Herrschaft, sogar in den Fällen, wo die Akteure – also diejenigen, die er der Ausübung von Herrschaft verdächtigt, wie diejenigen, die sie zu seinem Leidwesen erleiden – gar nichts Anormales bemerken. Wie unsere Ärzte schreiben, »besteht kein grundlegender Unterschied zwischen einem verbissenen Prozeßsüchtigen, die Wiedergutmachung einer tatsächlichen oder angeblichen Rechtsverletzung zu erhalten, und diesem oder jenem Sucher des Steins des Weisen [...] oder diesem und jenem träumenden Soziologen, der mit Inbrunst seine Theorien propagiert und sie in der Realität durchzusetzen sucht. [...] Wo andere nur Zufall oder Koinzidenz sehen, vermag er dank seiner alles durchdringenden Klarsicht Wahrheit und die geheimen Beziehungen der Dinge zu entwirren« (Paul Sérieux und Joseph Capgras, »Délire de revendication«, in: Paul Bercherie (Hg.), *Présentation des classiques de la paranoïa*, Paris: Navarin-Seuil 1982, S. 100-105).

bewesen befassen (weshalb die Sozialwissenschaften von den Wissenschaften vom Menschen zu unterscheiden sind). Die unter diesem Aspekt betrachteten Menschen begnügen sich nicht damit, lediglich zu agieren oder auf die Handlungen der anderen zu reagieren, vielmehr denken sie über die eigenen Handlungen oder die der anderen nach und beurteilen sie, und zwar häufig nach gut und böse, mithin *moralisch*. Dieses reflexive Vermögen läßt sie auch auf Repräsentationen ihrer Eigenschaften oder Handlungen von seiten der anderen, einschließlich der Soziologie und der kritischen Theorien, reagieren.[7]

Die von den Akteuren im Laufe ihrer Alltagsverrichtungen formulierten moralischen Urteile sind häufig in die Form kritischer Bewertungen gekleidet. Moralisches Handeln ist in erster Linie kritisches Handeln. Die den Erstsemestern gelehrte soziologische Doxa (häufig unter Rückgriff auf eine vulgarisierte Variante der Weberschen Wissenschaftstheorie) besteht wesentlich darin, eine strenge (wenn auch nicht immer klare) Unterscheidung vorzunehmen zwischen einerseits kritischen, auf »Moral« oder »Kultur« gestützten Urteilen, die von sogenannten »gewöhnlichen«, von Alltagspersonen geäußert werden und zu den legitimen Objekten der deskriptiven Beschreibung gehören sollen, und zum anderen den (als »Werturteile« bezeichneten) kritischen Urteilen des Soziologen selbst, die ausgeschlossen sein sollen (Werturteilsfreiheit). Diese Unterscheidung stützt sich auf Webers Trennung von Tatsachen und Werten.[8] Zu ihrer Beschreibung der der Kritik unterwor-

7 Umgekehrt lassen sich sogenannte »natürliche« Objekte durch das Fehlen solcher Reflexivität charakterisieren und insbesondre durch ihre Gleichgültigkeit gegenüber den Vorstellungen, die man sich von ihnen macht, und den Beschreibungen ihrer Seinsweisen durch Alltagsmenschen oder wissenschaftlich ermächtigte Experten. – Diese Vorstellungen und Beschreibungen können sich zwar – insbesondere im Fall der Tiere – auf ihr Verhalten auswirken, aber doch nur auf indirekte Weise, insofern sie das Handeln der Menschen ihnen gegenüber verändern, was umgekehrt wieder dazu führen kann, daß sie ihr Verhalten verändern (vgl. dazu Ian Hacking, *Was heißt »soziale Konstruktion«? Zur Konjunktur einer Kampfvokabel in den Wissenschaften*. Aus dem Amerikanischen von Joachim Schulte, Frankfurt am Main: Fischer 1999).

8 Uns liegt der Gedanke fern, diese Unterscheidung zu verwerfen, die heutigentags häufig hochnäsig als »vereinfachend« abgetan wird, obwohl doch anerkannt werden muß, daß sie ein Moment (früher hätte man von »epistemologischem Einschnitt« gesprochen) anzeigt, hinter das die Sozialwissenschaften nicht zurückfallen dürfen, sofern sie sich nicht aufgeben wollen – und dies auch dann, wenn – wie im weiteren dargelegt werden soll – dieser Unterscheidung etwas Unmögliches anhaftet. Was die – bereits endlos diskutierten – Fragen nach dem eher nietzscheanischen oder eher neukantianischen Ursprung dieser Unterschei-

fenen Realität stützen sich die kritischen Herrschaftstheorien notwendig auf die deskriptiven Sozialwissenschaften. Doch anders als die dem absoluten Neutralitätsgebot sich verpflichtenden soziologischen Beschreibungen enthalten die kritischen Theorien kritische Urteile über die soziale Ordnung, die der Analysierende in eigener Verantwortung fällt, womit er den Anspruch auf Neutralität aufgibt.

Alltagskritik und metakritische Positionen

Ihre Anlehnung an den Wahrheitsdiskurs der Sozialwissenschaften vermittelt den kritischen Herrschaftstheorien zwar eine gewisse Solidität in der Beschreibung der hinterfragten Realität, erschwert aber auch das ihnen wesentliche kritische Vorgehen selbst und stellt sie vor ein Dilemma.
Denn auf der einen Seite sind ihnen Urteile untersagt, die unmittelbar auf jene von der Alltagskritik nur zu häufig verwendeten Hilfsmittel rekurrieren: die geistigen und/oder moralischen Ressourcen mit lokalem Charakter. Die metakritischen Theorien können das bestehende Gemeinwesen [*cité*] weder dadurch beurteilen, daß sie es mit dem Gottesstaat vergleichen, noch dadurch, daß sie auf ein säkularisiertes, aber spezifisches moralisches Ideal zurückgreifen, das der metakritische Theoretiker gleichsam naiv bei seiner Be- (und Ver-)urteilung der bestehenden Gesellschaft übernimmt, so als handele es sich nicht um eine moralische Konzeption unter anderen, sondern um das moralische Ideal an sich (was der kom-

dung bei Max Weber anbelangt, so überlassen wir sie den Fachleuten für die Geschichte unserer Disziplin (eine gut dokumentierte Zusammenfassung dieser Debatten finden sich im Artikel von Laurent Fleury, »Max Weber sur les traces de Nietzsche?«, *Revue française de sociologie*, Bd. 46, 2005, Nr. 4, S. 807-839). Nach Meinung des diesbezüglich leider mangelhaft informierten Autors des vorliegenden Essays hat die Unterscheidung zwischen Tatsachen und Werten vermutlich ihren Ursprung in Nietzsches Perspektivismus, der allerdings durch den neukantianischen Rationalismus derart verfeinert wurde, daß die Soziologie Anspruch auf einen Platz unter den Wissenschaften erheben konnte. Die schließlich durchgesetzte – ehrlich gesagt, etwas gekünstelte – Lösung basiert bekanntlich auf der Unterscheidung von »Werturteil« und »Wertebeziehung«. Obwohl die »Zwecke« und »Werte« nicht wissenschaftlich zu begründen sind, kann die Beweisführung, ist ein bestimmter Typ von Bezugswert einmal festgelegt, im Rahmen der übernommenen Perspektive mit den Methoden des Rationalismus »objektiv« durchgeführt werden, um so »Tatsachen« herauszupräparieren.

paratistischen Forderung nach Gleichstellung aller vorhandenen moralischen Ideale in allen bekannten Gesellschaften widerspräche). Deshalb unterscheiden sich die kritischen Herrschaftstheorien eindeutig von jenen zahlreichen Denkbewegungen, die unter Rekurs auf moralische und/oder religiöse Forderungen radikale Kritiken entworfen und ihren Anhängern einen totalen Wandel ihrer Lebensweise abverlangt haben (so das Urchristentum, der Manichäismus, die millenaristischen Sekten usw.).

Auf der anderen Seite sind die kritischen Herrschaftstheorien keine am Himmel der Metaphysik hängenden abstrakten Instrumente. Zu ihrer Selbstdefinition gehört auch das Vorhandensein einer konkreten Beziehung zu einem Ensemble von Personen (definiert als Publikum, Klasse, Gruppe, Gender usw.). Im Gegensatz zur »traditionellen Theorie« zielt die »kritische Theorie«[9] auf Reflexivität. Sie kann, ja *muß* – so Raymond Geuss – sich der Frustrationen der Akteure annehmen, sie explizit im Aufbau ihrer Theorie derart berücksichtigen, daß deren Verhältnis zur sozialen Realität und damit diese soziale Realität selbst im Sinne von *Emanzipation* verändert wird.[10] Folgerichtig sollen durch die von jenen Theorien ermöglichte Art Kritik in einem direkten Bezug zu den Sorgen und Anliegen der Akteure, und das heißt auch zu den Alltagskritiken, Aspekte der Realität enthüllt werden können. Die kritischen Theorien speisen sich aus diesen Alltagskritiken, auch wenn sie sie anders verarbeiten und reformulieren, wie sie auch zwangsläufig darauf zurückkommen müssen, da ihr Ziel darin besteht, *die Realität unannehmbar zu machen*[11] und damit die von ihnen angesprochenen Personen für Handlungen zu gewinnen, die die Realitätskonturen grundlegend verändern. Die Vorstellung einer nicht an der Erfahrung eines Kollektivs angelehnten, gleichsam für sich, will heißen: für niemanden bestehenden kritischen Theorie ist haltlos.

Kritische Theorien unterliegen durch diese doppelte Anforderung strukturell einem starken Zwang. Sie müssen sich auf der einen Seite normative Ansatzpunkte vorgeben, die ausreichend autonom sind gegenüber jenen partikularen moralischen Corpora, die von bereits identifizierten religiösen oder politischen Ansätzen aus ge-

9 Max Horkheimer, »Traditionelle und kritische Theorie«, in: *Kritische Theorie. Eine Dokumentation*, Frankfurt am Main: Fischer 1968, S. 137-191.

10 Raymond Geuss, *The Idea of a Critical Theory. Habermas and the Frankfurt School*, Cambridge: Cambridge UP 1981.

11 Luc Boltanski, *Rendre la réalité inacceptable. A propos de »La production de l'idéologie dominante«*, Paris: Démopolis 2008.

bildet, von Einzelgruppen als solche in Anschlag gebracht und zur Munitionierung ihrer kritischen Stellungnahmen verwendet werden. Ohne diese Distanzierung würden die Gegner der kritischen Theorien (und selbst die ihnen zunächst Wohlgesinnten) sie unweigerlich auf diese Positionen festlegen und deren lokalen, mit partikularen Interessen verbundenen Charakter brandmarken. Sie tauchten damit wieder ein in das Meer der mit den Beziehungen zwischen Gruppen einhergehenden Alltagskritiken, die die Textur des alltäglichen politischen Lebens im weitesten Sinne des Wortes bilden. Auf der anderen Seite müssen sie auf diese Alltagskritiken zugehen, so als würden sie ihnen selbst entspringen und sie gleichsam selbst aufklären. Sie müssen die Akteure dazu bringen, wiederzuerkennen, was sie gewissermaßen bereits kennen, freilich ohne es zu wissen, um zu *realisieren*, woraus die Realität besteht, und kraft dieser Enthüllung Distanz zu beziehen gegenüber dieser Realität, so als wäre es möglich, sich ihr zu entziehen, aus ihr auszusteigen und die Möglichkeit von Aktionen zu ihrer Veränderung ins Auge zu fassen. Ist diese zweite Voraussetzung nicht erfüllt, können die kritischen Theorien verworfen und in den Bereich der »Utopien«[12] verwiesen werden, oder man kann, wie es Michael Walzer mehr

12 Angemerkt sei hier, daß die »Güter an sich« (nach einer Formulierung Nicolas Dodiers in *Leçons politiques de l'épidémie de Sida*, Paris: Editions de l'EHESS 2003, S. 19), auf denen das kritische Unternehmen gründet, nicht notwendigerweise klar definiert werden müssen. Noch weniger müssen die genauen Umrisse der kommenden Gesellschaft entworfen werden, wenn diese Güter befriedigt wären. Genau darin unterscheiden sich kritische Theorien von *Utopien*. Da diese sich nur auf moralische Forderungen stützen, können sie sich vom Realitätsprinzip lösen. Umgekehrt können die kritischen Theorien aufgrund der Tatsache, daß sie sich einerseits auf den von den Sozialwissenschaften übernommenen Wahrheitsdiskurs, andererseits auf normative Orientierungen stützen müssen – eine riskante Position, und gerade das ist interessant an ihnen –, die Ansicht vertreten, daß die Realität nicht hinreichend Anhaltspunkte bereithält, um präzise anzugeben, wie die einmal von den sie behindernden Entfremdungen befreite Gesellschaft aussehen wird, noch um die der Kritik zugrundeliegenden Güter klar zu identifizieren. Sie können sich so in Teilen der Rechtfertigung entziehen, zumindest in deren ethischen Dimensionen. In diesem Punkt kann man dem Werk Bernard Yacks über die Ursprünge des Begriffs »Entfremdung« folgen. Bei ihrem Versuch, das Scheitern der Französischen Revolution zu verstehen und zu erklären, geht es den von ihm so genannten »Linkskantianern« darum, herauszufinden, was jenseits politischer Bedingungen die Menschen in einer Lage verwurzeln läßt, die es ihnen nicht erlaubt, zu vollkommenem Menschsein zu gelangen. Sie kommen dabei zu der Überzeugung, daß der Zustand der Realität in einem Maße von den Bedingungen entfernt ist, die das völlige Eintreten der Humanität begünstigen, daß es von dieser Feststellung aus zwar legitim ist, sich der Kritik zu widmen und die »totale Revolution« auf ihre Fahnen zu

oder minder tut (in bezug auf Marcuse in *Zweifel und Einmischung*), darin nichts weiter sehen als Hirngespinste entwurzelter Intellektueller, die abgeschnitten sind von jenem Realitätssinn, den die Zugehörigkeit zu einer Gemeinschaft vermittelt, und die damit auch das Verlangen, sie handelnd zu verändern, aufgegeben haben.[13]

Das den Herrschaftstheorien inhärente kritische Urteil steht mithin in komplexer Beziehung zu den von den Personen im Alltagsleben formulierten Urteilen: Es geht nie in ihnen auf, bringt ihnen jedoch eine mehr oder minder starke Aufmerksamkeit entgegen, die je nachdem von Ablehnung (die von den Akteuren geäußerten Urteile entspringen vor allem moralischen Illusionen) bis zu partieller Berücksichtigung reichen kann (in diesen Alltagskritiken ist etwas angelegt, das den Weg zur Großen Kritik eröffnet). Die Unterscheidung zwischen den aus eigener Erfahrung erwachsenden fragmentarischen Urteilen der Akteure und der systematischen Kritik einer bestehenden sozialen Ordnung aber wird auf jeden Fall aufrechterhalten.

Aus diesem Grund bezeichnen wir die kritischen Herrschaftstheorien als *Metakritik*. Ihre an der Kritik einer in ihrer Globalität gefaßten sozialen Ordnung ausgerichtete Position unterscheidet die Metakritik von punktuellen kritischen Interventionen, die von einer wissenschaftlichen Expertise ausgehend die eine oder andere Dimension der sozialen Beziehungen mit dem Ziel ihrer Wiederherstellung oder Verbesserung in Frage stellen, ohne dabei den Rahmen zu problematisieren, der sie umfaßt. Zugleich sind die metakritischen Positionen aber auch zu unterscheiden von den vielfältigen kritischen Stellungnahmen, wie gewöhnliche Personen sie im Verlauf politischer Aktionen und/oder Auseinandersetzungen im Alltag äußern, das heißt der Anprangerung von Personen, Einrich-

schreiben, zugleich aber unmöglich ist, vorauszusagen, welche Werte sich aus dieser Revolution ergeben werden (siehe Bernard Yack, *The Longing for Total Revolution. Philosophic Sources of Social Discontent from Rousseau to Marx and Nietzsche*, Princeton: Princeton UP 1986).

13 Walzers Kapitel über Herbert Marcuse endet mit folgenden Worten: »Marcuse (wählte) die Gesellschaft frei, die er von innen kritisieren wollte. Aber im amerikanischen Leben gab es zu viel, was ihn schaudern ließ. Er entschloß sich zu bleiben, hielt aber immer Abstand, und sein Werk legt erneut die Vermutung nahe, daß Distanz der Feind kritischer Durchdringung ist. In den Kämpfen des Intellekts kann man, wie in jedem anderen Kampf, letztlich nur auf heimischem Boden gewinnen« (*Zweifel und Einmischung: Gesellschaftskritik im 20. Jahrhundert.* Aus dem Amerikanischen von Anita Ehlers und Hans-Horst Henschen, Frankfurt am Main: Fischer 1991, S. 259 f.).

tungen oder Ereignissen, die unter Verweis auf besondere Situationen oder Kontexte als ungerecht gekennzeichnet werden. Sprechen wir im Verlauf unserer Ausführungen von *Kritik*, beziehen wir uns genau auf diese sozial verwurzelten und kontextabhängigen Formen der Kritik, behalten uns dagegen den Begriff der *Metakritik* zur Bezeichnung jener theoretischen Konstruktionen vor, die auf Enthüllung von Unterdrückung, Ausbeutung und Herrschaft in ihren allgemeinsten Dimensionen und unterschiedlichsten Realisierungsweisen abzielen.

Einfache und komplexe Außenposition

Den beiden hier idealtypisch umrissenen Verfahren – der soziologischen Beschreibung der Gesellschaft und der Kritik einer sozialen Ordnung – ist der Anspruch gemeinsam, eine *Außen*-Position einzunehmen. Es handelt sich aber nicht um dieselbe. Im Fall der Beschreibung sprechen wir von *einfacher*, im Fall der sich auf metakritische Theorien stützenden Werturteile von *komplexer Außenposition.*

Das Vorhaben, die Gesellschaft zum Objekt zu erheben und die Komponenten des sozialen Lebens oder, wenn man will, seinen Rahmen zu beschreiben, rekurriert auf jenes *Gedankenexperiment*, sich außerhalb des Rahmens zu stellen, um ihn als ganzen in Augenschein zu nehmen. Denn von innen läßt sich ein Rahmen nicht erfassen. Von innen gesehen, verschwimmt der Rahmen mit der Realität in ihrer gebieterischen Notwendigkeit. Diese Ingenieurs-Perspektive nehmen nicht selten Soziologen ein, wenn sie sich in den Dienst des Leitungspersonals großer Organisationen (seien es Privatunternehmen oder Staatseinrichtungen) stellen und auf dessen Probleme und Fragen eingehen. Diese Position ist die der *Expertise*. Dem Experten wird die Untersuchung der problematischen Beziehungen zwischen Elementen (z. B. Anteil der Frauen im Arbeitsprozeß und Geburtenrate) abverlangt, die vorgängig bereits in einer vom Leitungspersonal benutzten ökonomisch-administrativen deskriptiven Sprache formatiert sind.

Der Großteil der heute weltweit sich zur Soziologie zählenden Produkte setzt sich aus derartigen Arbeiten zusammen, einer Nachfrageform entsprechend, die sich in den 30er bis 40er Jahren des letzten Jahrhunderts in den Vereinigten Staaten entwickelt hat. Ihnen sind zwei – im übrigen sich ergänzende – Ziele gesetzt: zum ersten die Rationalität der Organisationen zu erhöhen und deren Produktivität zu steigern, was die Soziologie zwangsläufig dem *Management* unterwirft; zum zweiten die Kosten zu beschränken, in diesem Fall die einer profitorientierten Unternehmenspolitik im Wege stehenden sogenannten ›Humankosten‹. Im zweiten Fall soll die Soziologie mithelfen bei der Einführung sogenannter »palliativer Behandlungsformen« (wie man es in der Medizin nennt), das heißt entweder Formen von »Sozialpolitik« entwerfen oder aber Rechtfertigungen liefern für jene, die sie vor Ort praktisch umsetzen, also die »Sozialarbeiter«, und damit deren Moral stärken. Doch in dem einen wie dem anderen Fall können – besser wohl: *sollen* – diese sich auf die Soziologie berufenden Expertenarbeiten realisiert werden ohne Hinterfragung des allgemeinen Rahmens, von dem die zu berücksichtigenden »Variablen« abhängen.

Von der Expertise machen sich die Sozialwissenschaften dadurch frei und definieren sich als solche, daß sie die Möglichkeit eines Beschreibungsprojekts postulieren, das in Gestalt einer – vielfach auf vergleichende Verfahren sich berufenden und eine Außenposition einnehmenden – allgemeinen Sozialanthropologie auftritt. Im Fall der Ethnologie wie der Geschichte wird die Übernahme einer Außenposition begünstigt durch die Distanz zwischen Beobachter und Objekt, die in dem einen Fall geographisch, im anderen Fall zeitlich ist. Da hier die Tendenz zur Außenposition gewissermaßen vom Willen des Beobachters unabhängigen Zwängen entspringt, konnte sie weitgehend unausgesprochen bleiben.

Eine derartige Außenposition einzunehmen ist im Fall der Soziologie, die sich auf ganz allgemeiner Ebene als Geschichte der Gegenwart begreifen läßt, mit der Konsequenz, daß der Beobachter selbst Teil des zu Beschreibenden ist, alles andere als selbstverständlich. Daß diese Möglichkeit selbst problematisch ist, führt gleichsam dazu, daß das Übergehen zur Außenperspektive sich seiner selbst bewußt wird. Dieses imaginäre Heraustreten aus dem Dickicht des Realen setzt in einer ersten Phase voraus, die Realität ihres Charakters der stillschweigenden Notwendigkeit zu entkleiden und so zu tun, als sei sie *arbiträr* (als könnte sie anders sein als sie ist oder sogar überhaupt nicht sein), um sie dann, in einer zweiten Phase, wieder mit der ihr zunächst abgesprochenen Notwendigkeit zu versehen, freilich einer, die durch jene Verschiebung einen reflexiven und globalen Charakter in dem Sinne gewonnen hat, daß die lokal identifizierten Formen von Notwendigkeit auf ein Universum von Möglichkeiten bezogen werden. In der Soziologie ist die

Möglichkeit einer Außenpositionierung gebunden an die Existenz eines strukturierten Forschungszusammenhangs, also der Entwicklung und Umsetzung von Forschungsprotokollen und -anleitungen, deren strikte Befolgung den Soziologen zwingt, von den eigenen (bewußten wie unbewußten) Wünschen Abstand zu nehmen. Nur so können die deskriptiven Sozialwissenschaften den Anspruch geltend machen, einen Wahrheitsdiskurs zu führen. Ergänzen wir: Der mit einer Beschreibung, die gegenüber der deskriptiv erfaßten Gesellschaft einen mehr oder minder exterritorialen Standpunkt einnimmt, einhergehende Wahrheitsanspruch verleiht jedweder Form von Sozialwissenschaft (selbst, wenn auch in höchst eingeschränktem Maß, der Expertise) eine kritische Spitze. Denn läge der substantielle Gehalt ihres Gegenstands stets allen offen vor Augen, hätten die Sozialwissenschaften schlicht keinen Daseinsgrund. In diesem Sinne – so ließe sich sagen – ist die Soziologie selbst schon in ihrer Konzeption zumindest potentiell kritisch.
Im Fall der Herrschaftstheorien ist die die Kritik fundierende Außenposition insoweit als *komplex* zu bezeichnen, als sie auf zwei unterschiedlichen Ebenen angesiedelt ist. Auf einer ersten hat sie sich mit den nötigen Daten auszustatten, um sich ein konkretes Bild von der der Kritik zu unterziehenden sozialen Ordnung zu machen. Eine metakritische Theorie bedarf notwendig einer deskriptiven Soziologie oder Anthropologie als Stütze. Zugleich muß sie sich aber auch, um Kritik sein zu können, jene Mittel vorgeben – was mehr oder minder explizit geschehen kann –, mit denen sie ein Werturteil über die deskriptiv erfaßte soziale Ordnung abzugeben vermag.

Die semantische Dimension einer Kritik der Herrschaft. Herrschaft versus Ausbeutung

Die metakritischen Herrschaftstheorien sind häufig an Theorien der Ausbeutung gekoppelt. Der Begriff Ausbeutung ist ökonomisch orientiert: er verweist auf die Art und Weise, wie eine Minderheit aus – möglicherweise sehr unterschiedlich gearteten – Differenzen Profit zieht zuungunsten der Mehrheit. In den Herrschaftstheorien wird der Bezug auf Ausbeutung zur Pointierung dessen verwendet, wozu Herrschaft *dient* (als ob eine gleichsam reine, nur in sich begründete Herrschaft schwer denkbar wäre). Auf der anderen Seite, das heißt von einer Kritik der Ausbeutung aus, besitzt auch Herrschaft einen notwendigen Charakter. Eine Ausbeutung, die sich nicht auf die eine oder andere Form von Herrschaft stützte, ist schwer vorstellbar. (Warum sollten sich Menschen ausbeuten lassen, wenn sie nicht beherrscht wären?)

Hier muß dennoch hervorgehoben werden, daß der Begriff der Herrschaft nicht strikt ökonomisch orientiert ist, sondern gewissermaßen *semantisch*. Er zielt auf das Feld der *Bestimmung dessen, was ist*, das heißt auf jenes, in dem sich die Beziehung zwischen dem herstellt, was, unter Rückgriff auf Wittgenstein, als *Symbolformen* und als *Sachverhalte* zu bezeichnen wäre. In einem stärker juristisch orientierten Sprachgebrauch ließe sich auch sagen, die Kritik der Herrschaft betreffe die Einführung von *Qualifizierungen*, das heißt (wie später noch im einzelnen dargestellt) jener Verfahren, die zugleich die *Eigenschaften* bzw. *Merkmale* der Wesen festlegen und deren *Wert*. Gemeinhin stützt sich die Qualifizierung auf *Formate* oder *Typen*, die häufig mit *Deskriptionen* und/oder *Definitionen* verbunden sind, die ihrerseits in vielfältiger Gestalt gesammelt sind (etwa als Regelungen, Kodierungen, Gebräuche, Rituale, Erzählungen, emblematische Beispiele usw.). Diese Formate verkörpern Klassifizierungen (insbesondere solche, mit denen sich Personen auf Gruppen oder Kategorien aufteilen lassen) und verknüpfen sie mit Regeln, die den Zugang zu Gütern und deren Gebrauch zwingend festlegen. Damit spielen sie bei Ausbildung und Stabilisierung von Asymmetrien eine tragende Rolle.

Die metakritischen Herrschaftstheorien bringen diese Asymmetrien unter einem besonderen Gesichtspunkt zur Sprache, nämlich dem der *Verkennung* dieser Ausbeutung, deren Opfer die Akteure sind, durch sie selbst, und vor allem einer Verkennung der sozialen Bedingungen, die diese Ausbeutung ermöglichen, und folglich auch der Mittel, anhand deren sie diese beenden könnten. Aus diesem Grund präsentieren sie sich auch gleichzeitig als Macht-, Ausbeutungs- und *Erkenntnistheorien.* Sie stoßen damit auf das höchst heikle Problem der Beziehung zwischen der Erkenntnis der sozialen Realität der reflexiv in der Praxis involvierten Alltagsakteure und der Erkenntnis der sozialen Realität von einer Reflexivität aus, die sich auf Formen und Instrumente der Totalisierung[14]

14 Zu den von der Soziologie verwendeten verschiedenen Formen von Totalisierung siehe Nicolas Dodier und Isabelle Baszanger, »Totalisation et alterité dans l'enquête ethnographique«, *Revue française de sociologie*, Bd. 38, 1997, Nr. 1, S. 37-66.

stützt – ein Problem, das den Kern der Spannungen bildet, denen die Möglichkeit einer Sozialwissenschaft abgerungen werden muß.

Einige Beispiele für einen Kompromiß zwischen Soziologie und Sozialkritik

Würden die soziologischen Traditionen, in denen in unterschiedlichem Ausmaß eine Dimension der Kritik zum Tragen kommt, unter dem Aspekt der beiden erwähnten Zwänge neu gesichtet, dann ließen sich gewiß die zentralen Kompromisse ausmachen, die eingegangen wurden, um das Erfordernis der deskriptiven Neutralität (einfache Äußerlichkeit bzw. Außenposition) und die Suche nach Ansatzpunkten für Kritik (komplexe Äußerlichkeit bzw. Außenposition) zusammenzubringen. Da dies auf alle theoretischen Korpora zutrifft, die als solche dem Erfordernis einer – zumindest relativen – inneren Kohärenz genügen müssen, auch wenn sie zugleich von einer strukturellen Spannung durchzogen sind, dürften der denkbaren Möglichkeiten nicht unendlich viele sein. Ohne Anspruch auf Vollständigkeit und höchst schematisch, nur in der Absicht, diverse Arrangements sichtbar zu machen, zu denen die Soziologie greift, um sich mit der Kritik zu verbinden, seien hier einige der Kompromißformen angeführt, die anscheinend am häufigsten entwickelt wurden und in denen sich mehrere der im folgenden erwähnten Möglichkeiten vereinen.[15]

Ein erstes Ensemble von Möglichkeiten besteht darin, soziologischen und normativen Nutzen aus einer philosophischen Anthro-

15 Ich habe in diesem Abschnitt darauf verzichtet, diese Schemata mit Namen in Verbindung zu bringen, wozu mich die hier eingenommene mehr oder minder strukturalistische Optik ermächtigt. Denn im einzelnen anzugeben, wie die Kompromisse zwischen einfacher und komplexer Äußerlichkeit bzw. Außenposition jeweils von den Verfassern der großen Werke, die zu den Klassikern der Soziologie zählen, erstellt wurden, hätte mich gezwungen, entweder übertrieben schematisch und notgedrungen ungenau und ungerecht zu sein oder mich auf endlose Analysen und Einzelheiten einzulassen, die diese kurze Passage zu einem dicken Band hätte anschwellen lassen. Der Leser mag deshalb diese Seiten ein wenig wie ein Kind lesen, dem es Spaß macht, Rätsel zu lösen, oder wie ein Erwachsener, der hinter den Figuren eines Schlüsselromans die wirklichen Personen zu entziffern sucht. Um dem Leser bei diesem Spiel dennoch eine kleine Hilfe an die Hand zu geben, seien hier einige der Eigennamen genannt, an die ich beim Schreiben gedacht habe: Habermas, Honneth, Durkheim, Dewey, Pareto, Weber und natürlich eine Reihe von Autoren, die sich in unterschiedlichen Graden auf den Marxismus berufen.

pologie zu schlagen (die unterschiedlich stark explizit gemacht werden kann). Dabei wird die Fähigkeit der Menschen, in Gesellschaft zu leben, gebunden an Eigenschaften und Kompetenzen, die (je nach Anthropologie unterschiedlich spezifiziert) allen Menschen eigen sind: Rationalität; die Fähigkeit, Güter zu tauschen; die Fähigkeit, zu kommunizieren und sich dabei Erfordernissen der Relevanz zu unterwerfen; die Einfühlung in das Leiden der Anderen; Anerkennung usw. Die Kritik wird hier darin bestehen aufzuzeigen, inwiefern die bestehende soziale Ordnung allen oder bestimmten Mitgliedern nicht gestattet, die für ihr Menschsein konstitutiven Potentialitäten im vollen Umfang zu verwirklichen. Einen Großteil ihrer kritischen Kraft gewinnen diese Konstruktionen daraus, daß sie auf ein allen gemeinsames Menschsein setzen und damit Ansprüche auf Gleichbehandlung aller Mitglieder einer Gesellschaft enthalten. Eine befriedigende Gesellschaft ist eine Gesellschaft *ohne Rest*, und die bestehende soziale Ordnung kann kritisiert werden, insofern sie eine mehr oder weniger große Anzahl von Mitgliedern ausschließt, unterdrückt, mißachtet usw. oder, einfacher, insofern sie sie an der Verwirklichung dessen hindert, wozu sie als menschliche Wesen imstande sind.

Allerdings ist eine solche Konstruktion mit zwei heiklen Problemen konfrontiert. Das erste besteht darin, daß entweder jeder Unterschied kritisiert wird – was den Anschein mangelnden Realitätsbewußtseins erwecken und damit nicht sehr überzeugend erscheinen mag – oder aber von einer übernommenen philosophischen Anthropologie aus die Unterscheidung zwischen akzeptablen und nicht-akzeptablen Unterschieden gerechtfertigt wird. Das zweite Problem liegt darin, daß die die Kritik abstützende philosophische Anthropologie ausreichend solide und allgemein sein muß, um Kritiken zu widerstehen, die sie auf eine spezifische moralische oder religiöse Tradition zuzuschneiden suchen (wie im Fall des Vorwurfs des Ethnozentrismus), zugleich aber auch ausreichend präzise, um in unterschiedlichen Formen geäußert zu werden und so die Anprangerung spezifischer sozialer Ordnungen zu ermöglichen. Hinzugefügt sei, daß diese Art normative Stütze entweder als zeitlos, ahistorisch behandelt wird, oder aber als geschichtlich, was den Weg zu einem Evolutionismus oder einem Progressismus eröffnet, aber auch den von den Sozialwissenschaften ausgehenden Legitimationsdruck erhöht, insofern der Rückgriff auf eine Geschichtsphilosophie erforderlich wird, die mit den von den Historikern gelieferten Langzeitbeschreibungen kompatibel ist.

Ein weiteres Ensemble an Möglichkeiten, die auf der Ebene der Kritik zwar minder anspruchsvoll sind als die soeben genannten, aber den spezifischen Möglichkeiten der soziologischen Beschreibung besser entsprechen, besteht darin, die normative Position, auf der die Kritik einer bestimmten sozialen Ordnung beruht, der Beschreibung dieser Ordnung selbst zu entnehmen und damit einer gleichsam als transzendental gesetzten normativen Anthropologie geringeres Gewicht beizulegen. Ein erster aus diesem Schema sich ergebender Modus könnte darin bestehen, auf die Differenz von *offiziell* und *offiziös* zu setzen. In diesem Fall wird man daran gehen zu zeigen, daß das von dieser Ordnung beanspruchte Ideal den tatsächlich erbrachten Leistungen und damit der wirklichen Lage aller oder einiger ihrer Mitglieder nicht entspricht. Hauptziel der Kritik wird dann der Sachverhalt sein, daß die betreffende Ordnung *faktisch* nicht konform ist mit den Werten, die sie sich *im Prinzip* gibt.

Ein zweiter Modus eröffnet den Weg einer Kritik des Rechts von einer Analyse des Zustands der Sitten und Gebräuche aus. Ein bestimmter Zustand der sozialen Ordnung kann dann – in Durkheims Worten – als »pathologisch« kritisiert werden, wenn den in einer institutionalisierten (in modernen Gesellschaften meistens »legalen«) Form gesetzten Regeln, deren Übertretung mit Strafe geahndet wird, in den »dem Sozialen immanenten« Zwangsnormen, die als solche von den Akteuren anerkannt oder sogar verinnerlicht sind, nichts (mehr) entspricht. Diese kritische Position gewinnt noch an Schlagkraft, wenn sie einen Kompromiß mit einer historischen Perspektive eingehen kann und die Analyse den Aufweis erbringen will, daß das Recht unverändert geblieben ist, während die Sitten und Gebräuche sich gewandelt (oder entwickelt) haben, so daß die Rechtsverhältnisse gegenüber dem Zustand der Sitten und Gebräuche *zurückbleiben*.

In diesen beiden ersten Modalitäten der internen Kritik ist der (möglicherweise implizit bleibende) normative Ansatzpunkt eine transparente und authentische Gesellschaft. Eine gute Gesellschaft ist eine, in der alle und nicht zuletzt die politischen Eliten an der Macht dazu beitragen, die offiziell in Anspruch genommenen – und namentlich die rechtlich fixierten – Ideale wirksam umzusetzen, und/oder in der die rechtlichen Normen, auf die sich die staatlichen Sanktionen stützen, auf legaler Ebene das »kollektive Bewußtsein« und damit die moralischen Normen widerspiegeln, die innerhalb der sozialen Ordnung von allen Mitgliedern – oder deren Mehrheit – anerkannt werden.

Eine dritte Anwendungsart kritischer Verfahren, auf die die Soziologie zurückgreifen kann, ohne an den sich selbst als »Wissenschaft« auferlegten deskriptiven Ansprüchen Abstriche vorzunehmen, besteht darin, sich der moralischen Erwartungen, die die Akteure in ihrem Alltagshandeln zeigen, anzunehmen und sie normativ derart zu wenden, daß sie von einem bei den Akteuren existierenden *moralischen Sinn* zeugen. Im Gegensatz zu den Interpretationen des Handelns in wesentlich opportunistischen Begriffen ist letzterem eine hinreichende Permanenz und Robustheit zuschreibbar, so daß die Soziologie zu seiner Modellbildung schreiten kann. In diesem Fall wird die metakritische Orientierung erarbeitet durch das Sammeln und die Synthetisierung der von »den Personen selbst« im Verlauf ihrer Alltagsverrichtungen entwickelten *Kritiken*. Ausgangspunkt sind insbesondere die Momente von Disput und Auseinandersetzung, in denen die Akteure ihre moralischen Ansprüche zum Ausdruck bringen, wie auch die kollektiven Interaktionen, in deren Verlauf jene Akteure sich auf *Experimente* einlassen und unter Einsatz ihrer »praktischen Kreativität« das Soziale »performativ« verwandeln. Eine der Schwierigkeiten dieser Position ist nun wiederum, eine Kritik zu entwickeln, die die Anschuldigung entkräften kann, nichts anderes zum Ausdruck zu bringen als den besonderen Standpunkt der Einzelgruppe(n) von Akteuren, die Objekt der Beobachtung waren. Deshalb wird sich diese metakritische Position auch weniger auf eine substantielle denn eine prozedurale Normativität stützen. Ihr Hauptziel wird sein, Umrisse einer sozialen Ordnung zu entwerfen, in der unterschiedliche Standpunkte geäußert, verglichen und mittels Experimenten verwirklicht werden können. Umgekehrt wird eine soziale Ordnung der Kritik verfallen, in der solche Experimente durch den Einsatz autoritärer Macht behindert werden.

Den hier schematisch angedeuteten metakritischen Positionen ist gemeinsam, daß sie moralische Urteile verkörpern, und dies unabhängig davon, ob ihnen eine Anthropologie zugrunde liegt oder sie aus der kritisierten sozialen Ordnung hervorgegangen sind. Es gibt jedoch noch einen weiteren zur Kritik führenden Weg: Dieser blendet die moralischen Bezüge aus (oder gibt dies wenigstens vor) und baut wesentlich auf die Aufdeckung immanenter Widersprüche, sei es einer bestimmten sozialen Ordnung, sei es eines umfassenderen Komplexes sozialer Ordnungen. In diesem Fall steht der Soziologe nicht für die Kritik ein, wie es der Alltagsmensch tut, wenn er den Zustand der Realität von Werten aus beurteilt. Die Kritik erwächst aus der Feststellung (oder der Vorhersage), wonach die betreffende Ordnung keinen Bestand haben wird, da sie in sich selbst nicht über die notwendigen Mittel verfügt, diese Widersprüche zu lösen, was mehr oder weniger eine historische Perspektive voraussetzt.

Um diese Möglichkeit voll auszuschöpfen, muß die Beschreibung und historisch-soziologische Analyse der fraglichen Fälle so weit vorangetrieben werden, daß jene Widersprüche identifiziert, ihre Entstehung nachvollzogen, ihre weitere Entwicklung aufgeklärt und vor allem ihre Verbindung mit den Konflikten dargelegt werden kann, die zwischen Gruppen oder Klassen vorliegen, in denen diese Widersprüche verkörpert sind. Einer der gemeinsamen Punkte der Konstruktionen, die auf einer derartigen metakritischen Position beruhen, liegt nämlich in der Zurückweisung der Vorstellung eines gemeinsamen Guts oder selbst der eines Raums, in dem gegensätzliche Standpunkte artikuliert werden können; statt dessen herrscht hier die Vorstellung von Kampf, Macht, Herrschaft und divergierenden Kräfteverhältnissen zwischen antagonistischen Gruppen. Auf dieser Grundlage können sich verschiedene kritische Orientierungen ausbilden, die sich danach unterscheiden, ob jene Kämpfe vor allem *negativ* betrachtet werden, insofern sie die Zerstörung nicht nur einer bestimmten, sondern jeder sozialen Ordnung nach sich ziehen, oder *positiv*, insofern sie die Entstehung neuer Möglichkeiten und die dialektische Aufhebung der Widersprüche, deren Erscheinungsform sie sind, ermöglichen.

Im ersten Fall werden diese Widersprüche und Antagonismen mit Werte- (oder/und Interessen-)Konflikten in Zusammenhang gebracht, die ihrem Wesen nach als im allgemeinen unlösbar gelten, sei es, weil es angeblich keinen höherstehenden Wert gibt, dem sie sich unterordnen lassen, sei es, weil keine historische Dialektik in Betracht gezogen wird. Möglichkeiten eines Kompromisses zwischen Soziologie und Kritik sind unter diesen Umständen sehr begrenzt und verteilen sich wesentlich auf zwei Optionen. Bei der einen wird auf die Diskrepanz zwischen soziologischer Analyse und politischem Handeln abgehoben und auf ihre nicht nur unterschiedlichen, sondern weitgehend inkompatiblen inneren Logiken. Als »Wissenschaftler« will der Soziologe den Sinn erfassen, den die Akteure dem Geschehen geben, und wahrscheinliche Kausalketten nachzeichnen; als Mann der Tat trifft der »Politiker« Entscheidungen. Der Soziologe kann nichts weiter tun als den Politiker über die wahrscheinlichen Folgen der verschiedenen möglichen Entscheidungen aufzuklären und/oder als »unverantwortlich« eingeschätzte politische Entscheidungen zu kritisieren, unverantwortlich allerdings nur in dem Sinne, als diejenigen, die diese Entscheidungen getroffen haben, sich deren Folgen nicht klar vor Augen führen wollten und folglich unredlich gehandelt haben.

Eine zweite, radikalere Option verknüpft die Soziologie mit der Aufrechterhaltung der Ordnung. Der Soziologe macht es sich in diesem Fall zur Aufgabe, die politischen Handlungen und Einstellungen zu kritisieren, die die Ordnung schwächen, die Autorität untergraben und die Werte verschwimmen lassen, die den Mitgliedern als moralische (usw.) »Bezugspunkte« dienen, was dazu führen kann, daß die Soziologie in den Dienst der Verstärkung der Staatsautorität, das heißt in den Dienst eines autoritären Staats gestellt wird – und dies unter Aspekten, die, mögen sie auch eher nach »rechts« als nach »links« tendieren, durchaus als »kritische« bezeichnet werden sollten.

Bei den zahlreichen kritischen Soziologen, die sich in unterschiedlichem Maße auf die marxistische Tradition berufen, dürften die Fragen von Wahrheit, Macht und Ausbeutung am deutlichsten in ihrem Zusammenhang zur Sprache kommen. Dieser Zusammenhang wird mit einem zentralen Widerspruch verknüpft, der Trennung zwischen rein »geistiger« Tätigkeit und praktisch-produktiver Aktivität. Diese Trennung nun wird in ein Kausalverhältnis gesetzt zur Ausbildung von *sozialen Klassen*, das heißt zur Entwicklung der Ausbeutung und der übermäßigen Inanspruchnahme der Macht durch bestimmte Gruppen (die herrschenden Klassen) zuungunsten anderer Gruppen (der beherrschten Klassen). Auf der Ebene einer Soziologie der Erkenntnis ermöglichen es diese kritischen Positionen, den Vorrang anzuprangern, der rein theoretisch entwickelten Spekulationen – »ideologischen« in dem Sinne, als sie von herrschenden Interessen aus über die Realität sprechen – gegenüber solchen Weisen des Zugangs zur Erkenntnis eingeräumt wird, die angeblich auf den Grund der Dinge vorstoßen, weil sie unmittelbar aus der *Praxis* in ihren produktiven Dimensionen erwachsen.

Gegenüber den Soziologien, die – häufig in der Tradition von Hobbes – Kampf und Widerspruch in den Vordergrund rücken, zeichnen sich auf Emanzipation ausgerichtete kritische Soziologien dadurch aus, daß sie zwei Arten soziologischer Beschreibung miteinander kompatibel zu machen suchen. Die erste entschleiert die gesellschaftlichen Kräfte und Instanzen der Ausbeutung und Herrschaft und stellen damit die Gewalt ins Zentrum des gesellschaftlichen Lebens. Aber dies reicht für die Entwicklung einer metakritischen Position nicht aus. Denn zwar gehört es zum Wesen einer jeden Gesellschaft, Gewalt und Herrschaft auszulösen, doch diese von der wissenschaftlichen Soziologie ans Licht gebrachte Tatsache allein gibt noch keinen praktischen Ansatzpunkt für eine radikale Kritik. Der Beseitigung einer sozialen Ordnung, in der Herrschaft ausgeübt wird, wird zwangsläufig der Aufbau einer anderen sozialen Ordnung folgen, in der es andere, aber nicht weniger Herrschaftskräfte geben wird. Soll Kritik möglich sein, muß diese erste (pessimistische) Beschreibung mit einer zweiten (optimistischen) verbunden sein, die, unter Rückgriff auf geschichtlich gewachsene Formen des Befreiungsprojekts der Aufklärung, die Abfolge der sozialen Ordnungen auf die Emanzipation hin ausrichtet, was den Rekurs nicht nur auf eine Geschichtsphilosophie, sondern mehr oder weniger auch auf eine philosophische Anthropologie voraussetzt, die der Idee von Befreiung einen Inhalt gibt.

Die Spannung zwischen diesen beiden Arten soziologischer Beschreibung bildet bekanntermaßen ein besonderes Problem, mit dem jene auf die Tradition der Arbeiterbewegung sich berufenden Konstruktionen konfrontiert sind. Denn die Beschreibung in Begriffen von Kräften und Kräfteverhältnissen muß sich der der positivistischen Wissenschaft entlehnten Terminologie kausaler Abhängigkeitsverhältnisse bedienen und entsprechend auf die Stärke der Unterdrückungsmechanismen und darauf abheben, wie die Unterdrückten sie immer schon vorfinden und wie sie sie passiv erleiden; oder auch, um ihre *Entfremdung* zu erklären, auf die Tatsache, daß sie so weit gehen, sich die (sogenannten) Werte, vermittels deren sie unterdrückt werden, in Gestalt von Ideologien anzueignen und zu verinnerlichen. Demgegenüber muß die Beschreibung im Sinne einer fortschrittlichen Entwicklung hin zu Emanzipation – einer Entwicklung, die nicht auf linearer und unabwendbarer Evolution beruht, sondern auf dem Handeln revoltierender, aber mit Vernunft und Gründen ausgestatteter Menschen – auf die Autonomie der Menschenwesen setzen, die unter bestimmten historischen Bedingungen in der Lage sind, sich ihrer Entfremdung bewußt zu werden und sich gegen die sie beherrschenden Kräfte aufzulehnen. Diese zweite Beweisführung, die zur Konstruktion einer metakritischen Position notwendig ist, ist zwar mit einer soziologischen Beschreibung durchaus nicht unvereinbar, erfordert aber den Einsatz von Mitteln, die sich von denen der bloßen Beschreibung des Zustands von Kräfteverhältnissen erheblich unterscheidet, und richtet die Analyse stärker an Soziologien des Handelns aus, die die Intentionalität der Akteure berücksichtigen und deren Fähigkeit, ihre wahren Interessen und Wünsche zu *realisieren* (im doppelten Wortsinn von erkennen und verwirklichen), neue Interpretationen der Realität zu entwickeln und sie in den Dienst einer kritischen Tätigkeit zu stellen. Die Verknüpfung dieser beiden Arten soziologischer Beschreibung ist alles andere als unproblematisch, und dies aus Gründen, die in der Folge noch erhellt werden sollen.

Die Verschränkung von Soziologie und Kritik

Die vorangegangenen Seiten deuteten bereits an, daß die Unterscheidung zwischen meta-kritischer und soziologischer Orientierung analytischer Natur ist. In der Praxis der Soziologen überschneiden sich die beiden Projekte fortwährend. Diese Unterscheidung hat unseres Erachtens nach aber doch den Vorteil, eine der zentralen *Spannungen* in den Blick zu rücken, die der Tätigkeit der Soziologen und vielleicht aller Sozialwissenschaftler innewohnen. Diese Spannung kann mehr oder minder manifest sein. Am sichtbarsten ist sie im Fall jener Soziologien, die am radikalsten das Ziel der Kritik zu dem ihren machen: der *kritischen Soziologien*. Doch selbst in Soziologien, die ihre kritische Dimension nicht in den Vordergrund rücken, ist diese Spannung stets vorhanden, zumindest gewissermaßen latent. Sie dürfte sich nicht eindrücklicher äußern als in dem gleichermaßen lobenswerten – weil wirklichem Streben nach Wissenschaftlichkeit entsprechenden – wie pathetischen – weil zwangsläufig zum Scheitern verurteilten – Versuch, zu den sogenannten positiven Wissenschaften aufzuschließen, und zwar zu dem, was an ihnen am kontingentesten und anfechtbarsten ist. Ich denke hier weniger an die notwendige Genauigkeit bei den Beobachtungen als namentlich an die äußeren Merkmale, die ihre diskursive Aufbereitung begleiten: die Häufung äußerlicher Zeichen unpersönlichen Schreibens (das »wir« oder das »man« an Stelle des »ich«); die Flut an Bezugnahmen auf weitere unbekannte Forscher, über die man ansonsten nichts weiter wissen will und deren verstreute Forschungsarbeiten nur durch einen Namen identifiziert werden, samt Erscheinungsdatum und Seitenzahl, wenn man sich besonders präzise geben will, das Ganze eingeschmolzen in die Grabstele der Parenthese; bisweilen auch die Manie der Quantifi-

zierung, sichtbar werdend an der ostentativen Häufung von Ziffern und Tabellen; oder auch die »spitzfindigen« Kontroversen, die sich am letzten, vorgeblich den Unterschied ums Ganze ausmachenden Argument polarisieren, was erspart, die häufig im dunkeln belassenen gemeinsamen Prämissen zu hinterfragen, usw. Kurzum, alle diese Manöver, dazu bestimmt, den Diskurs in das organische Gewebe eines Korpus (die »scientific community«) oder in ein »weltweit« verzweigtes Netzwerk einzuführen, so als genüge die Zerstörung des Werks zugunsten eines aus der Summierung einer Vielzahl partieller Interventionen erwachsenden Automaten, um die Gefahr des Parteilichen zu bannen, das heißt das Phantom der Kritik zu vertreiben.
Dabei genügt ein prüfender Blick auf die Geschichte unserer Disziplinen, um zu erkennen, daß die metakritischen Theorien sich gleichzeitig mit den deskriptiven Sozialwissenschaften entwickeln, auf deren Beiträge jene zurückgreifen, und daß diese beiden Arten von Projekten bei aller partiellen Unvereinbarkeit doch eng miteinander verbunden sind. Dies heißt aber auch, daß die metakritischen Theorien die Möglichkeit einer einfachen Außenposition anerkennen müssen. Wie es denn auch fraglich ist, ob sie so einfach auf jeden Anspruch auf Unparteilichkeit verzichten können – wie zuweilen Intellektuelle zu glauben scheinen, die sich Hals über Kopf in politische Kämpfe stürzen wollen. Es bleibt bestehen, daß die Abhängigkeit der Kritik von der Soziologie mit der Abhängigkeit der Soziologie von der Kritik korreliert. Denn die soziologischen Beschreibungen sind bereits konzeptionell auf jenen Gebrauch ausgerichtet, den die metakritischen Theorien von ihnen machen. In diesem Gebrauch liegt weitgehend auch ihre hauptsächliche Rechtfertigung. Wer interessierte sich schon für eine um sich selbst kreisende »l'art pour l'art«-Soziologie, die, sich in immer ausgefeilteren, kleinmustrigeren Beschreibungen erschöpfend, keinen anderen Zweck als den der eigenen Vervollkommnung als Wissensdisziplin im Auge hätte? Und selbst angenommen, Gegenstand dieser Disziplin wäre lediglich die Art und Weise, in der die Menschen kraft ihrer reflexiven Tätigkeit Kollektive bilden und auflösen: worin bestünde denn dann eigentlich der Inhalt dieses »Wissens«? Die Prozesse, vermittels deren die Akteure des sozialen Lebens die Ensembles, deren Teil sie selbst sind, konstituieren, auf Dauer stellen und/oder unterminieren, sind weitgehend selbst mit der Möglichkeit der Kritik verbunden, nicht nur dann, wenn sie die bestehenden Ordnungen in Frage stellen, sondern auch dann,

wenn sie sie rechtfertigen müssen. Die Soziologie wäre eine seltsame Tätigkeit, untersagte sie sich aus falsch verstandener Scham oder Animosität eine Praxis, die in einem solchen Ausmaß zur Bestimmung ihres Objekts beiträgt. Je mehr sie die soziale Welt auf Distanz hielte, gleichsam um sie von außen zu beherrschen, desto sicherer brächte sie selbst sich um ihr soziales Fundament.

2. Kritische Soziologie und pragmatische Soziologie der Kritik

Ich möchte nun mittels des gerade skizzierten Schemas prüfen, auf welche Weise sich soziologische Beschreibung und Sozialkritik im Rahmen der beiden anfangs erwähnten Programme, der kritischen Soziologie und der pragmatischen Soziologie der Kritik, verknüpft haben.

Die kritische Soziologie

Die zweite Hälfte der 1960er und die 1970er Jahre in Frankreich waren gekennzeichnet durch die Entwicklung verschiedener, häufig marxistisch inspirierter kritischer Strömungen und nicht zuletzt durch Bewegungen, die sich auf das Erbe der Frankfurter Schule beriefen. In diesem Kontext bestand die Originalität der von Pierre Bourdieu und seinem Team umgesetzten *kritischen Soziologie der Herrschaft* darin, sich von den vor allem philosophischen Ansätzen abzukoppeln und sich einer als »Metier« oder »Handwerk« verstandenen soziologischen Praxis zu verschreiben, die konzeptuelle Neuschöpfung und empirische Feldforschung aufs engste verknüpfte.[1] Die kritische Soziologie Pierre Bourdieus dürfte den bislang waghalsigsten Versuch darstellen, in ein und derselben theoretischen Konstruktion die die soziologische Praxis anleitenden rigiden Anforderungen und radikal kritische Positionen zu vereinen. So finden sich denn auch in diesem Werk die meisten der durch die Verknüpfung von Soziologie und Kritik aufgeworfenen Probleme.

Der ursprünglich von Pierre Bourdieu entworfene Rahmen zur Integration von Soziologie und Kritik versteht sich in der Kontinuität der »Klassiker« und umfaßt Elemente aus der Soziologie Durkheims, dem Pragmatismus G. H. Meads, der phänomenologisch inspirierten Soziologie von Alfred Schütz und der Kulturanthropologie aus der ersten Hälfte des 20. Jahrhunderts, die ihrerseits von Ethnologie und Psychoanalyse geprägt wurde. Hinsichtlich der Herrschaftsproblematik im eigentlichen Sinn aber war es vor

1 Pierre Bourdieu, Jean-Claude Passeron und Jean-Claude Chamboredon, *Soziologie als Beruf. Wissenschaftstheoretische Voraussetzungen soziologischer Erkenntnis*. Übersetzt von Hella Beister, Reinhard Blomert und Bernd Schwibs, Berlin/New York: Walter de Gruyter 1991.

allem der doppelte Beitrag von Max Weber und Marx, auf den zurückgegriffen wurde. Nicht verwunderlich also, daß man im Werk Pierre Bourdieus auf das Spannungsverhältnis trifft zwischen einem Ansatz, in dem einerseits die Faktenbeschreibung und Analyse der in den verschiedenen Gesellschaften beobachtbaren Modalitäten der Herrschaft (die »*Herrschaftsweisen*«) im Zentrum steht, und andererseits einer Hinterfragung der Herrschaft, die im Geist der marxistisch inspirierten Strömungen auf Emanzipation zielt. Doch anders als in den meisten sich auf den Marxismus berufenden Strömungen fußt das emanzipatorische Unternehmen bei Pierre Bourdieu (möglicherweise unter dem Einfluß von Durkheim) wesentlich auf der Praxis der Soziologie selber. In diesem Fall ist die Soziologie also zugleich Instrument zur Beschreibung der Herrschaft und Instrument zur Emanzipation von Herrschaft.
Die Übernahme dieser doppelten Ausrichtung läßt die Spannung innerhalb des Projekts einer kritischen Soziologie besonders scharf hervortreten. Denn sie betrifft unmittelbar die Verklammerung einer *Soziologie*, die zwar zahlreiche Elemente der Phänomenologie und der intersubjektiven Ansätze in sich aufgenommen hat, sich zugleich aber doch weitgehend selbst definiert unter Bezug auf Objektivitäts- und Wertfreiheitsansprüche, mit *Sozialkritik*. Die Frage ist, worauf diese sich begründen kann. Da sie sich ebenso weigert, ihre Position durch Moral oder Werte zu begründen (dies als Moralismus anprangert) wie durch einen Quasi-Evolutionismus, der die Entwicklung der auf Demokratie sich berufenden kapitalistischen Nationalstaaten zu einem Ideal erhebt, zu dem das Ende der Geschichte sich zwangsläufig hinbewegt (wie bei bestimmten auf Talcott Parsons[2] oder Seymor Martin Lipset sich berufenden Strömungen, die Bourdieu schonungslos kritisierte), aber auch nicht auf eine Geschichtsphilosophie marxistischer Provenienz (die Abfolge von Produktionsweisen und die Verschärfung der Widersprüche) rekurriert, ist die bourdieusche kritische Soziologie gezwungen, »laterale Möglichkeiten« geltend zu machen, ohne daß sie indes versuchte, deren Inhalt genauer anzugeben.

2 Vgl. William Buxton, *Talcott Parsons and the Capitalist Nation-State*, Toronto: University of Toronto Press 1985.

Die mit dem Einsatz des Herrschaftsbegriffs aufgeworfenen Probleme

Wie der Herrschaftsbegriff in der kritischen Soziologie Pierre Bourdieus eingesetzt wird, soll hier – aus Zeitgründen – nicht im einzelnen entwickelt, vielmehr als bekannt vorausgesetzt werden.[3] Hier sollen nur in geraffter Form die Einwände vergegenwärtigt werden, die uns vor mehr als zwanzig Jahren veranlaßt haben, gegenüber der *kritischen Soziologie* auf Distanz zu gehen und uns der Frage der Kritik auf anderem Wege zu nähern: dem einer *pragmatischen Soziologie der Kritik*. Sie soll etwas später in ihren Hauptlinien dargestellt werden.

Die für uns durch die spezifische Verwendungsweise des Herrschaftsbegriffs in der kritischen Soziologie aufgeworfenen Probleme ergeben sich aus dessen gleichermaßen zu dominantem wie zu vagem Charakter. Sein extensiver Einsatz führt dazu, nahezu alle Beziehungen zwischen Akteuren, von den explizit hierarchischen bis zu den persönlichsten, in ihrer vertikalen Dimension in den Blick zu nehmen. Was nun der Soziologe unter kritischer Perspektive als Herrschaftsbeziehung ausweist, muß von den Akteuren gleichzeitig nicht zwangsläufig als solche vorgestellt noch selbst erlebt werden, sie können sich durch eine solche Beschreibung sogar angegriffen fühlen (wenn Sie als Soziologe etwa einem frisch Verliebten erklären wollten, seine Leidenschaft für die Angebetete sei *faktisch* nur Produkt des sozialen Herrschaftseffekts, den sie aufgrund ihrer Herkunft aus einer höheren Klasse ausübe, dürften Sie einige Probleme bekommen, Ihren Standpunkt plausibel zu machen). Diese Ausweitung des Herrschaftsbegriffs führt im weiteren auch zu einer Ausweitung des *Gewalt*-Begriffs, wobei die von den Akteuren selbst zumindest vielfach genau als Gewalt erfah-

3 Werke, die Pierre Bourdieus Soziologie darzustellen, zuweilen auch zu kritisieren suchen, gibt es in großer Zahl. Sie alle hier zu zitieren sprengte den Rahmen. Hier nur einige Hinweise auf französische Literatur: Alain Accardo und Philippe Corcuff, *La sociologie de Bourdieu*, Bordeaux: Le Mascaret 1989; Bernard Lahire (Hg.), *Le travail sociologique de Pierre Bourdieu. Dettes et critiques*, Paris: La Découverte 1999; Philippe Corcuff, *Bourdieu autrement. Fragilités d'un sociologue de combat*, Paris: Textuel 2003; Pierre Encrevé und Rose-Marie Lagrave (Hg.), *Travailler avec Bourdieu*, Paris: Flammarion 2003; Jacques Bouveresse und Denis Roche (Hg.), *La liberté par la connaissance. Pierre Bourdieu (1930-2002)*, Paris: Odile Jacob 2004; Patrick Champagne und Olivier Christin, *Pierre Bourdieu. Mouvement d'une pensée*, Paris: Bordas 2004. Ein nicht uninteressanter kritischer Punkt wird entfaltet in Jeffrey C. Alexander, *Fin de siècle Social Theory: Relativism, Reduction and the Problem of Reason*, London: Verso 1995.

rene und geschilderte *physische Gewalt* in Richtung auf *symbolische Gewalt* (einen Zentralbegriff der Soziologie Pierre Bourdieus) erweitert wird, ohne daß diese häufig als solche erlebt würde.
Um zu erklären, wie und warum die Akteure unwissentlich beherrscht werden, muß die Theorie den blindmachenden *Illusionen* ein großes Gewicht beilegen und zugleich auf den Begriff des Unbewußten rekurrieren. Eine erste Konsequenz daraus ist, daß die Akteure häufig als Getäuschte, Hintergangene oder als »cultural dopes« (Harold Garfinkel) behandelt und ihre kritischen Fähigkeiten unterschätzt oder ignoriert werden. Eine weitere Konsequenz ist, daß den einstellungsspezifischen Eigenschaften der Akteure unverhältnismäßig mehr Bedeutung beigemessen wird als den aus ihrer jeweiligen Situation erwachsenden und daß versucht wird, nahezu alle ihre Verhaltensweisen durch die Verinnerlichung herrschender Normen, vor allem im Erziehungsprozeß, zu erklären. Diese nimmt die Form einer *Inkorporierung* an, einer Einschreibung dieser Normen in den Körper, Gewohnheiten gleich. Mit diesem Prozeß wird die Reproduktion der Strukturen erklärbar. Zugleich aber werden, wie bereits erwähnt, die *Situationen* zugunsten der Dispositionen bzw. Einstellungen oder der Strukturen vernachlässigt. Nun können die Situationen gleichermaßen von den Akteuren, die in ihrem Alltagsleben ständig darin verstrickt sind, wie vom Soziologen beobachtet und beschrieben werden; doch nur letzterer kann zur Erkenntnis der Strukturen vordringen. Denn um sie aufzudecken, bedarf es des Einsatzes von Instrumenten makrosozialer Natur, insbesondere solcher der Statistik, die auf der Konstruktion von Kategorien, von Nomenklaturen und einer Metrologie beruhen. Das heißt aber auch, daß derartiges Instrumentarium auf das Vorhandensein von Rechenzentren angewiesen ist, die in der Regel nationalstaatlichen oder zwischenstaatlichen Organisationen unterstehen. Die Folge ist, wie von zahlreichen Arbeiten in den letzten 30 Jahren belegt, daß diese makrosozialen Instrumente wie die Kategorien und Metrologien, auf die sie sich stützen, selbst als Produkte sozialer Aktivität, insbesondere aber staatlicher Aktivität anzusehen sind, was sie in die doppelte, zum mindesten verzwickte Lage versetzt, Instrumente gesellschaftlicher Erkenntnis und Objekte dieser Erkenntnis zu sein.[4]

4 Hier ist allerdings darauf hinzuweisen, daß die von Pierre Bourdieu oder in seinem Umkreis in den 70er Jahren durchgeführten Arbeiten zwar einen höchst intensiven Gebrauch von diesen kognitiven Hilfsmitteln – und zumal den sozioprofessionellen Kategorien – gemacht haben, zugleich aber auch Forschungsar-

Eine dritte Konsequenz ist schließlich, daß eine Kluft errichtet wird zwischen düpierten Akteuren und einem Soziologen, der – einigen Formulierungen zufolge sogar als einziger – in der Lage ist, ihnen die Wahrheit über ihre soziale Lage zu enthüllen. Dies führt zwangsläufig zur Überschätzung der Macht der Soziologie als Wissenschaft, des einzigen Fundaments, auf dem der Soziologe seinen Anspruch aufzubauen vermag, mehr über die Personen zu wissen als diese selbst über sich. Die Soziologie wird so tendenziell mit dem maßlosen Vermögen ausgestattet, zentral die Wahrheit über die soziale Welt auszusprechen – was sie unweigerlich in Konkurrenz bringt zu anderen Disziplinen mit gleichen imperialistischen Ansprüchen. Die wesentliche Folge aber ist, daß das kritische Unternehmen zerrissen wird zwischen einerseits der Versuchung, auf alle Wissens- und Erkenntnisformen die Aufdeckung der ihnen zugrundeliegenden »Ideologien« auszudehnen, andererseits der Notwendigkeit, einen geschützten Bereich, den der Wissenschaft, als festen Ausgangs- und Stützpunkt für diese Operation aufrechtzuerhalten. Schließlich sei noch ergänzt, daß die Verschärfung der Kluft zwischen soziologischer Wissenschaft und Alltagswissen dazu führt, daß die durch die gesellschaftliche Verbreitung der soziologischen Diskurse und deren Wiederaneignung/Reinterpretation durch die Akteure ausgelösten Effekte nicht angemessen eingeschätzt werden – was für eine Soziologie, die sich explizit auf Reflexivität beruft, doch recht fragwürdig ist. Derartige Rückwirkungen der Soziologie auf die soziale Welt sind aufgrund vor allem der gewachsenen Bedeutung der Sekundar- und universitären Ausbildung (von der Rolle der Medien einmal ganz zu schweigen) innerhalb der zeitgenössischen Gesellschaften von höchster Tragweite – werden die Akteure dadurch doch dazu gebracht, aus den

beiten zu den sozialen Bedingungen ihrer Entwicklung und ihres Gebrauchs initiiert haben. Diese doppelte Perspektive dürfte viel der zweifachen disziplinären Verwurzelung Pierre Bourdieus zu verdanken haben, nämlich in der Soziologie und in der Sozialanthropologie. (Siehe insbesondere Pierre Bourdieu und Luc Boltanski, »Titel und Stelle. Zum Verhältnis von Bildung und Beschäftigung«, in: Pierre Bourdieu, Luc Boltanski, Monique de Saint Martin und Pascale Maldidier, *Titel und Stelle. Über die Reproduktion sozialer Macht*. Aus dem Französischen übersetzt von Helmut Köhler, Beate Krais, Achim Leschinsky und Gottfried Pfeffer, Frankfurt am Main: Europäische Verlagsanstalt 1981, S. 89-115; Luc Boltanski, »Taxinomies populaires, taxinomies savantes: les objets de consommation et leur classement«, *Revue française de sociologie*, Bd. 11, 1970, Nr. 3, S. 99-118; Alain Desrosières, »Eléments pour l'histoire des nomenclatures socio-professionnelles«, in: Joelle Affichard (Hg.), *Pour une histoire de la statistique*, Bd. 2, Paris: INSEE-Economica 1987, S. 35-56).

Sozialwissenschaften stammende Erklärungs- und Sprachmuster zu übernehmen und sie in ihren alltäglichen Interaktionen (zumal bei ihren Disputen) einzusetzen.[5]

Andererseits kann man durchaus der Meinung sein, daß mit diesem Paradigma das Handeln und damit die Dispute und Auseinandersetzungen, in die die Akteure eintreten, nicht umfassend erläutert werden. Denn der Versuch der Aufrechterhaltung der Schnittstelle zwischen kartographischer Deskription und interaktionistischen Beschreibungen scheint dazu zu führen, daß letztere überdeterminiert werden, indem das Verhalten der Akteure zu schnell in Abhängigkeit von Einstellungen und Dispositionen interpretiert wird, die von strukturalen Beschreibungen aus identifiziert werden, Einstellungen, die sich unabhängig von der Situation mehr oder minder gleich manifestieren sollen (was sich in der Wahl des Begriffs *Handlungsträger* [*agent*] statt *Handelnder* bzw. *Akteur* [*acteur*] niederschlägt). Durch das Beharren auf den zirkulären Beziehungen zwischen den tieferliegenden Strukturen und den inkorporierten Einstellungen und Dispositionen gerät so die Ungewißheit aus dem Blick, mit der die Akteure in Situationen, in denen sie handeln müssen, konfrontiert sind. Tatsächlich aber gewinnt der Handlungsbegriff nur Sinn vor dem Hintergrund von Ungewißheit oder zumindest doch in bezug auf eine Vielzahl möglicher Optionen.[6] In Zusammenhängen, in denen vorab alles schon »gelaufen« scheint, verliert der Handlungsbegriff tendenziell jeglichen Sinn. Dies gilt

5 Luc Boltanski und Laurent Thévenot, »Finding ones' way in social space: a study based on games«, *Social Science Information*, Bd. 22, 1983, Nr. 4-5, S. 631-680. Mit dieser Arbeit, basierend auf experimentellen Verfahren, in denen die Klassifikationsfähigkeiten sogenannter »Alltagsmenschen« zum Einsatz kamen, waren die Reflexivitätseffekte zutage gebracht worden, die durch die sozioprofessionellen Kategorien des INSEE [*Institut national de la statistique et des études économiques*: Staatliches Institut zur statistischen Erfassung und Auswertung wirtschaftlicher und sozialer Daten] ausgelöst wurden und sicher auch durch die intensive und zugleich diffus – im politischen Diskurs wie in Literatur oder Film usw. – vorhandene Vorstellung einer sozialen Welt, in der die Aufteilung in soziale Klassen als selbstverständlich, ja als übermächtig angesehen wurde. Es wäre interessant, heute, zwanzig Jahre später, eine vergleichbare Studie zu erstellen, um herauszubekommen, ob das Zurückweichen der sozialen Klassen lediglich oberflächlich den offiziellen Bereich der zumal medial vermittelten Repräsentation tangiert oder ob es sich tiefer im kognitiven Apparat der Menschen festgesetzt hat. (Vgl. auch dazu Alain Desrosières, *La politique des grands nombres*, Paris: La Découverte 1993, und Alain Desrosières und Laurent Thévenot, *Les catégories socio-professionnelles*, Paris: La Découverte 1988.)

6 Zu Geschichte und Grundlagen der soziologischen Handlungstheorie vgl. Hans Joas, *Die Kreativität des Handelns*, Frankfurt am Main: Suhrkamp 1992.

in erster Linie für die Auseinandersetzungen: nicht nur deren Ausgang, auch die von den verschiedenen Protagonisten angeführten Sachverhalte und deren Interpretation umgibt Ungewißheit. Aus den gleichen Gründen ist innerhalb jenes Paradigmas sowohl der Wandel selbst wie auch die Rolle der Kritik bei den Wandlungsprozessen schwer erklärbar.

Weitere Probleme ergeben sich an der Verbindungsstelle zweier Verwendungsweisen der Soziologie: als Instrument der Beschreibung und als Waffe der Kritik. Auf der einen Seite wird Herrschaft – in einer Weberschen Perspektive – beschrieben als ein Sachverhalt, der in unterschiedlichsten Ausprägungen in den meisten bekannten Gesellschaften nachweisbar ist. Auf der anderen Seite wird die innerhalb einer *sozialen Ordnung* aufgedeckte Herrschaft einer Kritik ähnlich der marxistisch inspirierten oder zumindest emanzipatorisch ausgerichteten unterworfen, was einen normativen Ansatzpunkt voraussetzt. Doch gerade das Beharren auf der Sozialwissenschaft als einzigem Weg zur Wahrheit (eine von den meisten kritischen Autoren im Frankreich der 1960er bis 1970er Jahre bei ihrem Versuch, sich von der akademisch noch übermächtigen idealistischen Philosophie zu befreien, bezogene Position) hintertreibt den Rückgriff auf die meisten – bereits oben erwähnten – normativen Ressourcen, die ein metakritisches Projekt abstützen könnten. So wird insbesondere der Bezug auf eine philosophische Anthropologie ausgeklammert, die doch einen der Ansatzpunkte darstellt, auf die metakritische Unternehmen am häufigsten zurückgreifen. Deshalb wird das Kritik-Projekt aber noch nicht aufgegeben. So finden sich die kritischen Stellungnahmen, auf die aus Angst, den Anforderungen der Wissenschaft nicht zu genügen, nur schwer explizit eingegangen werden kann, gleichsam in die Beschreibung verwoben, und zwar weitgehend anhand rhetorischer Mittel, die beim Leser Empörung auszulösen vermögen. Man kann sich zugleich fragen, inwieweit diese Beschreibungen selbst nicht schon durch jene rhetorischen Verfahren überdeterminiert sind, was – zumindest in Maßen – hätte verhindert werden können, wären die durch die Verknüpfung von deskriptiven Orientierungen und normativen Zielsetzungen aufgeworfenen Probleme explizit berücksichtigt worden.

Das Programm einer *pragmatischen Soziologie der Kritik*, in den 1980er Jahren von Soziologen entworfen, die mehrheitlich zunächst im Rahmen des Bourdieuschen Paradigmas gearbeitet hatten, nahm sich zum Ziel, unter Vermeidung der bereits erwähnten Schwierigkeiten, die Frage der Kritik neu aufzuwerfen.[7] Verworfen wurde dabei nicht zuletzt die Asymmetrie zwischen dem durch die Weihen der Wissenschaft aufgeklärten Soziologen und den in den Sphären der Illusion versunkenen gewöhnlichen bzw. Alltagsmenschen – eine Asymmetrie, die uns die Feldforschung nicht zu bestätigen schien und die zudem das Risiko in sich barg, durch eine neue Art platonischen Idealismus (der an die Stelle des philosophischen Weisen tretende allwissende Soziologe mit dem Ehrgeiz, die Gesellschaft zu führen) vereinnahmt zu werden (wie es Jacques Rancière polemisch in *Le philosophe et ses pauvres*[8] [Der Philosoph und seine Armen] ausgemalt hat).

Was am Paradigma der kritischen Soziologie in Frage gestellt wurde, bezog sich primär auf seine *deskriptive*, also genuin soziologische Dimension und nicht auf seine kritischen Aspekte (was der Fall gewesen wäre, hätte der vorgenommenen Verschiebung der Blickrichtung eine politische Kehre zum Konservatismus oder auch, wie bei zahlreichen französischen Intellektuellen an der Wende zu den 1980er Jahren, ein Umschwenken vom Marxismus zum Neoliberalismus zugrunde gelegen). Wir wollten die Verankerung in einer rigorosen empirischen Soziologie, in der uns ein grundlegender Beitrag der in diesem Paradigma entfalteten Arbeit zu liegen schien, fortsetzen, ja verstärken und so angemessenere Beschreibungen des situationsgebundenen Handelns der Akteure bieten. Dazu hielten wir es für notwendig, einen allzu machtvollen Erklärungsapparat auszuklammern, dessen mechanische Anwendung die Daten zu erdrücken drohte (so als wüßte der Soziologe immer schon im voraus, was er entdecken sollte),[9] und statt dessen gewissermaßen naiv uns anzuschauen, was die Akteure tun, wie sie

7 Erste vergleichende Studien von kritischer Soziologie und pragmatischer Soziologie der Kritik stammen von Thomas Benatouil (»Critique et pragmatique en sociologie«, *Annales ESC*, Bd. 54, 1999, Nr. 2, S. 281-317) und Philippe Corcuff (*Les nouvelles sociologies*, Paris: Armand Colin 1999).

8 Jacques Rancière, *Le philosophe et ses pauvres*, Paris: Flammarion 2007 (1983).

9 In einigen Aspekten deckte sich diese Kritik mit der Sartres an den französischen Marxisten, der im übrigen Bourdieu zustimmte. Siehe Jean-Paul Sartre, *Marxismus und Existentialismus. Versuch einer Methodik*. Deutsche Übersetzung von

die Absichten der anderen interpretieren, wie sie ihre Sache argumentativ vertreten, usw. Um es kurz zu machen: unsere Bewegung bestand darin, von der kritischen Orientierung wieder mehr in Richtung auf eine adäquatere Beschreibung umzuschwenken – was einmal mehr den instabilen Charakter der soziologischen Konstruktionen unter Beweis stellt, die die Frage der Kritik in den Vordergrund heben, vielleicht aber auch den der Soziologie allgemein mit dem ihr innewohnenden Spannungsverhältnis zwischen Beschreibungsanforderungen und normativer Orientierung.

Das Projekt einer kritischen Soziologie haben wir dennoch nicht aufgegeben. Die Aufmerksamkeit, die wir der vergleichenden Beschreibung des Tuns und Treibens der Akteure entgegenbrachten, hatte den Charakter einer – Sie gestatten mir diese von Böhm-Bawerk stammende Wirtschaftsmetapher – »Umwegproduktion«. Wir glaubten, vermittels dieses »Umwegs« auf längere Sicht besser in der Lage zu sein, die Kritik wieder in Gang zu bringen, wenn wir sie solide mit der gesellschaftlichen Realität verschnürten. In einem intellektuellen und politischen Kontext – dem der 1980er Jahre –, der geprägt war durch den relativen Bedeutungsschwund der einzig die vertikale Dimension und die Opakheit des entfremdeten Bewußtseins der Akteure betonenden Paradigmen – und zwar zugunsten jener Paradigmen, die den Blick mehr auf die horizontalen Beziehungen (insbesondere durch Netzwerkanalysen) sowie auf Modalitäten des Handelns, verstanden als Ausdruck strategischer Motivationen und rationaler Entscheidungen, richteten –, schien es uns nämlich notwendig, die Überzeugungskraft der Kritik zu konsolidieren.

Die in die Tat umgesetzte Strategie lautete: *Zurück zu den Sachen selbst*. Im Fall der Kritik bedeutet *Zurück zu den Sachen selbst* nun aber: an erster Stelle Situationen beobachten, beschreiben und interpretieren, in denen Personen sich ans Kritisieren machen, das heißt *Dispute* bzw. *Auseinandersetzungen*. Die vorgenommene Verschiebung der Blickrichtung hat sich also in einer Reihe von Feldforschungen niedergeschlagen, und zwar unter Rückgriff auf Methoden der ethnologischen Beobachtung und am Gegenstand von Auseinandersetzungen in Situationen, die den diversesten Bereichen der Objektivität entstammen. Freilich hätte es diesem Perspektivenwechsel in der Feldforschung an Kohärenz gefehlt, wäre er nicht mit einem Umbau des theoretischen Rahmens einhergegangen.

H. Schmitt, Reinbek b. Hamburg: Rowohlt 1964, insbesondere »Das Problem der Vermittlung und der Hilfswissenschaften«, S. 32 ff.

Dieses Programm hat sich Ressourcen zunutze gemacht, die unterschiedlich stark vom *Pragmatismus* inspirierte Strömungen vorgaben. Gemeinsam war diesen durchaus recht unterschiedliche Wege einschlagenden Strömungen, daß sie die Aufmerksamkeit des Soziologen wieder von einer kartographischen Beschreibung der vorhandenen Welt abzogen und auf die in Situationen handelnden Akteure als die zentralen performativen Wirkkräfte des Sozialen lenkten. Dabei konnte es sich um unmittelbar an den amerikanischen Pragmatismus angelehnte Strömungen handeln wie den Interaktionismus oder, in geringerem Grad, die Ethnomethodologie. Doch auch solche Strömungen sind zu erwähnen, die, innerhalb des intellektuellen Kontextes Frankreichs verankert, Teile der pragmatistischen Hinterlassenschaft aufgriffen, häufig auf einem komplizierten, z. B. über das Werk von Gilles Deleuze verlaufenden Weg (wie etwa Bruno Latour). Es konnte sich schließlich auch um Strömungen handeln, die, ohne direkte Anbindung an den Pragmatismus, die Aufmerksamkeit des Soziologen auf die Sprache und die Interpretationsarbeit lenkten, die der Akteur in einer gegebenen Situation zu leisten hat: die analytische Philosophie, der späte Wittgenstein oder Paul Ricœurs Bemühen, analytische Philosophie und Phänomenologie zusammenzuführen.

Aus dieser disparaten Palette wurden besonders jene Strömungen nutzbringend herangezogen, die sich auf die Linguistik beziehen, zum einen also die linguistische Pragmatik mit ihrer Fokussierung auf die Indexikalität und situationsspezifische Sinnbildung, zum anderen die generative Linguistik, der vor allem der Begriff der *Kompetenz* – auf offen gesagt wenig orthodoxe Weise – entlehnt wurde. Sie war hilfreich bei der Bezeichnung der generativen Schemata, die als vorhanden vorausgesetzt werden müssen, will man die Fähigkeit der Akteure, situationsspezifisch akzeptable Kritiken oder Rechtfertigungen hervorzubringen, also deren Gerechtigkeitssinn oder moralisches Gespür erklären. Dem Geist des Pragmatismus darf mithin zugeschrieben werden, wie die Soziologie der Kritik das Neubeschreiben der sozialen Welt angegangen ist, nämlich als Szene eines *Prozesses*,[10] in dessen Verlauf Akteure in Situationen der *Ungewißheit Erhebungen* vornehmen, ihre *Interpretationen* des Vorfallenden in *Berichten* niederlegen, *Qualifizierungen* entwickeln und sich *Prüfungen* unterziehen.

10 Luc Boltanski und Élisabeth Claverie, »Du monde social en tant que scène d'un procès«, in: Luc Boltanski, Élisabeth Claverie, Nicolas Offenstadt und Stéphane Van Damme, *Affaires, scandales et grandes causes*, Paris: Stock 2007, S. 395-452.

Wie aus der Bezugnahme auf die generative Grammatik hervorgeht, bewahrte dieses Programm noch Züge des Objektivismus und in einigen seiner Aspekte eine strukturalistische Orientierung, allerdings nicht in Richtung einer sozialen Morphologie kartographischen Stils, sondern einer Modellierung der kognitiven und deontischen Ausstattung, das heißt der Kompetenzen. Deren Existenz muß vorausgesetzt werden, will man verstehen, wie es den Akteuren gelingt – trotz oder, um genauer zu sein, gerade vermittels ihrer Dispute und Auseinandersetzungen –, ihre Handlungen zu koordinieren und ihre Interpretationen zur Konvergenz zu bringen. Ja, wir waren sogar jenen Strömungen gegenüber feindlich eingestellt, die – wie die ›interpretative Anthropologie‹ à la Geertz – damals betonten, dem Beobachter sei es unmöglich, von den Deutungskategorien zu abstrahieren, die er seiner Verwurzelung in einer spezifischen Epoche und Kultur verdankt; unsere Gegnerschaft galt schließlich auch den Strömungen, die (wie gewisse rigide Varianten der Ethnomethodologie) letztlich nur die Ressourcen berücksichtigen, über die die Akteure im lokalen Kontext verfügen.
In der Logik dieses Projekts hat die Soziologie die zentrale Aufgabe, die in der sozialen Welt eingesetzten Methoden zum Knüpfen und Lösen von Bindungen zu explizieren, zu klären und, wenn möglich, modellhaft darzustellen. In diesem Sinne wird die Soziologie wie eine Disziplin sekundären Rangs behandelt, die ein wenig wie die Linguistik in einem bestimmten, dem Erfordernis von Ordnung und Klarheit unterworfenen Format eine Kompetenz verweist, die die der Akteure selbst ist, auch wenn diese sich ihrer nicht voll bewußt sein müssen, wenn sie sie ausüben. Die Soziologie hat dann ihr Ziel erreicht, wenn sie ein zufriedenstellendes Bild der sozialen Kompetenzen der Akteure erstellt. Die Form von Wahrheit, die sie zu erreichen sucht, steht dementsprechend der Akzeptabilität im Sinne der Linguistik nahe.
Auf der Ebene der metakritischen Orientierung – die später eingehender untersucht werden soll – ging die Intention dahin, aus der Beschreibung selbst eine Normativität hervortreten zu lassen. Die Arbeit richtete sich zunächst auf die Klärung der normativen Positionen, auf die die Akteure sich beim Kritisieren oder aber beim Rechtfertigen angesichts einer Kritik stützen können. Auf der Sammlung und expliziten Darstellung der von den Akteuren in den alltäglichen Lebensumständen entwickelten Kritik aufbauend, sollte zugleich auch die Möglichkeit eines metakritischen Projekts eröffnet werden. Um es in den Worten eines an der Ausarbei-

tung dieses Programms beteiligten jüngeren Soziologen (Cyril Lemieux) zu sagen: da die Außenstandpunkte, auf die sich die kritischen Soziologen berufen, *nie vollkommen außen* sind, sollte die Möglichkeit einer *komplexeren Innenposition* erkundet werden, die neben dem Heraustreten aus dem Rahmen und seiner Kritik ein drittes Moment einschließt: die Integration dessen, was die Kritik von außen noch dem Rahmen verdankt, den sie kritisiert.[11]
Verbunden mit diesem Programm wurden Feldforschungen zu Auseinandersetzungen in den diversesten Bereichen unternommen: Auseinandersetzungen am Arbeitsplatz und in den Betrieben;[12] in gesundheitspolitischen Kontexten[13] (in bezug besonders auf die Aids-Epidemie[14]); in der Welt der Medien;[15] in Banken;[16] in Ausschüssen zur Bewertung und Auswahl kultureller Güter,[17] zur Personalrekrutierung[18] oder zur Verteilung privater oder öffentlicher Güter; in Schuleinrichtungen;[19] in Stadtverwaltungen.[20] Oder auch Auseinandersetzungen innerhalb von Instanzen zum Produktlabeling[21] oder zur Festlegung von Umweltnormen.[22] Ja selbst inner-

11 Diese Bemerkung von Cyril Lemieux wurde durch die Lektüre einer früheren Fassung dieses Textes ausgelöst.

12 Philippe Chateauraynaud, *La faute professionnelle. Une sociologie des conflits de responsabilité*, Paris: Métailié 1991. Nicolas Dodier, *Les hommes et les machines*, Paris: Métailié 1995. Philippe Corcuff, »Sécurité et expertise psychologique dans les chemins de fer«, in: Luc Boltanski und Laurent Thévenot (Hg.), *Justesse et justice dans le travail*, Paris: PUF 1989, S. 307-318.

13 Nicolas Dodier, *L'expertise médicale*, Paris: Métailié 1993.

14 Michael Pollak, *Les homosexuels et le sida. Sociologie d'une épidémie*, Paris: Métailié 1988.

15 Cyril Lemieux, *Mauvaise Presse. Une sociologie compréhensive du travail médiatique et de ses critiques*, Paris: Métailié 2000.

16 Damien de Blic, »Le scandale financier du siècle, ça ne vous intéresse pas? Difficile mobilisation autour du Crédit Lyonnais«, *Politix*, Bd. 13, 2000, Nr. 52, S. 157-181.

17 Nathalie Heinich, *L'art en conflit*, Paris: La Découverte 2002.

18 François Eymard-Duvernay und Emmanuelle Marchal, *Façons de recruter: le jugement des compétences sur le marché du travail*, Paris: Métailié 1997.

19 Jean-Louis Derouet, *Ecole et justice*, Paris: Métailié 1992.

20 Claudette Lafaye, »Situations tendues et sens ordinaire de la justice au sein d'une administration municipale«, *Revue française de sociologie*, Bd. 31, 1990, Nr. 2, S. 199-223.

21 Pierre Boisard und Marie-Thérèse Letablier, »Un compromis d'innovation entre tradition et standardisation dans l'industrie laitière«, in: L. Boltanski und L. Thévenot, *Justesse et justice dans le travail*, a. a. O., S. 135-208.

22 Claudette Lafaye und Laurent Thévenot, »Une justification écologique? Conflits dans l'aménagement de la nature«, *Revue française de sociologie*, Bd. 34, 1993, Nr. 4, S. 493-524.

halb einer dem Anschein nach derart monolithischen Institution wie der katholischen Kirche zur Frage, ob die Jungfrau Maria wirklich bosnischen Hirten erschienen war oder nicht.[23]
Ein weiterer Programmpunkt betraf »Affären« (in Frankreich zumeist auf das Modell der »Dreyfus-Affäre« bezogen), das heißt Auseinandersetzungen je nach Fall mehr oder minder umfänglichen und langwierigen Charakters, in deren Verlauf ein Konflikt in die Öffentlichkeit getragen wird. Ein ursprünglich lokales Problem weitet sich aus und nimmt allgemeinen Charakter an. Im Gegensatz zum Skandal,[24] der eine allgemeine Empörung auslösen kann, führt die Affäre zur Bildung gegensätzlicher Clans, weil sie stets die Möglichkeit enthält, daß die Anklage umgedreht wird: Die Verteidigung eines einzelnen, der von der Staatsmacht eines Verbrechens angeklagt wird, wird von einem Kollektiv übernommen, das zu zeigen versucht, daß jener eigentlich ein Opfer ist, womit die Anklage nun gegen die Ankläger gewendet wird. Die unterschiedlichen Parteien suchen jetzt die größtmögliche Anzahl an Akteuren für ihre Sache zu gewinnen. Hat die Affäre Erfolg (wenn man das so sagen darf), dringt sie tendenziell in die verschiedenen Sektoren der Gesellschaft ein und durchbricht die Grenzen zwischen den verschiedenen Welten der Politik, der Intellektuellen und der Ökonomie. Mehrere miteinander unvereinbare Erzählungen treten in Konflikt zueinander, was bis zur Auflösung ein Moment der Unsicherheit darüber nährt, »was wirklich geschehen ist«.
Die in diesen Arbeiten sichtbar werdenden *Akteure* [*acteurs*] unterschieden sich erheblich von den in der kritischen Herrschaftssoziologie figurierenden *Handlungsträgern* [*agents*]. Sie waren stets aktiv und nicht passiv. Sie waren unverblümt kritisch, und zwar kritisch fast wie die kritischen Soziologen, indem sie fortwährend die – häufig auf deren soziale Position zurückgeführten – Absichten und versteckten Schwächen ihrer Gegner aufdeckten, wozu sie durch Erziehung und Medien vermittelte Schemata einsetzten, die

23 Élisabeth Claverie, *Les guerres de la Vierge. Une anthropologie des apparitions*, Paris: Gallimard 2003.

24 Vgl. vor allem Luc Boltanski, »La dénonciation publique«, in: Luc Boltanski, *L'amour et la justice comme compétences. Trois essais de sociologie de l'action*, Paris: Métailié 1990, S. 255-366. Élisabeth Claverie, »Procès, affaire, cause. Voltaire et l'innovation critique«, *Politix*, Bd. 7, 1994, Nr. 26, S. 76-86, und Élisabeth Claverie, »La naissance d'une forme politique: l'affaire du chevalier de La Barre«, in: Philippe Roussin (Hg.), *Critique et affaires de blasphème à l'époque des Lumières*, Paris: Honoré Champion 1998. Siehe auch Luc Boltanski, »Une étude en noir« (in Vorbereitung).

der kritischen Soziologie entlehnt waren. Sie machten ihre Forderungen geltend, prangerten Ungerechtigkeiten an, trugen Belege zur Begründung ihrer Klagepunkte zusammen oder schmiedeten Argumente, um sich gegenüber Kritiken zu rechtfertigen, denen sie selbst ausgesetzt waren. Von diesem Gesichtspunkt aus gesehen erscheint die soziale Welt weniger als Ort einer passiv und unbewußt erlittenen Herrschaft denn als Raum, der durch eine Vielzahl von Auseinandersetzungen, Kritiken, Unstimmigkeiten und Versuchen, lokal eine wie immer zerbrechliche Übereinkunft wiederherzustellen, durchzogen ist.

In enger Verbindung mit den Feldforschungen wurde theoretisch daran gearbeitet, die Aktivität der Akteure und die im Verlauf der Auseinandersetzungen eingesetzten Kompetenzen modellhaft darzustellen. In besonderem Maße wurde dabei der Gerechtigkeitssinn hervorgehoben. In *Über die Rechtfertigung* haben Laurent Thévenot und ich ein Modell der Kompetenzen zu konstruieren versucht, das es den Akteuren erlaubt, Kritik vorzutragen oder sich gegenüber Kritik zu rechtfertigen. Ohne dieses Modell der Ungerechtigkeit hier im Detail vorstellen zu wollen – was zu weit führen würde –, möchte ich doch einige für den Fortgang meiner Ausführungen relevante Elemente anführen.

Über die Rechtfertigung handelt von öffentlichen Situationen des Streits oder der Auseinandersetzung, in denen das Handeln auf Kritik stößt. In derartigen Situationen können die von den Handelnden formulierten Kritiken wie auch die darauf gelieferten Rechtfertigungen nicht wie leere Worte behandelt werden; vielmehr müssen sie sich auf in gewisser Weise stichfeste Urteilsprinzipien stützen. Bei der Frage der Gerechtigkeit geht es dabei vor allem um die gleiche Verteilung materieller oder symbolischer Güter (wie Titel oder Rechtspositionen) zwischen verschiedenen Personen. Doch wie in der aristotelischen Auffassung der Gerechtigkeit kann die angestrebte Gleichheit nicht im Sinne einer arithmetischen Gleichung konzipiert werden, sondern nur so, daß darin der relative Wert der präsenten, beteiligten Wesen berücksichtigt wird.

Um in derartigen Streitfällen Gerechtigkeit geltend zu machen, müssen Instrumente (von uns *Äquivalenzprinzipien* genannt) aktiviert werden, mit denen sich *unter einem bestimmten*, noch zu spezifizierenden *Gesichtspunkt* der relative Wert der in die Auseinandersetzung verstrickten Wesen oder, um auf unser Vokabular zurückzugreifen, deren *Größe* bzw. Wertigkeit beurteilen läßt. Gestützt auf Felderhebungen, haben wir sechs in den verschiedenen alltagspraktischen Situationen wirksame Prinzipien von Größe identifiziert. Diese Prinzipien wurden nun ausgehend von klassischen politischen Philosophien formalisiert. Tatsächlich läßt sich auf der Grundlage jedes dieser Prinzipien eine Form von Gemeinwohl entfalten, die wir *cité*, Gemeinwesen, genannt haben.[25] Diesen verschiedenen Größenprinzipien liegt eine gemeinsame Struktur oder, wenn man will, *Grammatik* zugrunde. Letztere beruht auf einer Konstruktion, mit der sich die Spannung zwischen zwei Formen von Zwang mildern läßt: einem *Gleichheitszwang* (den wir Anspruch auf *gemeinsames Menschsein* genannt haben) und einem *Ordnungszwang*: in einer bestimmten Situation stehen prinzipiell gleiche, weil ihr gemeinsames Menschsein teilende Personen in hierarchisierten oder asymmetrischen Positionen zueinander. Zur Abschwächung dieser Spannung bedarf das Modell zusätzlicher Zwänge, zumal eines, der es untersagt, Personen einen bestimmten Grad an Größe definitiv zuzusprechen, ihn so zu behandeln, als sei er ihnen essentiell.

Mit diesem Modell soll nicht nur den Argumenten Rechnung getragen werden, die die Personen im Verlauf ihrer Auseinandersetzungen ausbreiten, sondern auch den Mitteln, die sie bei dem Versuch, die Auseinandersetzung zu beenden und wieder Einigung herzustellen, einsetzen – und zwar gewaltlos und unter Rückgriff auf die Realität. Wir haben diese Mittel *Realitätsprüfungen* genannt.[26] Wir gingen nämlich davon aus, daß Personen ihre Ansprüche einer Realitätsprüfung unterziehen, indem sie sie situationsgebunden mit materiellen wie symbolischen *Objekten* konfrontieren. Jedes den verschiedenen identifizierten Äquivalenz- oder Gerechtigkeitsprinzipien entsprechende Gemeinwesen ist auf diese Weise mit

25 In *Über die Rechtfertigung* sind sechs Gemeinwesen identifiziert worden: das Gemeinwesen der Inspiration, das familienweltliche Gemeinwesen, das Gemeinwesen des Renommees, das staatsbürgerliche Gemeinwesen, das Gemeinwesen des Handels und das industrielle Gemeinwesen. Weitere im Entstehen begriffene Gemeinwesen sind exploratorisch untersucht worden, darunter das Gemeinwesen der Ökologie (C. Lafaye und L. Thévenot, »Une justification écologique? Conflits dans l'aménagement de la nature«, a.a.O.) und das projektbasierte Gemeinwesen (Luc Boltanski und Eve Chiapello, *Der neue Geist des Kapitalismus*, Konstanz: UVK 2003).

26 Der Begriff der Prüfung taucht im Werk Bruno Latours auf (z.B. *Pasteur: paix et guerre entre les microbes*, Paris: La Découverte 2001 [1984]). Er wurde hier etwas abgewandelt, um ihn auf die Frage des Urteils und der Legitimität anzuwenden.

Objektregistern verknüpft, deren Zuordnung und innere Kohärenz Relevanzbereiche hervortreten lassen.[27]

Mit der industriellen Größe z. B., die an der Effizienz erkennbar wird, sind Meßinstrumente und Berechnungsmittel verknüpft, mit denen sich die Effizienz eines Objekts oder einer Person bewerten läßt (etwa Standardnormen, Tests, Buchungsmodi usw.). Ähnlich sind mit der familienweltlichen Größe, die die Personen nicht allein in Abhängigkeit von ihrer Stellung in der Verwandtschaft, sondern, allgemeiner, von ihrer Stellung in persönlichen Abhängigkeitsbanden (eine im absolutistischen Europa vorherrschende Größe) entsprechend bewertet, Dispositive, Werte und Objekte verknüpft (etwa Familienfeste, Ehrerweisungen, testamentarische Verfügungen usw.), deren Gesamtgefüge ebenfalls einen Relevanzbereich ausmacht, auf den beim Versuch, Prüfungen einzurichten und

27 Im Gemeinwesen der Inspiration ist die Größe jene des Heiligen, der in den Gnadenstand erhoben wird, oder die des Künstlers, den die Inspiration überkommt. Sie enthüllt sich in dem asketisch aufbereiteten Körper, dessen inspirationsgenährte Manifestationen (Heiligkeit, Kreativität, künstlerischer Sinn, Authentizität ...) die bevorzugte Ausdrucksform darstellen. – Im familienweltlichen Gemeinwesen hängt die Größe der Personen ab von ihrer hierarchischen Stellung innerhalb einer Kette persönlicher Abhängigkeiten. In einer auf einem familienweltlichen Modell basierenden Unterordnungsformel ist das politische Band zwischen den Wesen konzipiert im Sinne einer Generalisierung des Tradition und Nähe verknüpfenden Generationenbandes. Der »Große« ist der Ältere, der Vorfahre, der Vater, dem man Achtung und Treue schuldet und der Schutz und Unterstützung gewährt. – Im Gemeinwesen des Renommees hängt die Größe lediglich von der Meinung der anderen ab, das heißt von der Anzahl derer, die Vertrauen und Wertschätzung gewähren. – Der »Große« des staatsbürgerlichen Gemeinwesens ist der Repräsentant eines Kollektivs, dessen allgemeinen Willen er zum Ausdruck bringt. – Im Gemeinwesen des Handels ist der »Große« jener, der sich bereichert, indem er auf einem durch Konkurrenz geprägten Markt sehr begehrte Waren anbietet. Er weiß »die Gelegenheit beim Schopfe zu packen«. – Im industriellen Gemeinwesen schließlich basiert die Größe auf Effizienz und legt einen Maßstab für berufsspezifische Kapazitäten fest.

Jedes dieser Rechtfertigungsregime beruht auf einem je unterschiedlichen Bewertungsprinzip, das die Wesen unter einem bestimmten Aspekt betrachtet (das heißt auch, damit andere Qualifikationstypen ausschließt) und dadurch zwischen diesen eine Ordnung herzustellen erlaubt. *Äquivalenzprinzip* heißt es deshalb, weil es den Bezug auf eine allgemeine Äquivalenzform (ein Richtmaß) voraussetzt, ohne die der Vergleich zwischen den Wesen nicht möglich wäre. Man kann also sagen: Unter diesem oder jenem Aspekt (zum Beispiel der Effizienz innerhalb eines industriellen Gemeinwesens) haben sich die einer Prüfung unterzogenen Personen als mit mehr oder weniger Wert versehen erwiesen. Als *Größe* bezeichnen wir den Wert, der einer Person unter einem spezifischen Aspekt zugeschrieben wird, wenn er aus einem legitimen Verfahren hervorgeht.

die Größe von Personen zu beurteilen, zurückgegriffen werden kann.
Allerdings sind diese Gemeinwesen weitgehend inkompatibel und können deshalb, obwohl alle in einer komplexen Gesellschaft wirksam, in ein und derselben Situation nicht gleichzeitig eingesetzt werden, es sei denn, es wird ein freilich immer zerbrechlicher Kompromiß hergestellt. Wir haben in diesem Rahmen die Kritiken analysiert, die die Akteure im Verlauf von Auseinandersetzungen formulieren. In diesen Kritiken werden die Modalitäten hinterfragt, in denen in einer bestimmten Situation geurteilt wird, indem entweder eine von den Größen der anderen Teilnehmer abweichende Größe angeführt oder aber gezeigt wird, daß das Urteil faktisch nicht auf den offiziell anerkannten Grundsätzen beruht, sondern auf anderen und stillschweigend unterstellten.
Nehmen wir zum Beispiel die Infragestellung des Schulexamens in dem Sinne, daß es, allerdings implizit und kaschiert, die soziale Herkunft der Schüler berücksichtige, deren »gute Manieren« und »Distinktion«. Diese Infragestellung lieferte der kritischen Soziologie in Frankreich in den 1960er und 1970er Jahren ein wesentliches Element.[28] In den Begriffen des gerade in groben Zügen skizzierten Modells kann die Art der inkriminierten Examenssituation deshalb als ungerecht beschrieben werden, weil sie eine der industriellen Ordnung zugehörige Prüfung (das Examen soll anhand standardisierter Verfahren die Effektivität der Schüler prüfen, die Problemen eines bestimmten Typs ausgesetzt sind) durch die Berücksichtigung von Formen der Größe *korrumpiert*, die in einer Prüfung familienweltlicher Ordnung durchaus zulässig sind, den korrekten Ablauf der schulischen Prüfung aber verfälschen. Eine mögliche Antwort auf eine solche Infragestellung kann dann im Versuch bestehen, die Prüfung *reiner* zu gestalten, also zu verhindern, daß Größen, die in den familienweltlichen Beziehungen durchaus legitim sind, sich hier manifestieren, und die Prüfung zum Beispiel anonymer ablaufen zu lassen.
In der Tat gilt in der Logik dieses Modells des alltagspraktischen Gerechtigkeitssinns eine Prüfung dann als ungerecht, wenn sie –

28 Siehe Pierre Bourdieu und Jean-Claude Passeron, *Die Illusion der Chancengleichheit. Untersuchungen zur Soziologie des Bildungswesens am Beispiel Frankreichs*. Übersetzung von Barbara und Robert Picht, bearbeitet von Irmgard Hartig, Stuttgart: Ernst Klett Verlag 1971; Pierre Bourdieu und Jean-Claude Passeron, *Grundlagen einer Theorie der symbolischen Gewalt*. Aus dem Französischen von Eva Moldenhauer, Frankfurt am Main: Suhrkamp 1973.

zumeist implizit oder kaschiert – Kräfte in Betracht zieht, die nicht in den Bereich desjenigen Gemeinwesens fallen, dem diese Prüfung prinzipiell eingeschrieben ist. Natürlich ist jede Prüfung in bestimmter Hinsicht eine Kraftprobe. Doch eine gerechte Prüfung ist zunächst eine, die *etwas Spezifisches* prüft (das Vermögen, ein Kunstwerk zu schaffen, ein liebender Vater zu sein, ein schwieriges Programmierproblem zu lösen, den Gewinn des Unternehmens zu fördern, bei dem man angestellt ist, usw.), das heißt es ist eine, bei der die geprüfte Kraft bzw. Stärke *spezifiziert* ist. Umgekehrt läßt sich eine reine *Kraftprobe*, die sich dadurch dem Bereich der Gerechtigkeit entzieht, als eine Prüfung definieren, bei der die Beteiligten zu jedwedem Mittel der Kraft oder Stärke greifen, um über die Kontrahenten zu triumphieren.[29]

Hinzugefügt sei schließlich, daß diese Prüfungen in unterschiedlichen Graden *institutionalisiert* sind: das reicht von umständebedingten, lokalen Prüfungen, deren ungerechter Charakter schwer zu objektivieren ist (die Beschwerde kann, sobald sie formuliert ist, auf Leugnen stoßen), bis zu Prüfungen, die aufgrund der Tatsache, daß sie entscheidende Punkte betreffen und deshalb mit starker Kritik konfrontiert werden, einer Institutionalisierungsarbeit unterliegen, zumal vermittels des Rechts und anderer Regelungsformen, die Verfahren und das festlegen, was man ein *Prüfungsformat* nennen könnte (wir werden später darauf zurückkommen). Dies betrifft namentlich jene Prüfungen, die bei der Ernennung von Vertretern und politischen Verantwortlichen sowie bei der Auswahl von Personen für höhere Positionen oder begehrte Vorteile bzw. Vergünstigungen eine bedeutsame Rolle spielen (Schulprüfungen, Auswahlprüfungen am Arbeitsplatz, Prüfungen zur Erlangung sozialer Rechte usw.). Daraus folgt, daß die Kritik zweifach ausgerichtet sein kann: zum einen auf die Art und Weise, wie eine Prüfung lokal umgesetzt wird – um dann zu zeigen, daß in ihrem Ablauf nicht die geltenden Verfahren eingehalten wurden; zum anderen auf das *Prüfungsformat selbst* – um nachzuweisen, daß sein Aufbau nicht alle an der Prüfung beteiligten Faktoren zu kontrollieren gestattet, was manchen Bewerbern ungerechtfertigte Vorteile verschaffen kann.

29 L. Boltanski und E. Chiapello, *Der neue Geist des Kapitalismus*, a.a.O.

Läßt sich von der Soziologie der Kritik aus Kritik üben?

Inwieweit, so wollen wir jetzt fragen, vermag diese *Soziologie der Kritik* – innerhalb dessen umgesetzt, was Nicolas Dodier »das Laboratorium der Gemeinwesen« genannt hat[30] – zu einem neuen Aufschwung der kritischen Soziologie beizutragen? Wie bereits gesehen, setzt eine solche Verknüpfung die Möglichkeit voraus, innerhalb der begrifflichen Architektur selbst eine *normative Differenz* einzuführen. Der Rahmen der pragmatischen Soziologie der Kritik bietet dafür in der Tat eine Möglichkeit. Sie kann dabei auf mehrere – weiter oben erwähnte – Formulierungen aus verschiedenen soziologischen Traditionen zurückgreifen: Zum einen auf von der amerikanischen pragmatischen Soziologie (z. B. dem Erfahrungsbegriff bei Dewey[31]), zum anderen auf von der Durkheimschen Moralsoziologie entwickelte Positionen, bei denen die Normativität im Kollektiv verwurzelt wird, und schließlich auf bestimmte Positionen, die die kommunitaristisch inspirierte angelsächsische Moralphilosophie bezogen hat. Hier ist insbesondere an Michael Walzer zu denken, der der Kritik eine große Bedeutung zumißt, diese allerdings insoweit in den Blick nimmt, als sie die von einem Kollektiv anerkannten Werte zugrunde legt. Als gültig erscheint sie diesem Autor dann, wenn sie zum Protest gegen Handlungen führt, die innerhalb einer bestehenden Gruppe und in deren Namen vollzogen wurden, und zwar mit dem Argument, sie verletzten Werte, denen die Mitglieder dieser Gruppe selbst verpflichtet seien.[32]

Von einer pragmatischen Soziologie der Kritik aus bestünde die metakritische Position also darin, sich den Gesichtspunkt der Akteure zunutze zu machen, das heißt sich auf ihren moralischen Sinn und insbesondere ihr Alltagsgespür für Gerechtigkeit zu stützen, um die Kluft sichtbar zu machen, die zwischen der gegebenen so-

30 Nicolas Dodier, »L'espace et le mouvement du sens critique«, *Annales HSS*, Bd. 60, 2005, Nr. 1, S. 7-31.

31 Zu den Beziehungen zwischen dem Erfahrungsbegriff bei Dewey und bestimmten Aspekten der pragmatischen Soziologie der Kritik, siehe Joan Stavo-Debauge und Danny Trom, »Le pragmatisme et son public à l'épreuve du terrain«, in: Bruno Karsenti und Louis Queré (Hg.), *La croyance et l'enquête. Aux sources du pragmatisme*, Raisons pratiques, Nr. 15, Paris: Editions de l'EHESS 2004, S. 195-226.

32 Michael Walzer, *Kritik und Gemeinsinn: Drei Wege der Gesellschaftskritik*. Aus dem Amerikanischen und mit einem Nachwort von Otto Kallscheuer, Berlin: Rotbuch Verlag 1990.

zialen Welt und jener besteht, die den moralischen Erwartungen der Personen entspräche. Tatsächlich wird es dem Soziologen durch Übernahme des Gesichtspunkts des Akteurs möglich, einen normativen Blick auf die Welt zu werfen, ohne daß dieser Blick durch persönliche Optionen (gebunden z.B. an eine spezifische kulturelle Zugehörigkeit, ein politisches oder religiöses Engagement) oder durch den Rückgriff auf eine inhaltliche Moralphilosophie (wie den Utilitarismus) geleitet ist.

Mit dem – auf Erhebungen fußenden – Modell des Gerechtigkeitssinns lassen sich zwar bestimmte kritische Operationen durchführen, die bereits von den Akteuren selbst geleistet werden, indem z.B. bestimmte Prüfungen in Zweifel gezogen werden und gezeigt wird, daß sie in Urteile münden, die nicht nur auf der Bewertung der ihrem offiziellen Format explizit innewohnenden Kräfte beruhen, sondern auch auf der impliziten Berücksichtigung angrenzender Kräfte – woraus zwangsläufig Ungerechtigkeit folgt. Nehmen wir einmal Prüfungen im Zusammenhang mit einer Stellensuche. Die Kritik wird sich bemühen zu zeigen, daß sie durch implizite Berücksichtigung nicht valider sozialer Eigenschaften systematisch verzerrt werden, so etwa, wenn *Diskriminierungen* angeprangert werden, die bestimmte Kandidaten *ins Hintertreffen geraten* lassen (Frauen, Personen, deren Nachnamen einen maghrebinischen Ursprung verraten, als schwul identifizierte Personen, ältere Personen usw.). Man kann auch – ein weiteres Beispiel – nachweisen, daß die Forderung nach neuerlicher Prüfung selten erfüllt wird, und den Sachverhalt kritisieren, daß Begünstigungen aufgrund einer bestandenen Prüfung häufig der begünstigten Person *ein für allemal* zugeschrieben werden, wie dies auch – negativ – für jene gilt, die gescheitert sind. Dies ist in Frankreich der Fall, wenn nicht wieder auszugleichende Folgen positiver wie negativer Art jener Wettbewerbsprüfungen [*concours*] angeprangert werden, die den Zugang zu den prestigereichen Hochschulen [*Grandes écoles*] oder zum gehobenen Dienst in bestimmten staatlichen Organen, aber auch zu Spitzenpositionen in Großunternehmen eröffnen. Der Eindruck aber, daß derartige kritische Aktionen, wie legitim und gesellschaftlich nützlich auch immer, unzulänglich sind, um die Ambitionen einer kritischen Soziologie zu erfüllen, ist freilich nicht von der Hand zu weisen. Mehrere Probleme stellen sich.

Ein erstes Problem hängt damit zusammen, wie die divergierenden Positionen der einzelnen Akteure, besonders im Verlauf einer Auseinandersetzung, interpretiert werden sollen. In *Über die Rechtfer-*

tigung bestand die Lösung in der Konstruktion eines Modells, in dem sich alle Hilfsmittel integrieren lassen, die die Akteure bei ihren Kritiken oder Rechtfertigungen vorbringen können. Gerade dadurch steht diese Option mit mehr oder minder strukturalistischen Positionen in Verbindung. Doch vertretbar ist diese Lösung nur unter Bezugnahme auf zwei Rahmen, einen mehr universalistischen und einen mehr kulturalistischen. Der universalistische Rahmen ist explizit verworfen, da die Gemeinwesen als historische Gebilde behandelt werden. Der kulturalistische Rahmen wiederum erfährt eine Verschiebung: von der *Kultur* im Sinne der Anthropologie hin zur *Politik*. Die normativen Fundamente, auf denen Kritik und Rechtfertigung gründen, sind mit in der sozialen Realität verankerten *Dispositiven* verbunden, von denen angenommen wird, daß sie Produkte der politischen Geschichte einer Gesellschaft sind, so daß Variationen in den Profilen der verschiedenen Gemeinwesen, vor allem in ihrem Binnengefüge, innerhalb unterschiedlicher Nationalstaaten feststellbar werden.[33] Die angenommene Option kann also angefochten werden, z. B. von einem kommunitaristischen Standpunkt aus. Dann hieße der Vorwurf, sie überschätze die Integration der verschiedenen Akteure und Gruppen innerhalb eines staatlichen Rahmens. Innerhalb ein und demselben Nationalstaat können mehr oder weniger integrierte Gruppen nebeneinander bestehen, mit der Folge, daß einige unter ihnen, zumindest in Situationen, in denen sie unter sich sind, ganz besondere Formen von Normativität aufrechterhalten (was z. B. der Multikulturalismus sich zu eigen zu machen sucht). Unter Rückgriff auf den Herrschaftsgedanken wiederum kann vorgebracht werden, daß die ins System der Gemeinwesen integrierten normativen Bezugspunkte lediglich Positionen verallgemeinern und allen aufzwingen, die den Werten und Interessen herrschender Gruppen[34] (herrschende Klasse, Kolonisatoren usw.) entsprechen.

33 Michèle Lamont und Laurent Thévenot, *Rethinking Comparative Cultural Sociology. Repertoires of Evaluation in France and the United States*, Cambridge: Cambridge UP 2000.

34 Ein klassisches und höchst dramatisches Beispiel für die Neuinterpretation volkstümlicher Praktiken durch die Eliten an der Macht zeigen historische Arbeiten zur großen Krise der Hexerei, die sich Ende des 16. und in der ersten Hälfte des 17. Jahrhunderts in einigen Teilen Europas (Lothringen, Deutschland, Schweiz usw.) abspielte. Bei den herrschenden Eliten handelte es sich in diesem Fall um kirchliche Autoritäten. In der Folge von Denunziationen, denen lokale Konflikte zugrunde liegen, werden sie dazu gebracht, Handlungen als Verbrechen gegen die Religion zu kennzeichnen, die zu den traditionellen Tech-

Die Hauptschwierigkeit, auf die ein solcher Ansatz zur Abstützung metakritischer Ambitionen stößt, ist freilich folgende: Die sozialen Akteure, deren Auseinandersetzungen der Soziologe beobachtet, sind *Realisten.* Sie fordern nicht das Unmögliche. Eine Stütze findet ihr Realitätssinn in der Art und Weise, wie sie sich ihrer sozialen Umwelt bemächtigen. Den gerechten oder ungerechten, privilegierten oder unterprivilegierten Charakter ihrer Lage schätzen sie ein, indem sie ihr Leben mit dem ihnen nahestehender Personen vergleichen – einem Arbeitskollegen, einem Studienkollegen, dessen berufliche Karriere die ihre übertroffen hat usw. Oder sie messen ihre Situation an der ihrer Eltern oder ihre gegenwärtige Situation an der einer vergangenen Epoche usw.

Wenn sie dies tun, ziehen die Alltagsmenschen zumindest im gewohnten Ablauf des sozialen Lebens nur selten den allgemeinen Rahmen in Zweifel, in dem die Situationen eingefügt sind, die von ihrer Seite aus Empörung und Protest auslösen, das heißt die Gesamtheit der Prüfungsformate und *eingeführten* Qualifizierungen. Dies sicher deshalb, weil ihnen mangels Hilfsmitteln zu einer totalisierenden Sicht die Umrisse dieses allgemeinen Ensembles von Prüfungen und deren Effekte häufig entgehen. Vor allem aber deshalb, weil die Akteure implizit wissen, daß die an eingebürgerte Formate angelehnten Prüfungen stärker sind als sie selbst; so daß es schierer Wahnsinn wäre, für sich selbst grundlegende Veränderungen ihres Lebens zu fordern, die einen radikalen Umbau dieses Rahmens voraussetzten. Die Akteure nehmen, zumindest im Verlauf ihrer Alltagsverrichtungen, die Realität durchaus ernst – wie auch den *realen* Charakter der Realitätsprüfung. Der Kellner weiß implizit, daß es für ihn keinen Sinn hätte, die Tatsache als ungerecht zu beurteilen, daß er kein Professor ist, weil ihm bewußt ist, daß er, auf die Probe gestellt, unfähig wäre, beispielsweise die Anforderungen eines Trigonometrie-Examens zu bestehen (es sei denn, er hätte das entsprechende Studium absolviert und wäre im Besitz der erforderlichen Diplome und könnte nun dagegen protestieren, wegen einer Diskriminierung – etwa weil er schwarz ist oder nicht das richtige Geschlecht hat oder aufgrund seiner sexuellen Ausrichtung usw. – eliminiert worden zu sein).

Im übrigen könnte man sich fragen, ob dieses Modell des Gerechtigkeitssinns, basierend auf Erhebungen aus den 1980er Jahren, einer meritokratischen Konzeption der Gerechtigkeit nicht einen

niken der Krankenpflege gehören (siehe Robin Briggs, *Witches and Neighbours*, London: Fontana Press 1996).

zu breiten Raum gibt – und zwar aufgrund seiner kontextuellen Abhängigkeit von einem historischen Moment, der gekennzeichnet war durch das Scheitern jener in den vorhergehenden Jahrzehnten in Gang gesetzten Bemühungen um Bestätigung und Anerkennung einer kollektiven Auffassung von Gerechtigkeit, verstanden als *soziale Gerechtigkeit.*

Eine gerechte Gesellschaft im meritokratischen Sinn wäre eine, in der jeder Akteur eine seinen persönlichen Fähigkeiten gemäße Stelle innehätte, weil Realitätsprüfungen und überprüfte Realität in vollkommener Deckung wären. Unter diesen Umständen hätte nicht nur die Kritik der Prüfungen keinen Daseinsgrund mehr, die Prüfungen selbst nähmen die Gestalt einfacher Routine an und verlören fortschreitend ihren Nutzen.[35] Nun läßt alles darauf schließen, daß eine Gesellschaft dieses Typs nicht nur nie existiert hat, sondern daß sie aus mehreren Gründen vermutlich auch nie zu verwirklichen ist. Einer der Gründe hängt mit den Fähigkeiten jedes einzelnen zusammen, die, instabil und verborgen, die Prüfung gerade aufdecken soll. Da die Prüfungen nicht unablässig wiederholt werden können, wäre die Tendenz sicher groß, diese Potenzen im tiefsten Innern der Akteure festzumachen, das heißt in ihrem biologischen Substrat. Eine sich meritokratisch verstehende Gesellschaft entgeht schwerlich der Bedrohung durch irgendeine Form von Rassismus oder zumindest von biologisierendem Naturalismus. Ein zweiter Grund ist, daß sich unmöglich Prüfungsformate konzipieren lassen, mit denen jede lokal realisierte Prüfung derart eingerichtet werden kann, daß der Aspekt, unter dem die Person bewertet werden soll, einerseits begrenzt wird, andererseits die Kontexteffekte völlig neutralisiert werden. Woraus folgt, daß die Realisierung wahrhaft »gerechter« Prüfungen unter meritokratischer Perspektive die Einführung eines je besonderen Prüfungsformats für jede einzelne Prüfung voraussetzte, der eine Einzelperson in einer je besonderen Situation unterworfen wird, mit der offensichtlichen Konsequenz, daß den Prüfungen jede Vergleichsfähigkeit genommen und ihnen damit jedes Vermögen zur Rechtfertigung sozialer Hierarchien entzogen wäre. Womit sie auch jeden Nutzen verloren hätten.

35 Das Thema ist bereits in den 50er Jahren von Michael Young in seiner Sozio-Science-fiction *Es lebe die Ungleichheit. Auf dem Wege zur Meritokratie* (aus dem Englischen von Hans Th. Asbeck, Düsseldorf: Econ 1991; eine neue überarbeitete Ausgabe erschien 1994 bei Transaction Publishers, London) entwickelt worden.

Der Eindruck bleibt jedenfalls, daß selbst im utopischen Fall einer Gesellschaft, in der das Verhältnis zwischen Realitätsprüfungen und Realität vollkommen in Übereinstimmung gebracht wäre, die soziale Welt doch immer noch Zielscheibe von Kritik sein könnte – jedenfalls jener, die als *radikale* Kritik in dem Sinne zu bezeichnen wäre, als sie unter Rekurs auf eine komplexe Außenperspektive nicht nur die Möglichkeit einer Kritik der – korrekten oder inkorrekten – Art und Weise eröffnen würde, wie die *Realitätsprüfungen* ins Werk gesetzt werden, sondern vielmehr die einer Kritik der *Realität selbst.*

Der Realitätsgrad der Realität

Zu fragen ist also, unter welchen Bedingungen eine metakritische Position, die die von den Akteuren selbst entwickelten Kritiken zum Ausgangspunkt nimmt, sich für die Erarbeitung einer Kritik der Realität als hilfreich erweisen kann. Und die Antwort lautet: dann, wenn die Akteure selbst oder zumindest einige unter ihnen die dem Gerechtigkeitssinn innewohnenden Verfahren des Vergleichs ihrer Lage mit der der anderen unterschiedlich angehen. Während aus einer meritokratischen Optik dieser Vergleich unschwer die Form einer individuellen Konkurrenz annimmt, bei der die Unterschiede zu denjenigen, die denselben Prüfungen ausgesetzt sind, das heißt notwendigerweise auch zu den Akteuren, die sich zumindest unter bestimmten Aspekten relativ nahestehen, am stärksten hervorgekehrt werden, werden aus einer auf soziale Gerechtigkeit gerichteten Perspektive jene Vergleiche favorisiert, die die lagespezifischen Ähnlichkeiten betonen. Parallel dazu wird der Gerechtigkeitssinn kollektive Ungerechtigkeiten in den Blick nehmen und die Ausbildung eines *Sinns für die Totalität* begünstigen, was die Möglichkeit eröffnet, zwischen besonderen Situationen, von denen die Akteure eine unmittelbare Erfahrung besitzen, und den umgreifenderen sozialen Ordnungen, die nur mittels politischer Konstruktionen zugänglich sind, hin und her zu wechseln.
Damit ist zugleich aber auch gesagt, daß die realistische Selbstbeschränkung der Proteste, die wir bisher besonders berücksichtigt haben, nicht auf dem immer gleichen Niveau erfolgt. Sie variiert zunächst einmal je nachdem, wie stark es der sozialen Realität gelingt, den Glauben an ihre Widerstandskraft zu erhalten und bei den Akteuren das Gefühl zu verinnerlichen, daß die Veränderung

der Prüfungsformate nicht in ihrer Macht steht. Kurz gesagt: Die Realität ist widerstandsfähig oder *behauptet sich* – wie Alain Desrosières es nannte – erstens dann, wenn die Instrumente zur Totalisierung und Repräsentation dessen, was für das Kollektiv tatsächlich oder angeblich relevant ist, imstande zu sein scheinen, das Feld der aktuellen und sogar virtuellen Ereignisse vollständig abzudekken. Und zweitens dann, wenn es ihnen gelingt, das Eintretende und vielleicht vor allem das künftig Mögliche als ein Netzwerk von *Kausalbeziehungen* zwischen Entitäten und Kräften zu beschreiben, die ihrerseits mittels eines Kategorisierungsinstrumentariums identifiziert und stabilisiert werden, das mit quantifizierenden Verfahren kompatibel ist.

Diese – verwaltungstechnischen, buchhalterischen, statistischen oder politischen – Instrumente, die vor allem (aber nicht ausschließlich) in den demokratisch-kapitalistischen Gesellschaften der Verfügungsmacht des Staates (oder zwischenstaatlicher Organisationen) unterstehen, ermöglichen es, die Realität um einen Zentralwert herum zu organisieren, nämlich dem *Mangel*, und zugleich deren Repräsentation durch den Bezug auf *Notwendigkeit* zu überdeterminieren. Die Realität ist widerstandsfähig oder *behauptet sich*, solange im öffentlichen Raum kein Ereignis auftaucht, das die prästabilierte Harmonie zwischen Realität und inszenierter Realität zu durchbrechen vermag; sei es, daß ein solches Ereignis nicht stattfinden kann, sei es, daß es *unsichtbar* bleibt. Daher kann die Erfahrung des Mangels, die jeder tagtäglich machen kann, und insbesondere die der Zwänge, an denen sich die Wünsche eines jeden brechen, unmittelbar auf die Realität bezogen werden, die durch jene die Ordnung garantierenden Instrumente konstruiert wird, und zwar in der Vorstellung ebenso wie im Faktischen und im Bereich der Kausalitäten, deren Auswirkungen jeder, der ihren Zwängen unterliegt, auf seiner je eigenen Stufe spüren kann. Aufrechterhalten wird die *Realität der Realität* also durch die »Serialität«, »die Ohnmacht als Verbindung zwischen den Gliedern der Serie«.[36]

Aus denselben Gründen wird aber die Möglichkeit, in die Realität eine Art Spielraum einzuführen, ebenfalls davon abhängen, in welchem Umfang den Akteuren praktische Dispositive und kognitive Hilfsmittel zur Verfügung stehen, mit denen sie, durch Vergleich

36 Jean-Paul Sartre, *Kritik der dialektischen Vernunft,* Bd. I: *Theorie der gesellschaftlichen Praxis.* Deutsch von Traugott König, Reinbek b. Hamburg: Rowohlt 1967, S. 295.

der Situationen, deren Zwängen sie ausgesetzt sind, ihre Isolierung durchbrechen können. Bei aller Verschiedenheit dieser Situationen, in denen sich Akteure mit ihrerseits unterschiedlichen Eigenschaften befinden, ermöglichen sie doch den Vergleich oder die Annäherung. Diese Instrumente, egal ob es sich um solche handelt, mit denen bis zu den Prüfungsformaten (das heißt konkret bis zu den Regelungen, die in unterschiedlichen Graden juristisch fixiert worden sind) vorgedrungen werden kann, oder um solche, die einen Vergleich der prüfungsspezifischen Bedingungen begünstigen, sind zwangsläufig Konstruktionen, die selbst die Perspektive der Totalität einnehmen.

Die Selbstbeschränkung der Proteste ist von daher am stärksten in jenen atomisierten sozialen Situationen, in denen jeder nur auf seine eigenen Kräfte bauen kann, und wird geringer in solchen Perioden, in denen kollektives Handeln möglich wird, nicht zuletzt in Ausnahmesituationen, in Revolutionen und Aufständen. Gekennzeichnet sind diese historischen Situationen durch die sich unaufhaltsam fortsetzende Auflösung der Zwänge des sozialen Lebens; eine Auflösung, die das Feld der Möglichkeiten öffnet und damit Erwartungen und Aspirationen freisetzt, die bislang, weil verdrängt oder als unzulässig, ja irrsinnig eingeschätzt, nicht gehört worden waren. Derartige Forderungen würden, in normalen Situationen durch isolierte Einzelne geäußert, die nur im eigenen Namen sprechen und sich nur auf sich selbst berufen, als reiner Wahnsinn im durchaus psychiatrischen Sinn erscheinen. Sie hätten alle Aussicht, als Symptome eines Realitätsverlustes interpretiert zu werden, der ja das Symptom des Wahnsinns darstellt.

Eine unserer früheren Studien galt der öffentlichen Anprangerung von Ungerechtigkeiten insbesondere durch Leserbriefe. Eine Befragtengruppe ohne besondere psychiatrische Kenntnisse wurde gebeten, eine repräsentative Auswahl von 300 Briefen an die Tageszeitung *Le Monde* zu lesen, in denen eine erlittene Ungerechtigkeit aufgeführt wurde, und den Geisteszustand der Autoren zusammenfassend zu bewerten (die Noten reichten von 1 als Ausdruck für geistig völlig gesund bis zu 10 als Ausdruck völliger geistiger Verwirrung). Mit dieser Arbeit ließ sich so etwas wie eine *Grammatik der Normalität* entwerfen. Zum einen brachte sie zutage, welche eminente Rolle der *gewöhnliche Sinn für Normalität* bei den Urteilen spielt, mit denen die Menschen im Alltag konfrontiert sind, insbesondere (wie auch hier) dann, wenn sie zu Protestaktionen schreiten und ihren Anliegen öffentliche Anerkennung zu verschaffen suchen. Diese Studie zeigte andererseits, daß die Aussichten derartiger Proteste gegen erlittenes Unrecht, als normal (wenn nicht sogar als gerechtfertigt) aufgenommen zu werden, in starkem Maß davon abhingen, wie weit es ihren Urhebern gelang, sich auf glaubwürdige Weise mit einem Kollektiv (etwa einer Vereinigung zur Verteidigung der Freiheiten oder Menschenrechte) zu verbünden, das ihre Klage bekräftigen und unterstützen konnte.[37]

Hier ist kurz zu präzisieren, was wir unter »Kollektiv« verstehen. Natürlich kann man die Ansicht vertreten, wie es die vom Individuum ausgehenden Soziologien schon immer tun (in Frankreich etwa Raymond Boudon mit dem »methodologischen Individualismus«), Kollektive (Gruppen, Klassen, Nationen, Ethnien usw.) zu Subjekten von Tätigkeitswörtern zu erheben – etwa einem Kollektiv die Möglichkeit zuzuschreiben, einen Willen zu haben, zu kalkulieren, Strategien umzusetzen, Erreichtes einzuschätzen, Regeln anzuwenden usw. – sei mißbräuchlich und zweifelhaft, würden damit doch diese körperlosen Entitäten wie Personen behandelt. Von diesem Standpunkt aus dürfen *Gemeinschaften* zur Erklärung sozialer Phänomene nicht herangezogen werden; derartige Gemeinschaften sind ihm *Fiktionen*. Daß so verstandene Gemeinschaften und Kollektive im allgemeinen Fiktionen sind, ist unbestritten. Schwieriger wird es, wenn man sich die Tatsache vor Augen hält, daß beileibe nicht nur die Soziologen sich auf Gemeinschaften (oder Kollektive) beziehen, sie vielmehr bei ihrem Versuch der Theoretisierung der Gesellschaft lediglich auf einen Konstruktionstypus zurückgreifen, der von den Akteuren selbst in ihrem sozialen Verhalten ständig angewandt wird. Es dürfte schwerfallen, Gesellschaften zu finden, in denen es diese Art und Weise, die Reflexivität gesellschaftlichen Handelns zu konstruieren, nicht gibt. Woraus folgt, daß eine Soziologie, die modellhaft darstellen will, wie soziale Akteure Gesellschaft produzieren, durchaus der Auffassung sein kann, daß die Gemeinschaften (oder, im allgemeinen, die Kollektive) Fiktionen darstellen, wenn sie nur (an)erkennt, daß diese Fiktionen einen offenkundig notwendigen Charakter haben und allein schon aus diesem Grund einen Platz in der soziologischen Theorie finden müssen. (Wir werden dieses Thema anläßlich der Frage der *Institutionen* wieder aufgreifen und weiter zu klären versuchen.)

Vorab sei aber schon auf den Zusammenhang zwischen dieser

37 Siehe L. Boltanski, »La dénonciation publique des injustices«, a.a.O.

Frage und dem bereits angeführten Sinn für die Normalität als Bekundung des Realitätssinns verwiesen. Die Art, wie die Realität sich jedem einzelnen darbietet, macht verständlich, warum der Grad der Akzeptanz einer öffentlichen Anprangerung von Ungerechtigkeit oder einer Forderung sehr niedrig ist, wenn sie von einer einzelnen Person geäußert werden (dieser dabei sogar drohen kann, als verrückt eingestuft zu werden), dagegen zunimmt, sobald die Anprangerung oder die Forderung von anderen zu den ihren gemacht werden, diese sogar Evidenzcharakter gewinnen können, wenn sich der Eindruck durchgesetzt zu haben scheint, es sei richtig, ihnen die Kennzeichnung als »kollektiv« zuzusprechen. Tatsächlich scheint der Gehalt der Realität für den je einzelnen einen unsicheren Charakter aufzuweisen.[38] Die Beziehung zur Realität ähnelt in dieser Hinsicht der, die René Girard zufolge der einzelne zu seinem eigenen Wunsch bzw. Begehren unterhält.[39] Der einzelne erkennt die Realität (oder erkennt das, was in seiner Erfahrung der Realität entspringt) nur, weil andere sie ihm als solche bezeichnen. Die Realität leidet gewissermaßen an innerer Fragilität, so daß die *Realität der Realität* unaufhörlich bestärkt werden muß, um bestehen zu bleiben. Auf einen derartigen Prozeß muß wohl verwiesen werden, will man die Rolle verstehen, die der Bezug auf Kollektive nicht für den Soziologen, wohl aber für die Akteure selbst spielt. Später wird erkennbar werden, inwieweit diese radikale Ungewißheit notwendig ist zum Verständnis dessen, was gemeinhin Institution genannt wird, und welche in unseren Augen zentrale Rolle sie im Ablauf des gesellschaftlichen Lebens spielt, notwendig ist diese Ungewißheit aber auch zur Identifizierung der Widersprüche, die die Institution in sich birgt (und die dem Gesellschaftlichen insgesamt einen paradoxen und fragilen Charakter verleiht).

Immer dieselben, die ...

Das Beispiel der Anprangerungen von Ungerechtigkeit fortsetzend, ließe sich sagen, daß der Umfang, in dem der Realitätssinn sich auf

38 Was die heute weitgehend vergessene Sozialpsychologie der 1940er und 1950er Jahre zu einem ihrer Lieblingsthemen gemacht hatte. Siehe z. B. Eleanor Maccoby, Theodor Newcomb und Eugene Hartley (Hg.), *Readings in Social Psychology*, New York: Holt, Rinehart & Winston 1952.

39 René Girard, *Mensonge romantique et vérité romanesque*, Paris: Grasset 1961.

die Urteile über die von den Akteuren geäußerten Ansprüche und Forderungen auswirkt, weitgehend davon abhängt, inwieweit diese Forderungen sich als individuelle oder sogar nur lokale darstellen bzw., was auf dasselbe hinausläuft, so interpretiert werden, oder aber als kollektive und mit dem berechtigten Anspruch auf allgemeine Geltung. *Zunehmende Verallgemeinerung* ist mithin eine notwendige Bedingung für den Erfolg öffentlichen Protests, vorausgesetzt, sie erfolgt auf glaubwürdige Weise.

Deshalb sind Situationen, die wir hier, in aller Kürze, als revolutionäre bezeichnen wollen, auch so günstig für die Ausweitung von Protestaktionen, die ihrerseits aus dem Schwächerwerden der Zwänge resultiert, die der Realitätssinn in normalen Situationen gegenüber Forderungen ausübt. In solchen historischen Situationen, die durch Kollektivierung individueller Klagen und Beschwerden gekennzeichnet sind, ist die Aufmerksamkeit für Unterschiedliches sicher nicht aufgehoben, wohl aber verschoben von individuellen Unterschieden im Nahbereich auf Unterschiede im Fernbereich, die Kollektive oder Gruppen trennen. Allerdings darf nicht unterschlagen werden, daß dieser Prozeß pathologisch werden kann, wenn globale kategoriale Unterschiede von außen herangetragen und nicht aus der Erfahrung der Akteure geschöpft werden. Dann besteht die Gefahr, daß diese Akteure sie auf das räumlich Nahe projizieren, um jenen Unterschieden konkretere Gestalt zu geben, und andere Akteure, die auf lokaler Ebene leicht höhere Vorteile als sie selbst genießen, als Vertreter jener externen und schädlichen Kräfte identifizieren, vor denen sie gewarnt worden waren – mit der möglichen Folge, daß der Prozeß des Vergleichens und Annäherns sich umkehrt und in einen Mechanismus der Zersplitterung und des brutalen Kampfes aller gegen alle ausartet. In diesem Sinne entarten Revolutionen, wenn sie von Avantgarden monopolisiert werden, die auf Räume konkreter Lebenspraxis dogmatische Instrumente der Identifikation und Kategorisierung projizieren.[40]

In Situationen jedoch, in denen der Prozeß des Vergleichens in der Erfahrung der Akteure wurzelt, entwickelt er sich dann, wenn die Frage, warum der Wert einer betreffenden Person in der Prüfung anerkannt wurde und ob dies denn rechtens sei, ersetzt wird durch eine andere, die von Beginn an eine kollektive Wendung nimmt. Diese Frage, die bewußt naiv gestellt werden kann, das heißt so,

40 Ich beziehe mich hier auf eine Arbeit von Natalia Suarez über das Alltagsleben in Bürgerkriegssituationen in Kolumbien (im Druck).

wie sie aus dem Common sense entsteht, lautet: Warum sind es *immer dieselben*, die alle oder doch die meisten Prüfungen gleich welcher Art bestehen, und umgekehrt: Warum sind es *immer dieselben*, die bei allen oder fast allen Prüfungen schlecht abschneiden (in der Sprache von *Über die Rechtfertigung*: die *Kleinen*)? Daß diese Frage dem Gerechtigkeitssinn der Akteure fremd wäre, kann kaum behauptet werden. Andernfalls sperrte sie sich völlig einer pragmatischen Soziologie der Kritik. Sie stellt sich darin allerdings anders, je nach Verfassung des sozialen Instrumentariums, zumal der Klassifikationsformen, die zur Verfügung stehen, um kollektive Entitäten zu konstruieren und sie einer Totalität einzuschreiben und so Begriffe wie Herrschaft und Ausbeutung sinnhaft werden zu lassen.

Gut sichtbar wird dies beim Vergleich zweier entgegengesetzt verlaufender Bewegungen, von denen die französische Gesellschaft (und sicher allgemeiner die westlichen Gesellschaften) in den letzten dreißig Jahren heimgesucht wurden: zum einen die Individualisierung der Beziehung zur Arbeit und zum anderen die Kollektivierung der Genderbeziehung. Ohne hier in die Einzelheiten zu gehen, läßt sich doch zeigen, wie das Zugehörigkeitsgefühl zu einer gesellschaftlichen Gruppe und vor allem zu einer sozialen Klasse, das Anfang der 80er Jahre noch sehr ausgeprägt war, bei den Akteuren einherging mit der Verinnerlichung von Klassifikationsformen, die der jeweiligen Stellung in den Herrschaftsverhältnissen Rechnung trug. Hier ist insbesondere an ein Verwaltungsinstrument des als Organisator auftretenden Staates zu denken – die sozioprofessionellen Kategorien –, das etwa zwischen Mitte der 30er und Mitte der 50er Jahre in der Folge von Protestbewegungen eingerichtet worden war. Über vielfältige Vermittlungsstufen (Tarifverträge, Umfrageinstitute, Rentensysteme usw.), prägten diese Klassifikationen sich rasch den kognitiven Dispositiven der Akteure ein, mit denen diese sich im sozialen Raum verorten, die anderen und sich selbst identifizieren.[41] Bekanntlich hat sich dieses Zugehörigkeitsgefühl zu Kollektiven erheblich abgeschwächt und ist vor allem auch orientierungslos geworden, und zwar in den letzten 20 Jahren, einer Periode also, die doch gerade durch anwachsende Ungleichheiten und sinkende soziale Mobilität, das heißt durch

41 Siehe Luc Boltanski, *Die Führungskräfte. Die Entstehung einer sozialen Gruppe*. Aus dem Französischen von Hella Beister, Frankfurt am Main: Campus 1990, sowie A. Desrosières und L. Thévenot, *Les catégories socio-professionnelles*, a. a. O.

Verstärkung der Klassenschranken geprägt ist. Ohne deren unmittelbare Folge zu sein, schließt diese Tendenz sich doch sehr eng der Zerschlagung der semantischen Instrumente zur Identifizierung und Klassifizierung der sozialen Gruppen und Antagonismen an, die auf Druck der Arbeiterbewegung[42] hin geschaffen und zum Teil ins Regierungsinstrumentarium des Staates integriert worden waren.[43] Das Ungerechtigkeitsgefühl ist deshalb nicht verschwunden, hat sich lange aber als eine Art Ressentiment bemerkbar gemacht, als eine Art Stimmung oder innere Unruhe, die schwer zu objektivieren waren, da Instrumente fehlten, mit denen sich verschiedenen Bereichen zugehörige Prüfungen ungleich und unterschiedlich unterprivilegierten Akteuren hätten zuordnen lassen.

Während desselben Zeitraums sind andererseits die aus der männlichen Herrschaft erwachsenden Ungleichheiten zwischen den Geschlechtern zwar nicht verschwunden, konnten aber von Kollektiven problematisiert und zum Ausgangspunkt spezifischer Forderungen und Kämpfe erhoben werden. Diese Verlagerung wäre nicht möglich gewesen ohne die von der feministischen Bewegung vorangetriebene Entwicklung einer Semantik, von der aus die von den Frauen im allgemeinen erlittene Unterdrückung (so etwa die sexuelle Belästigung am Arbeitsplatz, die in den Gewerkschaftsarenen lange Zeit weder gehört noch überhaupt zur Sprache gebracht werden konnte) beschreibbar wurde, womit die Brücke zwischen der einzelnen Erfahrung einer Frau und der *Lage der Frau* in ihrer Allgemeinheit geschlagen werden konnte.

In den erwähnten Beispielen ist nun die Frage der richtigen bzw. gerechten Bewertung der individuellen Verdienste und der gerechten Verteilung der materiellen und symbolischen Güter auf die Individuen entsprechend ihren Verdiensten durch eine andere Frage ersetzt worden, nämlich: Was meint eigentlich *dieselben,* und wie muß die Beweisführung erfolgen, damit aufgedeckt wird, daß immer für *dieselben* die Realität zufriedenstellend ist und für andere, die in dieser ungünstigen Hinsicht ebenfalls *dieselben* sind, die Realität immer hart? In den Kern der Kritik die Vorstellung von Klasse, von sozialer Klasse (aber auch von Geschlecht/Gender, von ethnischer Klasse usw.) auf Dauer festzusetzen, ist nicht ein-

42 Siehe L. Boltanski und E. Chiapello, *Der neue Geist des Kapitalismus*, a.a.O., S. 338-376.

43 Alain Desrosières, »L'Etat et la formation des classes sociales. Quelques particularités françaises«, in: Alain Desrosières, *Gouverner par les nombres*, Bd. II, Paris: Mines-ParisTech 2008, S. 293-304.

fach, muß diese Vorstellung doch die unleugbare Hürde der individuellen Unterschiede und Besonderheiten überwinden. Sie muß durch den Nachweis von Äquivalenzen überwunden werden, die die Personen unter einem als präferentiell ausgewiesenen Aspekt vergleichbar macht – womit wiederum andere mögliche Aspekte, unter denen verschiedene Personen gruppiert werden könnten, tendenziell ausgeblendet und als sekundäre behandelt werden.
Ich habe dies vor einigen Jahren anhand der zwischen Mitte der 30er und Mitte der 50er Jahre des letzten Jahrhunderts erfolgten Herausbildung der Kategorie der Führungskräfte [*cadres*] zu zeigen versucht (mit der Absicht, eine Alternative zu dem Naturalismus oder Substantialismus aufzubauen, der die Art und Weise kennzeichnet, mit der der strukturalistische Marxismus damals die Frage der gesellschaftlichen Klassen aufwarf).[44] In dieser Studie war ich im Detail der erheblichen – sowohl kognitiven, politischen wie institutionellen – Arbeit gefolgt, die mit der Entwicklung dieser Kategorie einhergegangen war, einer Kategorie, die vor den 30er Jahren unverständlich gewesen wäre und deren Existenz ab den 60er Jahren doch als unbestreitbar evident gelten sollte (bis sie dann in den 90er Jahren wieder in Zweifel gezogen wurde). Die Studie wies aber auch nach, wie andere Modi möglicher Gruppierung, die auf anderen Äquivalenzprinzipien beruhten, in derselben Periode geprüft worden waren, ohne daß es ihnen gelungen wäre, dauerhaft und glaubwürdig Gestalt zu gewinnen (wie in Frankreich zum Beispiel die Kategorie der »Mittelklasse«, die es, zumindest bis vor kurzem, nie zu institutioneller Anerkennung brachte).
Bleiben wir beim Beispiel der sozialen Klassen. In bestimmter Hinsicht ist völlig richtig, darin nur Fiktionen zu sehen. Nur zu deutlich schlägt der fiktionale Charakter bei einer substantiellen Definition von Klassen durch, so als wären die Kategorien, die die Kategorisierungsarbeit sichtbar werden läßt, in alle Ewigkeit im verdinglichten Gewebe des Sozialen eingebunden.[45] Diese Verdinglichung setzt in erster Linie auf quasi juristische Verfahren der Definition und Klassifikation und läßt eine Reihe von Problemen hervortreten, die lediglich Artefakte darstellen, wie etwa das Generationen von Soziologen marxistischer Provenienz beschäftigende Thema der »Klassengrenzen«. Unter einem anderen Aspekt

44 L. Boltanski, *Die Führungskräfte*, a.a.O.
45 P. Bourdieu und L. Boltanski, »Titel und Stelle. Zum Verhältnis von Bildung und Beschäftigung«, a.a.O.

wird der Bezug auf die sozialen Klassen aber auch als notwendiges Pendant einer sozialen Ordnung sichtbar, die die geregelte Konkurrenz zwischen einzelnen zu ihrem obersten Wert erhebt.[46] Indem sie sich das (unrealisierbare) Ideal einer gerechten Verteilung der individuellen Fähigkeiten vorgibt, *überprüft sie die Realität selbst*, formatiert sie anhand von Realitätsprüfungen. Letztere passen zusammen, in dem Sinne, daß eine Schwäche in einer bestimmten Hinsicht, die durch einen bestimmten Typ von Prüfung sanktioniert wird, mit großer Wahrscheinlichkeit die Art und Weise beeinflußt, in der die Akteure anderen Arten von Prüfungen trotzen müssen, die sie vorgeblich unter anderen Gesichtspunkten testen – dies alles gemäß der nur allzu bekannten Logik der Kumulation von Benachteiligungen und von Vorteilen.

Die kritische Soziologie als Kritik der Realität

Wird davon ausgegangen, daß Akteure in der Regel zum einen mit der kognitiven Fähigkeit ausgestattet sind, Vergleiche und Zuordnungen vorzunehmen, in dem Sinne, daß ihnen nicht entgeht, daß (immer oder fast immer) *dieselben* Erfolg haben und *dieselben* scheitern, und zum anderen über einen die Vorstellung eines gemeinsamen Menschseins beinhaltenden Gerechtigkeitssinn verfügen, und damit auch über einen Sinn für die grundsätzliche Gleichheit der Menschen (auch wenn dieser mit Exklusivitätsansprüchen, nationalistischen oder sogar rassistischen Auffassungen des Kollektivs konfligieren kann), stellt sich die Frage: Warum nehmen sie die Faktizität von Ungleichheiten hin, die so offensichtlich und dauerhaft sind, daß selbst eine meritokratische Logik sich mit ihrer Verteidigung schwertut? Die marxistische Vorstellung der Entfremdung wieder aufgreifend, hat die kritische Soziologie dieses Paradox der offenkundigen Unterwerfung unter die Faktizität der Verhältnisse oft dadurch zu interpretieren versucht, daß sie auf die *Glaubensüberzeugungen* und *Illusionen* der Akteure abhob, deren Opfer sie angeblich sind, da sie den *herrschenden Ideologien* unterworfen sind und deren kategoriale Strukturen *verinnerlicht* haben. Ohne in Zweifel ziehen zu müssen, daß es so etwas wie herrschen-

46 Siehe Christian Laval, *L'homme économique. Essai sur les racines du néolibéralisme*, Paris: Gallimard 2007, sowie Pierre Dardot und Christian Laval, *La nouvelle raison du monde. Essai sur la société néolibérale*, Paris: La Découverte 2009.

de Ideologien gibt, deren Funktion es nicht zuletzt ist, Ungleichheiten zugleich kleinzureden und zu rechtfertigen, läßt sich doch zeigen, daß diese Konstruktionen in erster Linie auf die Disziplinierung der herrschenden Klasse selbst abzielen, deren Angehörige, zumal wenn sie jene das Kind von dem autonomen und verantwortlichen Erwachsenen trennende Schwelle erreichen, ebenfalls mit der Spannung zwischen einem egalitären Ideal und einer massiv ungleichen Faktizität konfrontiert werden.[47] Die gesellschaftliche Funktion der herrschenden Ideologien besteht also wesentlich darin, eine relative Kohäsion zwischen den verschiedenen Fraktionen dieser Klassen aufrechtzuerhalten und (wie Raymond Arons Interpretation von Pareto zeigt[48]) das Vertrauen zu stärken, das deren Angehörige in die Wohlbegründetheit ihrer Privilegien haben können. Was die beherrschten Klassen anbelangt, müssen allerdings andere Interpretationen entwickelt werden, solche nämlich, die dem Zusammenhang zwischen dem Stand der Dispositive, die die Festigkeit der Realität mehr oder weniger sicherstellen, und dem Zustand der kollektiven Dispositive Rechnung trägt, auf die sich die Akteure stützen können, um sich von der Realität loszureißen, deren Gültigkeit in Zweifel zu ziehen und, vor allem, deren Macht herabzusetzen.

Untersucht man die aktuelle Verfassung der kritischen Kräfte in den kapitalistischen Demokratien, wird dies sehr gut sichtbar. Was der Kritik als kollektivem Unternehmen gegenwärtig fehlt, ist weniger die kritische Energie, die durchaus bei vielen anzutreffen ist, als ein *Hintergrund*, von dem sich die Kritik absetzen und *Gestalt* gewinnen könnte (um mich eines Bildes der Gestaltpsychologie zu bedienen), so als wäre sie, kaum formuliert, auch schon den Formaten integriert, die die Realität in ihren öffentlichen Dimensionen gestalten. Entmutigt wird die Kritik durch die Schwierigkeit, sich dem zu entziehen, was man – in Anlehnung an eine Metapher Sartres – die *Serialität* und *Viskosität* des Realen[49] nennen könnte, das heißt seinem Übermaß an Realität, und nicht, wie häufig zu hören, durch ein fehlendes »Projekt« oder eine fehlende »Alternative« zur gegenwärtigen Situation. Wie die Sozialgeschich-

47 Nicholas Abercrombie und Bryan Turner, »The dominant ideology thesis«, *The British Journal of Sociology*, Bd. 29, 1978, Nr. 2, S. 149-170.

48 Raymond Aron, *Hauptströmungen des modernen soziologischen Denkens: Durkheim – Pareto – Weber*, Reinbek b. Hamburg: Rowohlt 1979, S. 98-175.

49 J.-P. Sartre, *Kritik der dialektischen Vernunft*, a.a.O. (1. Buch: Von der individuellen Praxis zum Praktisch-Inerten).

te der Arbeiterbewegung nachdrücklich zeigt, haben die Revolten der Vergangenheit nie auf eine nach dem literarisch-philosophischen Modell der »Utopie« in allen Einzelheiten ausgepinselte »Alternative« gewartet, um mit Eklat auszubrechen – im Gegenteil: es konnte immer nur von einer Revolte aus so etwas wie eine »Alternative« überhaupt auftauchen, nicht umgekehrt. Freilich ist die Revolte – im Sinne eines Aufstands –, deren recht außergewöhnliches Auftreten häufig selbst lediglich eine Reaktion auf einen staatlichen Ausnahmezustand[50] darstellt, nur ein Mittel unter anderen, um gegenüber der Realität auf Distanz zu gehen oder sie, wenn man will, zu *relativieren*. Diese Distanzierung nun wird – wie im weiteren erläutert werden soll – begünstigt durch die auf eine Metakritik der sozialen Ordnung zielenden soziologischen Unternehmungen, setzt das Projekt der Infragestellung einer sozialen Ordnung in ihrer Totalität doch die Einnahme eines Standpunkts abseits der Realität voraus, eines Standpunkts, in bezug auf den gern zugestanden sein soll, daß er als solcher aus einer gedanklichen Erfahrung oder einem Gedankenexperiment erwächst und in diesem Sinne durchaus fiktionalen Charakter besitzt. Doch unter Rückgriff auf diesen äußeren Hebel kann die Realität partiell ihres Notwendigkeitsanspruchs entkleidet und so behandelt werden, als sei sie relativ *arbiträr*.

Aus diesem Grunde kann eine Theorie der Herrschaft auch nicht auf den Bezug auf *Kollektive* und kollektive Aktionsformen verzichten. Denn die Anprangerung von Herrschaft – in ihrer elementarsten Formel – impliziert immer schon die Frage der *Zahl*. Von Herrschaft einer Person über eine andere zu sprechen wäre – sofern die Person dabei als rein individuelle und für sich betrachtet wird (was in der Realität nie der Fall ist) – absolut sinnlos. Im Zustand einer Monade kann keine Einzelperson – wie bereits von Hobbes postuliert – eine andere Person beherrschen. Die Frage der Herrschaft zu stellen heißt folglich, sich zu fragen, wie Akteure *in kleiner Zahl* in der Lage sind, ihre Macht über Akteure *in großer Zahl* dauerhaft zu etablieren, sie durch eine semantische Kontrolle über die Bestimmung *dessen, was ist*, zu beherrschen und sie der einen oder anderen Form von *Ausbeutung* zu unterwerfen. Wie am Beispiel der visuellen Metapher deutlich wird, die Hobbes' *Leviathan* als Frontispiz dient – wo die Gestalt des Herrschers sich aus der Summe der Körper zusammensetzt, über die er seine Herr-

50 Giorgio Agamben, *Ausnahmezustand*. Aus dem Italienischen von Ulrich Müller-Scholl, Frankfurt am Main: Suhrkamp 2006.

schaft ausübt –, besteht die Frage der Zahl, kritisch gewendet, darin, sich zu fragen, wie eine kleine Zahl von Menschen ihre Kraft und Stärke erhöhen kann, indem sie sich so verbünden, daß die Illusion entsteht, sie handelten *wie ein einzelner Mensch*. Auf die größere Zahl derer bezogen, die die Herrschaft einer kleinen Zahl erleiden, richtet sich die Frage nun aber nach den Bedingungen, die die *Fragmentierung* der Beherrschten begünstigen. Denn wenn eine kleine Zahl von Akteuren sich auf eine beherrschende Position hieven kann, weil jeder einzelne seine zwangsläufig begrenzte Kraft und Stärke durch das Bündnis mit den anderen erhöht hat, folgt daraus, daß die Unterworfenheit der Beherrschten im Faktum ihrer Gespaltenheit gründet, die bewirkt, daß jeder einzelne von ihnen lediglich die ihm als isolierten einzelnen gegebene Kraft und Stärke mobilisieren kann. Zugleich stellt die Möglichkeit, gegen die Herrschaft zu kämpfen, indem die Beherrschten dazu gebracht werden, aus dem *Zustand der Fragmentierung* in den des *Kollektivs* überzugehen, eines der Hauptziele der *Befreiung* dar, die sich die Kritik vorgibt. Auch wenn dieses Unterfangen – wie an der Aufklärung gut sichtbar – in einer ersten Etappe dahin führen sollte, die Akteure aus ihren überkommenen kollektiven Zugehörigkeiten zu lösen, nämlich sie als *autonome* Individuen zu bestimmen. Diese erste Bewegung hin zur Autonomie ist freilich mit einer Theorie der Herrschaft erst dann vereinbar, wenn sie, ohne beim Moment der Individualisierung stehenzubleiben, die Frage aufwirft, wie die Autonomie unter Bedingungen der Ausbildung neuartiger Kollektive erhalten, ja verstärkt werden kann.

Lassen sich Kritische Soziologie und Soziologie der Kritik miteinander vereinbaren?

Greifen wir abschließend noch einmal die uns leitende Unterscheidung zwischen kritischer Soziologie und pragmatischer Soziologie der Kritik auf, unter besonderer Beachtung der Möglichkeiten, die beide Programme bieten, sich den kritischen Aktivitäten der Akteure anzuschließen und sie zu unterstützen. Und da stehen wir auch schon vor einem Paradox.

Unser Haupteinwand gegen die kritische Soziologie ist – kurz gesagt – ihr abgehobener, totalisierender Charakter und ihre Distanz gegenüber den von den Akteuren in den Alltagssituationen entfalteten kritischen Fähigkeiten. Die pragmatische Soziologie der Kritik dagegen erkennt die kritischen Fähigkeiten der Akteure wie auch deren Kreativität beim situationsspezifischen Interpretieren und Handeln voll an. In der Befolgung dieses Programms wird es gleichwohl schwierig, alle mit einer metakritischen Orientierung einhergehenden Ambitionen zu erfüllen. Von seiten der kritischen Soziologie sehen wir uns also mit einer Konstruktion konfrontiert, die zwar genuin kritischen Möglichkeiten den Weg eröffnet, sich aber blind Strukturen unterworfene *Handlungsträger* vorgibt und die kritischen Fähigkeiten der Akteure ausklammert. Bei der pragmatischen Soziologie der Kritik wiederum stoßen wir auf eine Soziologie, die von den kritischen Aktionen der *Akteure* zwar wirklich Notiz nimmt, aber deren eigene kritische Potentialitäten doch recht beschränkt scheinen.

Dieses Paradox, zu dem uns die Frage nach dem Beitrag der Soziologie zur Sozialkritik geführt hat, stellt die Soziologie, und zwar ganz allgemein das ihr zur Verfügung stehende Beschreibungs- und Totalisierungsinstrumentarium, vor ein heikles Problem. Denn die Beschreibung des Sozialen kann von zwei unterschiedlichen Positionen aus unternommen werden. Zum einen von einer *bereits bestehenden sozialen Welt* aus. In diesem Fall zielt der Soziologe darauf, ein Abbild der sozialen Umwelt zu erstellen, in dem sich ein neugeborenes Wesen ohne seinen Willen vorfindet. Für diesen Neuankömmling ist die Gesellschaft *bereits da* und er findet sich auf einen bestimmten Platz verwiesen. Aus dieser Perspektive kann die Beschreibung von einem abgehobenen Standpunkt aus erfolgen, der von den als handelnd (als Akteure) ins Auge gefaßten menschlichen Personen mehr oder minder abstrahiert. Die Beschreibung wird zur Kartographie, Metrologie und sozialen Morphologie tendieren (sie wird statistisch vorgehen), schließlich zur Geschichte (da die bereits bestehende Welt aus der Vergangenheit hervorgeht). Sie wird also Totalisierungsinstrumente nutzen, die zur Lenkung der Gesellschaft und zu deren Absicherung (meistens im Rahmen von Staaten) erstellt worden sind. Diese Lenkungsinstrumente nun, auf denen die soziale Reflexivität aufruht, wenn sie von oben gesteuert wird, benutzt die Soziologie – wie gesehen – als Werkzeuge, während sie unter einem anderen Gesichtspunkt ihre *Gegenstände* bilden, da sie selbst zum Zweck der Machtausübung konstruiert wurden.

Die zweite Position geht von einer *sich entwickelnden sozialen Welt* aus. In diesem Fall wird sich der Soziologe auf Beobachtungen über die handelnden Personen stützen und das Hauptaugenmerk darauf richten, wie sie die soziale Welt gewissermaßen »performativ« herstellen. Hier geschieht die Beschreibung »von unten« und wird sich vor allem Situationen zum Gegenstand nehmen, da innerhalb dieses Rahmens das Handeln sichtbar wird. Sie wird die interaktive und interpretative Kompetenz der Akteure hervorkehren. Aber bei der Gesamtdarstellung der Effekte dieser Handlungen wird sie auf Schwierigkeiten stoßen.

Das Problem ist, daß beide Ansätze, so vertretbar beide auch sind, unterschiedliche, nur schwer miteinander kompatible Ergebnisse hervorbringen. Im ersten Fall wird die Betonung auf die Zwänge und die auf den *Handlungsträgern* lastenden Kräfte gelegt. Im zweiten eher auf die Kreativität und die interpretativen Fähigkeiten von *Akteuren*, die sich nicht nur an ihre Umgebung anpassen, sondern sie auch fortwährend verändern.

Wie kommt es, daß die abgehobenen kritischen Soziologien ungeachtet ihres geringeren Interesses für die kritischen Fähigkeiten der Akteure gleichwohl eine höhere kritische Kraft zu entfalten scheinen als die pragmatischen Soziologien der Kritik, die doch jene Fähigkeiten anerkennen und ernst nehmen? Dafür mag es zwei zentrale Gründe geben. Zum ersten, daß die abgehobenen Soziologien, indem sie die Perspektive der Totalität einnehmen, den minder privilegierten Akteuren kollektive Hilfsmittel, zumal Klassifizierungsmodi, an die Hand geben, die ihnen helfen, den individualisierenden meritokratischen Repräsentationen, die zu ihrer Fragmentierung und damit zu ihrer Beherrschung beitragen, Paroli zu bieten. Mit diesen Klassifizierungsinstrumenten (seien es gesellschaftliche Klassen, Geschlechter/Gender, Ethnien oder Altersklassen), zu deren Verbreitung diese Soziologien beitragen, werden die minder privilegierten Akteure in die Lage versetzt, ihre kritischen Fähigkeiten zu erhöhen, um gegen die Kräfte zu kämpfen, die zu ihrer Fragmentierung beitragen, und die Sachverhalte (oder Personen) zu identifizieren, durch die sie beherrscht werden.

Ein zweiter, weniger einsichtiger Grund liegt darin, daß die abgehobenen Soziologien dadurch, daß sie deutlich die Perspektive der Totalität übernehmen – was ja, wie bereits gesehen, voraussetzt, eine äußerliche Position (einfacher Außenstandpunkt) einzunehmen –, die Möglichkeit einer Relativierung der Realität eröffnen (da die soziale Ordnung in ihrer Totalität zu beschreiben bedingt, daß man so tut, als gäbe es eine Position, aus der man diese besondere soziale Ordnung anderen möglichen Ordnungen gegenüberstellen könnte). Relativierung aber ist der erste Schritt zur Kritik.

Umgekehrt schließt die pragmatische Soziologie gerade dadurch, daß sie sich am Nahbereich festmacht und von der Realität ausgehen will, wie sie sich den Akteuren und dem Beobachter darstellt, diese tendenziell in ihre Realität ein.

Dennoch gehen aus der Gegenüberstellung dieser beiden soziologischen Programme die totalisierenden Soziologien mitnichten als die einzig kritischen hervor. Das hat mehrere Gründe.

Ein erstes Problem, auf das diese Soziologien stoßen, berührt genau die Frage, wo denn eigentlich die abgehobene Position lokalisiert ist, von der her die Totalisierung zugleich soziologisch relevant und auf der Ebene der Sozialkritik wirksam sein kann. Um es rasch zu sagen, es kann nicht davon abgesehen werden, daß diese Position in der Vergangenheit mit den verschiedenen Nationalstaaten verknüpft war, insbesondere im Fall der sich nach dem Zweiten Weltkrieg ausbildenden kritischen Soziologien, die mit der Entwicklung der Wohlfahrtsstaaten konfrontiert waren. Diese Periode war in den westlichen kapitalistischen Demokratien durch verstärkte *Nationalisierung* der sozialen Klassen geprägt, das heißt nicht nur der Mittelklassen, die sich seit dem 19. Jahrhundert ihre Beteiligung an den vom Staat unternommenen Anstrengungen zunutze gemacht hatten, um ihre – wie Michael Mann es nannte – »infrastrukturelle Macht« über die Gesellschaft[51] zu erhöhen, sondern auch der unteren Klassen, die diesem Unternehmen lange Zeit ferngestanden hatten, und sogar der herrschenden Klassen, deren supra- oder transnationalen Charakter im 19. und im ersten Drittel des 20. Jahrhunderts Michael Mann nachdrücklich aufzeigt. Es waren weitgehend die Organisationen des Nationalstaates und zumal die des Wohlfahrtsstaates, die die Datenrahmen lieferten, auf die sich die kritischen Soziologien stützten. Das gilt natürlich für die sozioprofessionellen Kategorien der französischen Statistikbehörde INSEE, ein Instrumentarium, das, mit der Verwaltung des Staatshaushalts und der Wirtschaftsplanung verbunden, von der Soziologie zur Beschreibung sozialer Klassen herangezogen wurde, zum Teil aber auch für die Arbeitssoziologie von Nutzen war, die in den verstaatlichten Unternehmen ihr bevorzugtes Terrain gefunden hatte. Heute steht die Kritik einer ganz anderen Situation gegenüber, gekennzeichnet durch das Auseinanderbrechen der Machtzentren, die diesseits wie jenseits des Nationalstaates angesiedelt sind. Zugleich hat sie der gegenwärtigen *Entnationali-*

51 Michael Mann, *State, War and Capitalism. Studies in Political Sociology*, Oxford: Basil Blackwell 1988.

sierung der sozialen Klassen Rechnung zu tragen, die zum einen mit der wachsenden Zahl der – legalen oder illegalen – Arbeitsmigranten einhergeht, die aus politischen oder wirtschaftlichen Notwendigkeiten gezwungen sind, aus den Ländern der südlichen Halbkugel zu fliehen, zum anderen mit der Tendenz eines Teils der herrschenden Klassen, sich vom nationalen Raum zu lösen; diesem Teil haben die Wandlungen des Kapitalismus und die Globalisierung des Finanzwesens ermöglicht, wieder an eine supranationale Existenzweise anzuknüpfen, die durch die Weltkriege des 20. Jahrhunderts und den Rückzug der Ökonomien auf die nationalen Territorien erschwert worden war. Welche Instanzen es sind, auf die sich die Soziologie bei ihren Versuchen der Totalisierung – und in welchen Formen – stützen soll: diese Frage stellt sich heute in aller Schärfe. Ganz zu schweigen davon, wie schwierig es heute für Soziologen geworden ist, an Datenmaterial zu gelangen: verfügen darüber doch Organisationen, die anders als die wohlfahrtsstaatlichen Einrichtungen den Sozialwissenschaften (mit Ausnahme der Ökonomie) mit höchstem Mißtrauen begegnen. Die Folge ist, daß die auf Gerechtigkeit zielende Kritik Mühe hat, nicht nur die Komplexe zu benennen, innerhalb deren Asymmetrien aufgedeckt werden sollen,[52] sondern auch die Wesen, die als relevant berücksichtigt werden müssen, seien es menschliche oder nicht-menschliche Wesen.[53]

Ein noch heikleres Problem stellt das unausgeglichene Bild dar, das die kritische Soziologie von der Realität – auf der einen Seite den herrschenden Kräften, auf der anderen den Versuchen der Akteure, sich ihnen zu entziehen – entwirft. Indem sie die kritischen Fähigkeiten der Akteure unterschätzen und ihnen ein Bild von sich vermitteln, das ihre Abhängigkeit, Passivität und ihre Illusionen hervorkehrt, üben die abgehobenen Soziologien der Herrschaft der Tendenz nach einen Effekt der Demoralisierung und gewissermaßen der Vergleichgültigung aus, der, zumal in historischen Kontexten, in denen die Realität ausgesprochen solide verankert zu sein scheint, den Relativismus in Nihilismus und den Realismus in Fatalismus übergehen lassen kann. Indem sie den Akzent allzusehr auf den unerbittlichen Charakter der Herrschaft legen, auf deren

52 Siehe Nancy Fraser, *Abnormal Justice* ⟨http://www.law.yale.edu/documents/pdf/Intellectual_Life/ltw_fraser.pdf⟩.

53 Wie es die Wesen sind, in bezug auf die Bruno Latour die Frage nach ihrem Eintritt in die Politik stellt. Siehe Bruno Latour, *Politiques de la nature*, Paris: La Découverte 1999.

noch im unscheinbarsten Interagieren erdrückende Präsenz, auf die vertikalen zuungunsten der horizontalen Beziehungen (und dies selbst innerhalb kritischer Kollektive), wirken sich die abgehobenen Theorien nicht nur entmutigend auf der politischen Ebene aus, sie erweisen sich auch in Hinblick auf die soziologische Beschreibung als unbefriedigend. Sie lassen nur schwer unterschiedliche Grade von Unterdrückung ausmachen und sind wenig hilfreich, um zu verstehen, auf welche Weise Akteure sich Wege zur Befreiung bahnen können, sei es auch nur dadurch, daß sie bloß lokale *Zonen temporärer Autonomie* einrichten oder wenn sie ihre Aktionen so koordinieren, daß die Notwendigkeit einer sozialen Ordnung in Frage gestellt wird. Dabei bietet die Geschichte mehr als ein Beispiel für derartige Konstellationen. Wer überall Herrschaft am Werk sieht, spielt denen in die Hände, die Herrschaft nirgends sehen wollen.

Dieses Problem der Ausweitung, die auch der metakritischen Orientierung aufgegeben ist, läßt sich in etwa mit dem vergleichen, das sich Herbert Marcuse in *Triebstruktur und Gesellschaft* stellt, wenn er, nachdem er die Freudsche Problematik der Unterdrükkung auf alle bekannten Gesellschaftsformen ausgeweitet hat, den Begriff der *zusätzlichen Unterdrückung* entwickelt, um damit die amerikanische Gesellschaft seiner Zeit zu beschreiben und sie einer radikalen Kritik zu unterwerfen.[54] Ähnlich muß der Herrschaftsbegriff, soll er sinnvoll sein, so konstruiert sein, daß er nicht völlig deckungsgleich wird mit der Gesamtheit der sozialen Dispositive und zumal, wie wir sehen werden, mit den institutionellen Verfahren zur Bestimmung dessen, was ist, die ja dem sozialen Leben inhärent sind. Also muß man, wie bei Unterdrückung und zusätzlicher Unterdrückung, imstande sein, eine Unterscheidung zu treffen zwischen einerseits den Zwängen, die, in einer großen Zahl von Gesellschaften, wenn nicht in allen ausmachbar, sich zwar mit dem Ideal einer absoluten Autonomie des Subjekts oder der totalen Befreiung des Begehrens nicht decken, aber aufgrund ihres allgemeinen Charakters tendenziell der Kritik entzogen sind (da zumindest im stillen davon ausgegangen wird, daß es, würden sie fehlen, schlicht überhaupt keine Gesellschaft geben würde), und andererseits jenen Formen von Unterdrückung, die sich über die Alltagszwänge legen und sie parasitär ausnutzen, um die extre-

54 Herbert Marcuse, *Triebstruktur und Gesellschaft. Ein philosophischer Beitrag zu Sigmund Freud*. Deutsch von Marianne von Eckardt-Jaffe, Frankfurt am Main: Suhrkamp 1965, S. 40-42.

me Macht bestimmter *herrschender* Gruppen gegenüber *beherrschten* Gruppen abzustützen. Ein ähnliches Problem hatte sich bereits Durkheim gestellt (gedanklich in diesem Punkt durchaus Freud und, wie häufig beobachtet, auch de Saussure nahestehend), als er die Gesellschaft durch den Zwang definierte, den die kollektiven Normen auf die Wünsche und Verhaltensweisen der einzelnen ausüben – Zwänge, deren Übertretung mit kollektiven Sanktionen einhergeht –, zugleich aber auch ein normales Funktionieren dieser Zwänge von einem als »pathologisch« gekennzeichneten zu unterscheiden suchte. Oder das Problem, das sich, uns näherstehend, Axel Honneth und seiner Forschungsgruppe stellt, wenn sie vor allem über eine Neuinterpretation von Lukács' Verdinglichungsbegriff »Pathologien des Kapitalismus« zu identifizieren versuchen.[55]

Ergänzt sei abschließend, daß die abgehobenen Herrschaftstheorien aus einem Geist der Systematik heraus dazu neigen, alle Asymmetrien auf eine Grundasymmetrie zu reduzieren (je nachdem soziale Klassen, Gender, Ethnie usw.), und, allgemeiner, von der gestreuten Beschaffenheit der Macht (worauf Foucault den Akzent gelegt hat) sowie vom pluralistischen Charakter der im sozialen Leben wirkenden Bewertungs- und Bindungsmodi abzusehen (den wir in *Über die Rechtfertigung* mittels des *Gemeinwesen*-Begriffs in einem Modell zu fassen suchten). Dieser letzte Punkt betrifft nicht nur die Gültigkeit der soziologischen Beschreibung – er widerspricht auch den kritischen Erwartungen der Akteure, die in den demokratisch-kapitalistischen Gesellschaften gelernt haben, Emanzipationsarbeit nicht mehr mit der Zustimmung zu sich absolut setzenden Weltanschauungen zu verwechseln, und die sogar jene Art Toleranz gegenüber dem Widerspruch erworben zu haben scheinen, die den zentralen Wall gegen Fundamentalismen jedweder Art bildet.

Das Verhältnis zum Pluralismus und zu seinem Gegenteil, dem Absolutismus, bildet mithin eines der anstößigen Momente in den abgehobenen Theorien der Herrschaft. Eine der Pointen dieser kritischen Konstruktionen von Herrschaft besteht nämlich in dem Aufweis, wie innerhalb der in Frage gestellten sozialen Ordnungen unterschiedliche Bereiche – religiöse Überzeugungen, moralische und ästhetische Normen, Symbolbestände, Modi der Etablierung von Wahrheit usw. – sich an einer Zentralachse ausrichten, die sich ebendadurch als herrschende Ideologie bestimmen läßt, die ihrer-

55 Axel Honneth, *Verdinglichung. Eine anerkennungstheoretische Studie*, Frankfurt am Main: Suhrkamp 2005.

seits spezifischen Interessen einer Gruppe – sozialen Klasse, nationalen oder ethnischen Gruppe, Geschlecht/Gender usw. – angepaßt ist. Diese Anprangerung des Absolutismus sollte nun eigentlich die kritischen Theorien vor der Versuchung schützen, alle Dimensionen des sozialen Lebens über den einen Leisten zu schlagen, den »in letzter Instanz« als determinierend eingestuften Faktor, und sie auf den Weg zum Pluralismus führen. Doch gerade die Einsicht in die Notwendigkeit der Berücksichtigung des Pluralismus scheint den abgehobenen Theorien der Herrschaft in der Regel abzugehen: in ihnen fällt die Anerkennung der Pluralität tendenziell mit liberalem Individualismus zusammen.

Um heutzutage glaubwürdig zu sein, müßten die an Metakritik orientierten Soziologien der Herrschaft aus den Niederlagen der Vergangenheit Lehren ziehen und sich, unter Beachtung der hier vorgebrachten Argumente, einen Analyserahmen vorgeben, mit dem sich die Beiträge jener beiden Programme, des von uns als *abgehoben* bzw. *totalisierend* und des als *pragmatisch* bezeichneten, integrieren lassen. Vom abgehobenen Programm bewahrte der Rahmen die Möglichkeit, die durch die Option der *Außenposition* verschafft wird: die Realität in Frage zu stellen und den Beherrschten ein Instrumentarium an die Hand zu geben, mit dem sie ihrer Fragmentierung widerstehen können, indem ihnen ein Gesamtbild der sozialen Ordnung sowie Äquivalenzprinzipien an die Hand gegeben werden, mittels deren sie unter sich Zuordnungen und Vergleiche vornehmen und durch Zusammenschluß in Kollektiven ihre Stärke erhöhen können. Vom pragmatischen Programm wiederum müßte dieser Rahmen zum einen die Aufmerksamkeit für die Aktivitäten und kritischen Kompetenzen der Akteure, zum anderen die Anerkennung der pluralistischen Erwartungen bewahren, die innerhalb der zeitgenössischen demokratisch-kapitalistischen Gesellschaften im kritischen Sinn der Akteure, einschließlich der am stärksten dominierten, augenscheinlich eine zentrale Bedeutung haben.

So scheinen die Kollektive, zu denen sich zusammenzuschließen kritische Akteure heute offenbar bereit sind, solche zu sein, die *unter einem bestimmten Gesichtspunkt* konstituiert wurden, was die einzelnen Akteure nicht hindert, sich *unter anderen Gesichtspunkten* anderen Kollektiven anzuschließen. Hier ist den (beispielsweise von Zygmunt Bauman und von Malcolm Bull entwickelten[56])

56 Zygmunt Bauman, *Moderne und Ambivalenz. Das Ende der Eindeutigkeit.*

Analysen zu folgen, die in der Aufwertung der *Ambivalenz* ein Merkmal der kritischen Komplexe ausgemacht haben, die sich in den demokratisch-kapitalistischen Gesellschaften etablieren und die damit in Gegensatz, ja in Konflikt treten zu anderen – auf ihre Weise durchaus auch als kritisch zu bezeichnenden – Tendenzen, die alle Dimensionen des Lebens auf ein präferentielles Verhältnis (zu einer Religion, Ethnie, einer Klasse, einem Geschlecht) verkürzen wollen, das sich in einer substantiell bestimmten und häufig mit einem realen oder virtuellen Territorium verknüpften Gruppe verkörpert – Tendenzen, die in diesem Sinne als *fundamentalistisch* zu kennzeichnen sind.

Um das abgehobene mit dem pragmatisch orientierten Programm[57] vereinbar zu machen, ist es mit einer Art Collage nicht getan. Dafür ist eine fortgesetzte genuin soziologische Arbeit auf der Grundlage gemeinsamer Instrumentarien und eines gemeinsamen Rahmens notwendig, mit dem Ziel der Analyse sowohl der sozialen Operationen, die der Realität Konturen verleihen, als auch jener, die sie in Frage stellen wollen. In den folgenden beiden Vorträgen wollen wir sie skizzenhaft entwerfen in der Gegenüberstellung dessen, was die *Institutionen* machen, mit dem, was die *Kritik* macht, wenn sie innerhalb der Gesellschaft wirksam werden.

Übersetzt von Martin Suhr, Hamburg: Hamburger Edition 2005, und Malcolm Bull, *Seeing Things Hidden. Apocalypse, Vision and Totality*, London: Verso 1999.

57 Eine ähnlich intendierte, aber mit teilweise anderen Mitteln betriebene Arbeit stammt von Cyril Lemieux. Siehe vor allem: »De la théorie de l'habitus à la sociologie des épreuves: relire *L'expérience concentrationnaire*«, in: Liora Israël und Danièle Voldman (Hg.), *Michael Pollak. De l'identité blessée à une sociologie des possibles*, Paris: Complexe 2008, S. 179-206, und Cyril Lemieux, *Le devoir et la grâce*, Paris: Economica 2009, S. 179-206.

3. Die Macht der Institutionen

Eine der nächstliegenden Schlußfolgerungen, die sich aus der Prüfung des unterschiedlichen Verhältnisses von Soziologie und Sozialkritik – dem Gegenstand des ersten Abschnitts – ziehen lassen, bestand in der Betonung eines analytischen Unterschieds zwischen metakritischen Theorien und Kritiken, die man als *gewöhnliche* bzw. *Alltagskritiken* bezeichnen kann. Die metakritischen Theorien stützen sich auf soziologische Erhebungen; von einem äußeren Gesichtspunkt her enthüllen und problematisieren sie die Formen von Herrschaft in einer bestimmten sozialen Ordnung. Kritiken dagegen werden aus dem Inneren der Gesellschaft heraus vorgebracht, von Akteuren, die in Auseinandersetzungen verwickelt sind. Auf sehr unterschiedlichen Ebenen der Verallgemeinerung reihen sie sich ein in Sequenzen von Kritik und Rechtfertigung. Aber auch die Interdependenz beider Kritiksorten war hervorzuheben: Die metakritischen Theorien können die Unzufriedenheitsäußerungen der Akteure nicht außer acht lassen und setzen sich zum Ziel, sie zurechtzurücken und ihnen dadurch eine weniger angreifbare Form zu verleihen; und was die Akteure angeht, so suchen sie häufig in den metakritischen Theorien Material zur Unterstützung ihrer Anklagen.

Im zweiten Abschnitt wurden insbesondere zwei Programme gegenübergestellt, die beide mit den Problemen konfrontiert sind, die von der Beziehung zwischen Metakritik und Alltagskritik herrühren. Das erste Programm – das der kritischen Soziologie – basiert auf Kompromissen zwischen übergreifenden soziologischen Beschreibungen und normativen Positionen und setzt sich vor allem zum Ziel, die Akteure über die Herrschaft aufzuklären, der sie unterworfen sind, ohne es zu wissen, und ihnen Ressourcen zur Entwicklung ihrer kritischen Möglichkeiten zu erschließen. Das zweite Programm – das der pragmatischen Soziologie der Kritik – geht umgekehrt von den kritischen Fähigkeiten der Akteure aus und versucht zunächst, die von der Soziologie gebotenen Möglichkeiten einzusetzen, um jene explizit zu machen. Anschließend und in zweiter Linie zielt es darauf ab, gestützt auf die Modellisierung dieser Alltagskritiken und des sich in ihnen äußernden *Sinns für Moral* und *Gerechtigkeit*, normative – also metakritische – Positionen zu entwickeln. Trotz der bedeutenden Unterschiede zwischen diesen beiden Programmen ist festzuhalten, daß es in beiden um die Mittel geht, mit deren Hilfe gewöhnliche Akteure im sozialen Leben, insbesondere dann, wenn sie ausgebeutet oder beherrscht werden, auf das Geschehen Einfluß gewinnen können und ihre Ohnmacht zu überwinden versuchen.

In diesem und dem folgenden Abschnitt sollen diese Mittel zumindest in formaler Hinsicht bestimmt werden. Ich möchte mit dem Instrumentarium der Soziologie die Frage erörtern, wie es zu interpretieren ist, daß es in der sozialen Welt überhaupt so etwas wie *Kritik* gibt, wobei ich die durchaus realen Beiträge, die die metakritischen Theorien zur Entwicklung noch der alltäglichsten und gewöhnlichsten Kritik leisten, gewissermaßen ausklammere. Nach der Möglichkeit von Kritik fragen heißt anerkennen, daß die soziale Aktivität nicht ständig kritisch ist und wohl auch nicht sein kann. Die *kritische Form* hebt sich von einem *Hintergrund* ab, der, weit davon entfernt, kritisch zu sein, sich vielmehr durch eine Art stillschweigender Zustimmung zur Realität auszeichnet, wie sie sich beim Verfolgen gewöhnlicher Tätigkeiten zeigt, oder auch durch ein Selbstverständlichnehmen (*the world taken as granted*), das die Soziologie stark betont hat – nicht zuletzt die phänomenologisch inspirierte Soziologie, z. B. bei Alfred Schütz. Die im folgenden entwickelte These lautet: Der Prägnanz dieses Hintergrunds können wir nur dann gerecht werden, wenn wir auf die Soziologie der *Institutionen* zurückgreifen. Die Frage der Kritik scheint mir unauflöslich mit der der Institutionen verbunden, auf der sie fußt. Ich möchte daher jetzt im Hinblick auf eine Soziologie der Kritik Elemente der Soziologie der Institutionen in Erinnerung rufen.

Auf der Suche nach den »Institutionen«

Vertieft man die Diskussion um die Tragweite der metakritischen Herrschaftstheorien, stößt man in der Tat auf ein besonders dorniges Problem der Soziologie, auf das, was sie »Institutionen« nennt. Wie John Searle in seinem Werk über die *Konstruktion der gesellschaftlichen Wirklichkeit* bemerkt hat, nimmt dieser Begriff in der Soziologie eine recht seltsame Stellung ein.[1] Einerseits ist »Institution« einer der Grundbegriffe dieser Disziplin. Ihn auszuklammern ist fast unmöglich. Er taucht in den meisten soziologischen Schriften auf, oft nahezu beiläufig, als sei er so unvermeidlich wie

1 John R. Searle, *Die Konstruktion der gesellschaftlichen Wirklichkeit. Zur Ontologie sozialer Tatsachen*, Reinbek b. Hamburg: Rowohlt 1997.

selbstverständlich. Andererseits wird selten versucht, diesen Begriff zu definieren oder auch nur zu spezifizieren. Er wird benutzt, als verstehe er sich von selbst, und doch je nach Kontext in ziemlich unterschiedlicher Bedeutung. Bald wird Institutionelles mit Sozialem fast gleichgesetzt: Kennzeichnend für »soziale Tatsachen« wäre demnach, daß sie »instituiert« sind, das heißt institutionellen Charakter gewonnen haben, und dadurch den »natürlichen« Tatsachen entgegengesetzt (das ist weitgehend Durkheims Position und übrigens teilweise auch die Searles[2]). Bald wiederum wird Institution mit dem Staat in seiner rechtlichen (verfassungsmäßigen) Dimension und mit den Dispositiven gleichgesetzt, deren »Legitimität« in letzter Instanz auf dem Staat beruht; in Hobbesscher Manier wird die Institution sodann zum Instrument, das menschlicher Zügellosigkeit Schranken aufzuerlegen und damit Gewalt im Zaum zu halten erlaubt (ein Motiv, das bisweilen in Durkheimschen Analysen durchscheint). Bald spricht man von Institution, wenn man ein empirisches, zur Welt der Dinge gehörendes Objekt bezeichnen will, etwa ein Gebäude mit einem Gitter und einem Pförtner, zum Beispiel eine Bank oder den Sitz einer Gewerkschaft. Bald assoziiert man Instituiertes mit Dauerhaftem und Notwendigem in Gegensatz zu Labilem und Kontingentem (Institutionelles steht dann im Gegensatz zu Situations-, Konjunktur- oder Kontextgebundenem). Bald stellt man den Zwang in den Vordergrund und sieht den Typus Institution dort gegeben, wo Menschen völlig eingesperrt leben (Goffmans »totale Institution«), usw.[3]

In den zwei oben analysierten soziologischen Programmen nimmt

2 John R. Searle, »What is an institution?«, *Journal of Institutional Economics*, Bd. 1, 2005, Nr. 1, S. 1-22.

3 Angesichts der Polysemie des Begriffs Institution, die Jacques Revel insbesondere bei den Historikern feststellt, unterscheidet er mindestens drei Verwendungsweisen: Die erste definiert Institution als »juristisch-politische Realität: ihr Ort ist die ›Geschichte der Institutionen‹«. Die zweite zielt auf »jede Organisation, die regelmäßig, nach expliziten und impliziten Regeln, in der Gesellschaft funktioniert und von der angenommen wird, daß sie einer besonderen, gemeinschaftlichen Nachfrage entspricht«, wie etwa »Familie, Schule, Krankenhaus, Gewerkschaft«. Die dritte schließlich begreift Institution als »jede Form sozialer Organisation, die Werte, Normen, Beziehungs- und Verhaltensmodelle bindet« (diese Definition stützt sich auf Georges Balandiers Vorwort zur französischen Ausgabe von Mary Douglas' *Comment pensent les institutions* [Paris, La Découverte 1989: dt.: *Wie Institutionen denken*, Frankfurt am Main: Suhrkamp 1991]). Vgl. Jacques Revel: »L'institution et le social«, in: Jacques Revel, *Un parcours critique. Douze exercices d'histoire sociale*, Paris: Galaade 2006, S. 85-110.

der Begriff Institution jeweils einen unterschiedlichen Platz ein, in beiden jedoch ist er eher negativ affiziert, was ihn mehr oder weniger zu einer Art Kontrastfolie macht. Das Paradigma der kritischen Soziologie erkennt die Existenz von so etwas wie Institutionen zwar an – das hat vor allem mit seiner Abkunft von Durkheim und der Bindung an den Strukturalismus zu tun. In ihren empirischen Untersuchungen und gelegentlich auch in ihren theoretischen Darlegungen zeigt sich jedoch die Tendenz, Institutionen vor allem unter dem Aspekt der von ihnen ausgeübten Herrschaft zu beschreiben – eine Tendenz, die in den 60er und 70er Jahren übrigens von sehr vielen kritischen Autoren in Frankreich geteilt wird. In diesem Rahmen ist der Begriff Institution also – anders als bei Durkheim – negativ besetzt, und man kann sagen, daß die kritische Soziologie zu einem großen Teil *Kritik der Institutionen* ist. Gerade die Verbindung beider Auffassungen – daß einerseits die Allgegenwart von Institutionen und ihre zentrale Rolle im sozialen Leben im Sinne Durkheims anerkannt wird, andererseits aber, und ganz im Gegensatz zu Durkheim, Institutionen vor allem als Instrumente von Herrschaft gesehen werden – trägt dazu bei, die Diagnose Herrschaft ins Endlose zu erweitern: Weil es überall Institutionen gibt, gibt es überall Herrschaft.

Insbesondere in der Form, die das pragmatische Paradigma während der letzten zwanzig Jahre in Frankreich angenommen hat, ignoriert es entweder die Institution und die Ordnung der instituierten Tatsachen, oder es markiert sie eher negativ – so die kritische Soziologie. Die aktuellen Strömungen, die oft als *pragmatische Soziologie* bezeichnet werden, haben sich in Frankreich zumindest teilweise in Reaktion auf die strukturalistisch beeinflußte Soziologie der 60er und 70er Jahre entwickelt, also auch in Absetzung von den strukturalistischen Interpretationen Durkheims (der selber seine Opposition gegenüber dem Pragmatismus bekundet hatte). Die Tendenz zum Ignorieren der Institutionen wird besonders deutlich, wenn Beschreibungen, die sich auf das pragmatistische Programm berufen, Urteile implizieren, mit denen die beschriebenen Objekte stillschweigend hierarchisiert werden. Der Vorrang des Pragmatismus gegenüber dem Strukturalismus nimmt dann fast Züge einer Moral an (die sich oft auf den späten Wittgenstein beruft).[4] Auf der einen Seite der *böse* Strukturalismus: makro-

4 Vgl. z. B. Sandra Laugier, »Care et perception«, in: Patricia Paperman und Sandra Laugier (Hg.), *Le soucis des autres. Ethique et politique du Care*, Raisons pratiques, Nr. 16, Paris: Editions de l'EHESS 2005, S. 317-348.

orientiert, holistisch, totalisierend (wenn nicht totalitär), dem Gesetzesfetischismus anhängend, das Menschliche an den Menschen und die Modalitäten ihrer Verwicklung im Handeln verkennend; auf der anderen der *gute* Pragmatismus, den Personen und Situationen Achtung bezeugend, in denen sie »hier und jetzt« interagieren, in die sie auf der Suche nach einem »Zusammenleben« ihren Erfindungsgeist, ihre Experimentierfreude und ihren interpretatorischen Scharfsinn einbringen. Dieser Gegensatz entfaltet sich insbesondere im Hinblick auf die Frage nach dem Sinn von Äußerungen, der unter dem Blickwinkel der zweiten Option stets kontextuell, lokal, situiert, improvisiert ist, niemals unabhängig vom Sprechakt, was dazu führt, die semantischen Werkzeuge der Institutionen (unter denen die juristischen eine Spitzenstellung einnehmen) in Frage zu stellen.

In dieser Sicht dient die übrigens nicht sehr häufige Bezugnahme auf »Institutionelles« meist dazu, die Aufmerksamkeit auf Zwänge zu lenken, die den Akteuren von außen auferlegt sind und sie daran hindern, ihre Fähigkeiten zum Interpretieren, Verhandeln und Reparieren ins Zwielicht geratener Situationen einzusetzen oder ihren Common sense bei der Entwicklung lokaler Lösungen für neue Probleme zu nutzen. Von diesen radikal-pragmatistischen theoretischen Positionen aus werden Soziologien in unterschiedlicher Weise angegriffen, die mehr oder weniger festgelegte Semantiken geltend machen und sich befleißigen, jene – vor allem – institutionellen Dispositive zu beschreiben, mit denen Entitäten ihre Identität auch dann bewahren können, wenn sie zwischen Situationen hin und her pendeln (gleich ob es sich um Akteure zwischen Ereigniskonjunkturen handle oder um Aussagen zwischen Äußerungskontexten). Die am häufigsten genannten Angriffspunkte sind gewiß der Verdacht auf simplifizierenden Substantialismus und infolgedessen auf Idealismus und »Platonismus«. Vorgeworfen wird diesen Soziologien, das subtile Spiel zwischen Dingen und ihrer Bezeichnung zu verkennen – das heißt die Logik der Sprache selber. Sie schließen angeblich direkt vom »Substantiv« auf die »Substanz« oder behandeln Aussagen, ohne sich um ihre Äußerung zu kümmern und verfallen daher in den Irrtum zu glauben, in unterschiedlichen Zusammenhängen benutzte Wörter ließen auf die Identität der damit jeweils bezeichneten Dinge schließen. In konsequenter Weiterführung dieser Kritiken werden jene Soziologien beschuldigt, naiv an die Existenz ewiger Entitäten (wie »Staat«, »soziale Klassen«, »Familie« usw.) zu glauben, die, zu Wesen erhoben, den Objekten übergeordnet würden, die die empirische Beobachtung konkreter Situationen sammelt.

Die Illusion eines »Common sense«

Für mich ist der Hauptfehler dieses radikal-pragmatistischen Standpunkts der, daß er seinen eigenen verheißungsvollen Weg nicht bis zum Ende geht, sondern aus dem Bereich der Beschreibung interaktioneller Segmente ausschert, um eine quasi normative Perspektive einzunehmen. Der Hauptbeitrag des pragmatistischen Ansatzes in der Soziologie besteht nämlich darin, daß er die *Ungewißheit*, die die sozialen Einrichtungen bedroht, und damit die Fragilität der Realität hervorhebt. Aber er bleibt auf halbem Wege stehen, wenn er den Fähigkeiten der Akteure, jene Ungewißheit zu beheben, allzuviel zutraut. In einigen mehr oder weniger von diesem Paradigma abgeleiteten Strömungen (wie manchmal bei Goffman oder in ethnomethodologischen Arbeiten) führt dies dazu, die Akteure mit einer Art stillschweigendem Willen zu konstruktiver Zusammenarbeit auszustatten. Man tut so, als ob den in Gesellschaft lebenden Personen zwangsläufig der Wunsch innewohne, die sozialen (lokalen) Einrichtungen zu schützen, die bestehenden Bindungen aufrechtzuerhalten, das positive Verhältnis zur Realität wiederherzustellen, und macht somit aus dem sozialen *Horror vacui* den wichtigsten Impuls des *Homo sociologicus*. Diese Überschätzung der Fähigkeiten der Akteure, Sinn zu produzieren oder zu reparieren und – unlösbar damit verbunden – Bindungen herzustellen oder wiederherzustellen, hat teilweise vielleicht mit der Übertreibung der Reichweite des Common sense zu tun, der gewissermaßen jedem einzelnen Akteur individuell innewohnen soll.

In unterschiedlichen, auf unterschiedliche theoretische Begründungen verweisenden Formulierungen wird bei vielen soziologischen oder sozialanthropologischen Konstruktionen auf so etwas wie einen Common sense rekurriert. Diese Konstruktionen bauen auf das Bestehen einer Gesamtheit gemeinhin geteilter Ansichten, die als Grundlage für die Herstellung von Übereinkünften dient. Eine der Zweideutigkeiten des Begriffs Common sense besteht darin, daß er bald Sinnesdaten meint, bald »Dispositionen« und »formale Anforderungen« des »rationalen Subjekts«, bald in der Alltagssprache lagernde Kategorien, bald wiederum apriorische Voraussetzungen, die an die Zugehörigkeit zu einer gemeinsamen Tradition gebunden sind – mag diese nun eher im Sinne des kulturellen Erbes gefaßt werden, auf das sich beruft, wer als Angehöriger einer bestimmten, als hochstehend bewerteten Kultur gelten will, oder im weniger ethnozentrischen Sinn der Kulturanthropologie.[5] In all diesen unterschiedlichen Fällen wird das Einverständnis behandelt, als ergäbe es sich von selbst aus der Interaktion, sei es, weil die Teilnehmer ein und dieselbe sinnliche Erfahrung teilen, sei es, weil sie in derselben Weise auf Vernunft rekurrieren, sei es wiederum, weil sie in demselben sprachlichen Universum wurzeln, sei es schließlich auch, weil ihre Vorstellungskraft von denselben Ressourcen strukturiert wird. In welcher Optik auch immer, die Möglichkeit einer radikalen Ungewißheit und der von ihr ausgehenden Unruhe wird in unseren Augen allzu rasch absorbiert. Allgemeiner gesagt: die radikale Unsicherheit in bezug auf das, *was es mit dem, was ist, auf sich hat*, nimmt in den Sozialwissenschaften eine eher zweideutige Stellung ein. Einerseits kann man sagen, daß sie den Fragen zugrunde liegt, auf die ihre Disziplinen eine Antwort erteilen wollen. Andererseits aber ist festzustellen, daß sie mehr oder weniger vernachlässigt und Erklärungen der Vorrang eingeräumt wurde, die sich auf die Äußerlichkeiten einer als notwendig unterstellten Übereinkunft stützen. Unterschiedliche soziologische Strömungen – die hier nicht im einzelnen überprüft werden können – kleiden diese Erklärungen in unterschiedliche Formen. Sie führen zum Beispiel die Sozialisierung durch Erfahrung im Verlauf der frühen Erziehung an (so die kulturalistische Anthropologie),[6] die gemeinsame Rationalität (so die mikroökonomischen Modelle, ob biologisch begründet oder nicht),[7] Autoemergenzprozesse auf der Grundlage wiederholter Interaktionen (so einige Versionen des Konventionalismus),[8] die Konvergenz der Perspektiven vermittels

5 Vgl. Jean-Claude Gens, »Le partage du sens à l'origine de l'humanité«, in: Pierre Guenancia und Jean-Pierre-Sylvestre (Hg.): *Le sens commun: theóries et pratiques*, Dijon: Editions universitaires de Dijon 2004, S. 75-89.

6 Ihr bemerkenswertestes Beispiel liegt vielleicht in Erik H. Eriksons *Kindheit und Gesellschaft* vor (übersetzt von Marianne von Eckardt-Jaffé, Stuttgart: Klett [14]2005).

7 Zu einer kritischen Diskussion der ökonomischen Rationalität vom soziologischen Standpunkt aus vgl. Richard Swedberg, *Economics and Sociology*, Princeton: Princeton UP 1990, und Richard Swedberg, *Principles of Economic Sociology*, Princeton: Princeton UP 2003.

8 Vgl. Philippe Batifoulier (Hg.), *Théories des conventions*, Paris: Economica 2001, und auch die zweite Nummer der *Revue économique* (*L'économie des conventions*, Bd. 40, März 1989, Nr. 2). Bei der Standardform des Konventionalismus besteht der Kerngedanke darin, daß ein Verhalten willkürlich, aber rational sein

intersubjektiver Beziehung (so die Soziologien phänomenologischer Observanz),[9] oder sie stellen Kommunikation und Diskussion in den Vordergrund, die sie als zugleich empirische Wirklichkeit und ethische Anforderungen behandeln.[10]
Ohne in die Diskussion der unterschiedlichen Varianten des Begriffs Common sense einzutreten – das würde uns wahrhaft zu weit führen! –, möchte ich die These wagen, daß er die Soziologie kritischer Operationen behinderte. Hat er doch dazu geführt, jenen Beschreibungen (und Erklärungen) den Vorrang zu geben, die sich auf den äußeren Anschein einer Übereinkunft stützen, und die Ungewißheit und »Unruhe« (wie Laurent Thévenot es nennt) zu minimieren, die dem sozialen Leben stets insgeheim innewohnen und bei Auseinandersetzungen, in denen Kritik sich entfaltet, offen zutage treten. Es wurde sogar die These vertreten (etwa von Laurent Jaffro), daß die Berufung auf einen Common sense oft und zumal in Sachen der Moral eine Reaktion darstellte, mit der theoretischen Konzeptionen das Wasser abgegraben werden sollte, die über skeptisches Infragestellen oder Relativieren zur Kritik hätten führen können (wie beispielsweise der »moralische Realismus«, den Shaftesbury gegen den radikalisierenden Skeptizismus der cartesianischen Propositionen entwickelte, oder zweihundert Jahre später die gegen den Idealismus Hegelscher Observanz gerichteten Positionen George E. Moores).[11]

kann, wenn das Grundziel in der Koordinierung von Handlungen besteht. Klassisches Beispiel ist das Rechts- oder Linksfahren im Autoverkehr. Verhaltensweisen, die in unseren Augen schadlos als »willkürlich« beurteilt werden können (wie etwa im Automobilverkehr), bleiben jedoch von solchen zu trennen, die aus später noch zu klärenden Gründen jede Relevanz zu verlieren scheinen, wenn es nicht gelingt, sie so abzustützen, daß sie eine innere Notwendigkeit und Authentizität erhalten. Um sie zu diskreditieren, werden sie als »konventionell« gescholten, womit eben ihr »willkürlicher« Charakter herausgestellt werden soll. Dies tritt besonders deutlich in weiter unten behandelten Fällen zutage, in denen die Einführung einer Konvention erforderlich macht, ein kontinuierliches Ganzes zu unterteilen und Schwellen oder Grenzen herzustellen, deren Verlauf zu rechtfertigen ist.

9 Vgl. z. B. Daniel Cefai, *Phénoménologie et sciences sociales. Alfred Schütz. Naissance d'une anthropologie philosophique*, Genf: Droz 1998; Jocelyn Benoist und Bruno Karsenti (Hg.), *Phénoménologie et sociologie*, Paris: PUF 2001.

10 Jürgen Habermas, *Moralbewußtsein und kommunikatives Handeln*, Frankfurt am Main: Suhrkamp 1983.

11 Vgl. René Daval, *Moore et la philosophie analytique*, Paris: PUF 1997, S. 28-31, und die G. E. Moore gewidmete Sondernummer der *Revue de métaphysique et de morale* (2006, Nr. 3), insbesondere die Beiträge von Christophe Alsaleh (»Quand est-il valide quand je dis ›je sais‹?«) und Elise Domenach (»Scepticisme, sens commun et langage ordinaire chez Moore«).

Der Appell an moralischen Realismus, an Supervenienz[12] und Common sense führt zur Betonung dessen, was für jedermann unstrittig ist. Zum selben Ergebnis gelangen schließlich auch die kulturalistischen Versionen desselben Paradigmas, wenn sie zu zeigen versuchen, daß alles – wenn auch diesmal nicht universell, sondern innerhalb einer bestimmten Gruppe, deren Angehörige dieselbe kulturelle Prägung teilen – dazu beiträgt, Situationen zu schaffen, in denen sich implizit oder faktisch Übereinkunft einstellt. Dieser Ansatz trägt zwar den Ungewißheit reduzierenden Prozessen Rechnung, tendiert aber dazu, die Bedeutung von Uneinigkeit, Auseinandersetzung und damit Ungewißheit zu minimieren, die den Gang des sozialen Lebens ständig bedrohen.
Um diesem Absolutismus einer als »Ursprungsphänomen« behandelten Übereinkunft zu entgehen, haben wir übrigens in *Über die Rechtfertigung* versucht, einen pluralistischen Rahmen zu konstruieren. Dieser Rahmen sollte der Übereinkunft wie der Auseinandersetzung, der Zustimmung wie der Kritik gerecht werden, und vor allem den oft zu beobachtenden heftigen Schwankungen zwischen diesen Alternativen. In dieser Untersuchung kommt der – von Nietzsche und Weber, in diesem Fall aber vielleicht mehr noch von Vico übernommene – pluralistische Blickpunkt um so stärker zur Geltung, als der interne Pluralismus, auf dem unser Modell des Ungerechtigkeitssinns aufbaut, durch einen externen Pluralismus ergänzt wird. Die an Gerechtigkeit orientierte Handlung findet sich hier dargestellt als ein Handlungsregister innerhalb einer Pluralität anderer – eine Position, die ich in *L'amour et la justice comme compétences*[13] im Hinblick auf die Liebe skizziert habe und die Laurent Thévenot später ausführlich entwickelt hat.[14] Und doch ist aus nahezu zwanzigjährigem Abstand zuzugeben, daß diese pluralistischen Positionen nicht hinreichend nachdrücklich (und auf begrifflicher Ebene vielleicht auch nicht hinreichend deutlich) formuliert wurden, um zu verhindern, daß der in *Über die Rechtfertigung* erstellte Rahmen übernommen werden konnte, als ließe sich mit ihm ein Zaun um die Realität errichten dergestalt, daß sie gewissermaßen berechenbar würde.

12 [Dieser Begriff der analytischen Philosophie bezeichnet eine Abhängigkeit zweier (moralischer oder physischer) Eigenschaftstypen, die »supervenient« genannt werden, wenn (und nur wenn) eine Modifizierung des einen Eigenschaftstypus eine Modifizierung des anderen Typus bedeutet oder mit sich bringt – A. d. Ü.]

13 Vgl. L. Boltanski, *L'amour et la justice comme compétences*, a. a. O., S. 110-124.

14 Laurent Thévenot, *L'action au pluriel: sociologie des régimes d'engagement*, Paris: La Découverte 2006.

Im folgenden werde ich die Evidenz eines Common sense ausklammern, um die Frage nach der Konsistenz der sozialen Welt von einer *ursprünglichen Position* aus zu stellen, in der *radikale Ungewißheit* herrscht (ein Gedankenexperiment wie der Naturzustand in der Vertragstheorie, die in Hobbes' *Leviathan* übrigens das, was »am Turm zu Babel verlorenging«, mit dem drohenden Krieg aller gegen alle in Verbindung bringt).[15] Diese Ungewißheit ist zugleich semantischer und deontischer Art. Sie betrifft *das, was es mit dem, was ist, auf sich hat*, und, damit unauflöslich verbunden, was wichtig, wertvoll, zu respektieren und besonders zu beachten ist. Sie liegt auf der Hand, wenn die in einer *Auseinandersetzung* befindlichen Akteure sich von den praktischen Bindungen lösen, die ein weitgehend gemeinsames, auf Orientierungspunkte hin koordiniertes Handeln aufrechterhielten, dessen Herkunft übrigens durchaus fragwürdig ist. Unsere Absicht ist es also, diese ständige *Ungewißheit* über das, was ist und Wert hat, ernst zu nehmen. In Situationen, in denen allem Anschein nach Ordnung herrscht, in latenter Form vorhanden, manifestiert sie sich überdeutlich in den Momenten der Auseinandersetzung – man braucht dazu weder auf die Hypothese einer »kollektiven Intentionalität« als eines »Urphänomens« (dem John Searle z. B. sogar eine biologische Grundlage geben will) noch auf die unhaltbaren Postulate des methodologischen Individualismus zurückzugreifen. Damit hoffen wir, das Verhältnis von Ordnung und Kritik fassen zu kön-

15 Man beachte, daß Hobbes das Band zwischen radikaler Ungewißheit und Naturzustand und das zwischen »fließenden« Bedeutungen und zumindest potentieller Gewalt namentlich in jenem Kapitel behandelt, das die Sprache zum Gegenstand hat. Diese Themen werden in Zusammenhang mit dem Problem der Verträge erneut aufgegriffen (vgl. Thomas Hobbes, *Leviathan oder Stoff, Form und Gewalt eines kirchlichen und bürgerlichen Staates*. Übersetzt von Walter Euchner, Frankfurt am Main: Suhrkamp 1984, S. 24-31 und 99-109). Nichtsdestoweniger griffen die Sozialwissenschaftler sich aus der Hobbesschen Problematik das Thema des Neids heraus, und später das der Unbegrenztheit der menschlichen Begierden als Quelle von Gewalt, ein Argument, mit dem die Notwendigkeit des Staats gerechtfertigt wird. Bei Durkheim spielt es eine wichtige Rolle innerhalb der Genese des Begriffs Institution (s. z. B. *Le socialisme: sa définition, ses débuts, la doctrine saint-simonienne*, Paris: PUF 1971 [1928]; vgl. auch: *Über soziale Arbeitsteilung*. Übersetzung von Ludwig Schmidts, durchgesehen von Michael Schmid, Frankfurt am Main: Suhrkamp 1984). Erinnern wir schließlich daran, daß Durkheims Betonung der Notwendigkeit, die Anarchie des Begehrens zu zügeln, mit Freudschen Konzeptionen – wie schon oft bemerkt – in Einklang steht (vgl. z. B. R. Nisbet, *La tradition sociologique*, a. a. O., S. 110). Die vorliegende Untersuchung läßt diese klassischen Positionen beiseite und legt den Akzent auf die semantische Rolle der Institutionen.

nen – ein Verhältnis, das insofern nichts Dialektisches hat, als es in keine Synthese mündet. Wir glauben nämlich einerseits, daß die Kritik nur in Beziehung auf die Ordnung Sinn hat, die sie in eine Krise stürzt, daß aber auch umgekehrt die Dispositive, die so etwas wie die Aufrechterhaltung der Ordnung sichern, ihren ganzen Sinn nur gewinnen, wenn man erkennt, daß sie sich auf die permanente, wenn auch je nach Epochen und Gesellschaften unterschiedliche Drohung stützen, die von der Möglichkeit ihrer Kritik ausgeht.

Das Problem der Ungewißheit: Realität und Welt

Die Frage der Beziehung zwischen dem, was feststeht, und dem, was ungewiß ist, kann nicht vollständig entfaltet werden, wenn wir auf einer einzigen Ebene, der der *Realität*, verharren. In einem zweidimensionalen Raum unterscheidet die Realität sich nämlich kaum von dem, was gewissermaßen aus eigener Kraft feststeht, das heißt von der Ordnung; wie es zu radikalen Formen der Infragestellung dieser Ordnung kommen kann, ist von hier aus gesehen unverständlich. Darauf beruht übrigens der breite Erfolg der Soziologien, die auf die *soziale Konstruktion der Wirklichkeit* abheben.[16] Diese Rede von der Realität läuft darauf hinaus, ihre Bedeutung zu relativieren und damit zu suggerieren, daß sie sich von einem Hintergrund abhebt, in den sie nicht auflösbar ist.[17] Diesen Hintergrund nenne ich *die Welt*, betrachtet als – mit Wittgenstein gesprochen – »alles, was der Fall ist«. Um diese Unterscheidung zwischen *Realität* und *Welt* deutlicher zu machen,[18] möchte ich sie

16 Zur Breite der Diskussion über die soziale Konstruktion der Realität in den Sozialwissenschaften vgl. I. Hacking, *Was heißt soziale Konstruktion? Zur Konjunktur einer Kampfvokabel in den Wissenschaften*, a. a. O. Michel de Fornel und Cyril Lemieux veröffentlichten in der Zeitschrift *Enquête* (Bd. 6, 2007, S. 9-28) unter dem Titel »Quel naturalisme pour les sciences sociales?« eine bemerkenswerte Einführung in den Konstruktivismus und die von ihm aufgeworfenen Fragen.

17 In seiner Untersuchung der Begriffe Realität und Wirklichkeit bei Nietzsche stellt Blaise Benoist eine Spannung fest zwischen der als eine Art Fiktion zur Stabilisierung der Welt gefaßten Realität und der als unfaßliches und chaotisches Werden verstandenen Wirklichkeit, zu der die Erfahrung gleichwohl einen Zugang eröffnet (Blaise Benoist, »La réalité selon Nietzsche«, *Revue philosophique*, Bd. 131, 2006, Nr. 4, S. 403-420).

18 Auf dem Unterschied zwischen Realität und Welt – obgleich anders und namentlich psychoanalytisch begründet – baut auch Cornelius Castoriadis' großartiges Unternehmen auf, den Rahmen einer Untersuchung der »Instituierung

zu dem Unterschied in Analogie setzen, den Franck Knight zwischen Risiko und Ungewißheit macht.[19] Soweit es in eine Wahrscheinlichkeitsrechnung einbezogen werden kann, stellt das Risiko eines der im 18. Jahrhundert erfundenen Instrumente zur Konstruktion der Realität dar. Wie Michel Foucault gezeigt hat, steht es mit dem damals aufkommenden Modus liberalen Regierens in Verbindung.[20] Da aber nicht jedes Ereignis von der Risikologik zu meistern ist, bleibt jener Teil der Ungewißheit unbekannt, den Knight »radikal« nennt. Während wir uns vornehmen können, die Realität zu erkennen und zu beschreiben, übersteigt das Vorhaben, die Welt in ihrer Totalität zu beschreiben, unsere Kräfte. Dennoch zeigt sich von der Welt gerade dann jedesmal etwas, wenn verbal und/oder im Register individuellen oder kollektiven Handelns Ereignisse oder Erfahrungen auftauchen, deren Möglichkeit – oder, in der Sprache moderner Regierungstechnik, deren »Wahrscheinlichkeit« – im Muster der Realität nicht enthalten war.

Fügen wir hinzu, daß die Realität meist auf Dauer (oder, wenn man so will, auf die Aufrechterhaltung der Ordnung) ausgerichtet ist. Ihre Elemente werden nämlich durch *Prüfungen* (die ebendarum auch »Realitätsprüfungen« heißen) und durch mehr oder weniger instituierte *Qualifikationen* gestützt, deren Wiederholungsschleifen dazu tendieren, sie zu produzieren und zu reproduzieren. Diese Dauer ist dennoch schwer zu gewährleisten. Die von der Welt auf die Realität ausgeübte Macht besteht ebendarin, daß die Welt Gegenstand unaufhörlicher Veränderungen ist – Veränderungen, die, weit entfernt davon, bloß »sozialer« Art zu sein, sich der Phantasie am besten in der Logik jener *Metamorphosen* erschließen, die uns zum Beispiel Ovids Dichtung zu erfassen hilft, indem sie sie mit Göttern bevölkert. Aber die Welt hat nichts Transzendentes. Im Gegensatz zur Realität, die oft Gegenstand von (vor allem statistischen) Darstellungen mit dem Anspruch auf überwältigende Autorität ist, ist sie die Immanenz selbst: das, worin jeder sich befindet, soweit er vom *Lebensstrom* erfaßt ist, ohne jedoch die darin wur-

der Welt durch die Gesellschaft« abzustecken (*Gesellschaft als imaginäre Institution. Entwurf einer politischen Philosophie.* Aus dem Französischen von Horst Brühmann, Frankfurt am Main: Suhrkamp 1984).

19 Franck Knight, *Risk, Uncertainty, and Profit*, Chicago: University of Chicago Press 1985 (1921).

20 Michel Foucault, *Geschichte der Gouvernementalität I: Sicherheit, Territorium, Bevölkerung. Vorlesung am Collège de France 1977-1978.* Aus dem Französischen von Claudia Brede-Konersmann und Jürgen Schröder, Frankfurt am Main: Suhrkamp 2004.

zelnden Erfahrungen unbedingt zu benennen, geschweige denn in bewußte Handlungen umzusetzen.
Der Unterscheidung zwischen Realität und Welt eignet nichts Metaphysisches, sie kann sich unmittelbar mit empirischen Forschungen verbinden. Sie liegt zum Beispiel meiner Untersuchung über Zeugung und Abtreibung von Kindern zugrunde (*Soziologie der Abtreibung*). In dieser Studie (deren Zusammenfassung ich Ihnen erspare) stelle ich einerseits immanente (in diesem Fall anthropologische) *Widersprüche* zwischen verschiedenen Komponenten des Vorgangs fest, der darin besteht, Menschenwesen hervorzubringen, das heißt Neuankömmlinge auf die Welt zu setzen. Diese Widersprüche treten selbstverständlich nur dann auf, wenn deren Komponenten gedanklich vorweggenommen werden (was wesentlich Sache der Mütter ist), wodurch sie im Feld der Realität Gewicht erhalten können. Dies ist aber in dem Maße nahezu unvermeidlich, wie jene Wesen, sind sie erst einmal auf der Welt, dazu bestimmt sind, mit anderen zusammenzuleben. Folglich drohen jene Widersprüche, die Zeugung immer wieder – zumindest auf symbolischer Ebene – scheitern zu lassen. Andererseits ermöglichten Datenerhebung und Feldforschung, *Arrangements* bzw. *Übereinkünfte* aufzudecken, die jenen Vorgang unter bestimmten historischen Umständen flankieren. Diese Arrangements sind durch explizite Regeln und implizite Normen strukturiert, die sich in Form von *Grammatiken* beschreiben lassen (ein bei der pragmatischen Soziologie der Kritik beliebter Begriff). Diese Grammatiken erlauben zwar nicht, über die Widersprüche hinauszugelangen (was unmöglich ist), aber doch, sie zu umgehen und zu mildern, so daß sie erträglich werden. Sie spielen damit in etwa die Rolle, die Claude Lévi-Strauss den Mythen zuspricht.[21] Nichtsdestoweniger sind jene die Realität konstituierenden und organisierenden Arrangements fragil: Die Kritik kann stets in der Welt Begebenheiten auftreiben, die ihrer Logik widersprechen und der Entschleierung ihres »willkürlichen« oder »heuchlerischen« Charakters entgegenkommen oder auch erlauben, jene Arrangements zu »dekonstruieren«, was der Bildung von Arrangements neuen Typs den Weg bereitet. Formal ähnliche Prozesse können auf unterschiedlichen Wegen verlaufen, vor allem wenn die entschleierten Widersprüche historischen Charakter haben. Für den Augenblick mag es genügen festzuhalten, daß die Kritik zwar schon im Rahmen der Reali-

21 Vgl. Frédéric Keck, *Claude Lévi-Strauss, une introduction*, Paris: La Découverte 2005, S. 136-143.

tät genug Stoff zum Anprangern und Infragestellen findet, zu ihren radikalsten Ausdrucksformen aber erst gelangt, wenn sie Ereignisse oder Erfahrungen aus dem Bereich der Welt aufgreift.
Ein zweites Argument verleiht der Kritik und den Auseinandersetzungen, in denen sie sich äußert, ein besonderes Relief. Es betrifft die Schwierigkeit, zwischen Menschen, die alle – obwohl jeder auf andere Weise – im Strom des Lebens stehen, zu einer Übereinkunft zu gelangen. Diese Schwierigkeit bringe ich – worauf später noch eingegangen wird – mit der schlichten Tatsache in Verbindung, daß alle Menschen *über einen Körper verfügen*. Da jedes Individuum einen Körper hat, ist es zwangsläufig situiert. Und zwar zunächst, wie uns die Wahrnehmungspsychologie lehrt, indem es zeitlich und räumlich auf einen Punkt gestellt ist, von dem aus sich ihm die Ereignisse darbieten. Aber auch, wie uns die Soziologie und die Ökonomie lehren, insofern es eine soziale Position besetzt und Interessen hat. Und schließlich, folgt man der Psychoanalyse, auch insofern, als es Wünsche, Triebe, Lust, Ekel verspürt, seinen eigenen Körper erfährt usw. Daraus folgt, daß jedes Individuum gegenüber der Welt nur einen *Blickpunkt* haben kann. Nichts rechtfertigt *a priori* zu unterstellen, daß diese Blickpunkte geteilt werden oder leicht miteinander in Übereinstimmung zu bringen sind. Kein Individuum – ich komme gleich im einzelnen darauf zurück – ist imstande, den anderen, allen anderen, zu sagen, *was es mit dem, was ist, auf sich hat*, und selbst wenn es scheinbar die Macht dazu hat, fehlt ihm die dazu erforderliche Autorität. Somit verfügt in der Position, die wir als ursprüngliche vorausgesetzt haben, kein Beteiligter über die Ressourcen, die erforderlich wären, die Ungewißheit zu beheben und die von ihr ausgehende Unruhe zu zerstreuen. Daraus ergibt sich, daß auch innerhalb dessen, was man als gemeinsamen *Kontext* ansehen kann – wenn man ihn einzig durch räumliche und zeitliche Koordinaten definiert –, unterschiedliche Personen sich noch lange nicht in derselben *Situation* befinden – fassen sie doch das, was geschieht, verschieden auf und machen von den gegebenen Möglichkeiten unterschiedlichen Gebrauch.
Aus all diesen Gründen scheinen mir die Perspektiven pragmatischen Stils zwar die Charakteristika eines bestimmten Handlungsregisters (das ich das *praktische* nenne) gut herauszuarbeiten, aber der ständigen Gefahr nicht genügend Rechnung zu tragen, in die die Kritik die Dispositive zur Aufrechterhaltung der Ordnung immer dann bringt, wenn sie sich der Ungewißheit der Welt annimmt. Da-

her erscheinen mir solche Ansätze für sich genommen unzureichend, Verfahrensweisen zu identifizieren, durch die so etwas wie eine Realität standhält – und das trotz der außerordentlichen Schwierigkeit, sich darüber zu einigen, was ist und der Veränderung unterworfenen Wesen Dauer verleiht. Dies gilt insbesondere für Entitäten, denen eine stabile körperliche Existenz fehlt und über die durch ein Wort und eine Handbewegung Einigung zu erzielen folglich unmöglich ist. Ganz zu recht können solche Entitäten in dieser Hinsicht als *inexistente Wesen* bezeichnet werden, wie es beispielsweise Frédéric Nef tut.[22] Und doch kann die Soziologie sie schwerlich ignorieren, da ihre Hauptgegenstände – Gesellschaften, Kollektive, Gruppen, soziale Klassen, Gender, Altersklassen oder auch Nationen, Heimatländer, Kirchen, Völker, Ethnien, politische Parteien usw. – ebenjener Klasse von Entitäten entstammen. Ihre Existenz ist nicht nur deswegen problematisch, weil sie – worauf der methodologische Individualismus insistiert – Ensembles bezeichnen, von denen in Wahrheit nur Elemente existieren: Menschen aus Fleisch und Blut. Sie ist auch und vor allem deswegen problematisch, weil diese ihrerseits äußerst instabil sind: ein disparates *mixtum compositum* aus sterblichen, mithin zum Verschwinden verurteilten Mitgliedern, scheinbar aus dem Nichts auftauchenden Neuankömmlingen und letztlich Toten, die in vielen Gesellschaften, vielleicht in allen, eine außerordentliche aktive Rolle im sozialen Leben spielen (ein Gedanke, an dem Auguste Comte viel lag – Bruno Karsenti hat in seinem Werk über ihn darauf hingewiesen).[23] Und dennoch: Indem die Soziologie diesen Entitäten Kredit gewährt, tut sie nichts anderes als die Akteure selbst, die ohne diese nichtexistenten Wesen unfähig sind, sich die Realität vorzustellen, in der sie leben, und vor allem unfähig zu dem Versuch, sich dauerhaft aneinander zu binden (eine Unternehmung, die ihnen derart schwerfällt, daß sie fast immer zum Scheitern verurteilt ist).

Von diesen Bemerkungen ausgehend zeichnen sich zwei Strategien zur Erfassung der Rolle ab, die die Ungewißheit im sozialen Leben spielt. Eine erste Strategie besteht darin, die *Kritik* und die Auseinandersetzungen zu thematisieren, bei denen die Akteure ihre divergierenden Sichtweisen miteinander konfrontieren, sofern sie nicht, und wäre es nur verbal, gewalttätig werden. In derartigen Situatio-

22 Frédéric Nef, *Recherches sur l'ontologie de l'objet*, Paris: Vrin 2000.

23 Bruno Karsenti, *Politique de l'esprit. Auguste Comte et la naissance des sciences sociales*, Paris: Hermann 2006.

nen zeigt sich die Ungewißheit am unmittelbarsten, denn hier liefert jeder Protagonist nicht nur eine unterschiedliche Version dessen, was wirklich geschah, sondern auch unterschiedliche Fakten zur Stützung seines Wahrheitsanspruchs. Eine zweite, indirekte Strategie besteht darin, die Ungewißheit gewissermaßen *a contrario* zu fassen, nämlich ausgehend von den beträchtlichen Mitteln, die anscheinend erforderlich sind, sie zu beheben oder zumindest die von ihr ausgehende Unruhe zu verringern und zu bewirken, daß irgend etwas auch nur ein wenig Bestand hat, daß es also überhaupt *Realität* gibt. Dieser zweite Weg setzt die Untersuchung der institutionellen Funktion voraus. Aber im einen wie im anderen Fall wird auf die Vorstellung einer impliziten Übereinkunft verzichtet, die dem Funktionieren des sozialen Lebens irgendwie innewohne. Statt dessen wird die *Auseinandersetzung* und mit ihr die Divergenz der Sichtweisen, Interpretationen und Gewohnheiten ins Zentrum der sozialen Beziehungen gerückt, um von dieser Position aus die Übereinkunft auf ihren problematischen, fragilen, vielleicht exzeptionellen Charakter zu untersuchen.

Die Struktur des hier vorgeschlagenen Rahmens

Der Versuch, Kritik und Übereinkunft im Rahmen des Problems der Ungewißheit neu zu erörtern, beruht auf zwei bedeutsamen Gegensätzen. Der erste unterscheidet *praktische* Momente – an denen den *pragmatischen* Ansätzen mit ihrem Interesse an *Verhaltensmustern* in einem bestimmten *Kontext* besonders gelegen ist – von Momenten der *Reflexivität*, die den Akteuren Verfahrensweisen abverlangen, die wir als *metapragmatisch* kennzeichnen. Fügen wir sogleich hinzu: In den praktischen Momenten geben sich die Personen alle Mühe, drohende Ungewißheit zu meiden; zu diesem Zweck ignorieren sie die unterschiedlichen Interpretationen über das Geschehen, vor allem aber verschließen sie die Augen vor abweichendem Verhalten, das Ungewißheitsfaktoren Einlaß gewähren könnte.

Der zweite Gegensatz betrifft allein das Handlungsregister, das ich metapragmatisch nannte. Dieser Gegensatz bezeichnet innerhalb des zweiten Registers zwei verschiedene Modalitäten metapragmatischer Interventionen, die auch unterschiedliche Formen annehmen.

Die ersten Formen sind jene, mit deren Hilfe aus dem Fluß des Geschehens eine Auswahl getroffen und entschieden werden kann, *was ist* und als *seiend* trotz aller Vergänglichkeit festzuhalten ist. In diesem Fall spreche ich von Dispositiven der *Bestätigung*, die (wie ich zu zeigen versuchen werde) zum Zweck haben, durch die Bestätigung, daß das, was ist, *tatsächlich IST*, Ungewißheit zu beseitigen. Ich denke, diese Dispositive unterstützen gleichermaßen, wenn auch auf unterschiedliche Weise, jene Voranname, die man *offiziell* nennen könnte, und jene anderen, die sich in Äußerungen des sogenannten *Common sense* finden, sofern man diesen als Mindestübereinkunft über das Seiende auffaßt, die ihrerseits in praktische Handlungsmodalitäten einbezogen werden kann.

Die zweiten Formen sind mit Dispositiven verbunden, die sich auf Ungewißheitsfaktoren stützen, um durch Hinterfragung der Realität dessen, was sich – sei es in offiziellen Äußerungen, sei es in Ausdrucksformen des Common sense – als seiend ausgibt, Unruhe zu schüren. In ihrem Fall sprechen wir von *kritischen* Formen.

Diesen beiden Formen und den damit verbundenen Dispositiven werden im allgemeinen antagonistische Positionen zugeordnet. Die Weltsicht, die sich von jeder der Positionen aus erschließt, ist mit der der anderen inkompatibel, und schwer miteinander zu vereinbaren sind auch die entsprechenden soziologischen Konstruktionen (auf die Schnelle formuliert: die eine eher pragmatistischer, die andere eher institutionalistischer Observanz).[24] Ich werde trotzdem versuchen, sie als symmetrische zu behandeln, ihre Beziehungen zu untersuchen und sie in denselben Rahmen einzubringen. In diesem Rahmen sind Bestätigung und Kritik nur in ihrer *dialogischen* Beziehung sinnhaft erfaßbar. So hat die Bestätigung zum Hauptzweck, der Kritik vorzubeugen. Und was die Kritik angeht, so würde sie alle Anwendbarkeit verlieren und in eine Art Nihilismus verfallen, wenn sie ihren Protest gegen bestätigte Aussagen nicht auf die Erfahrung dessen stützte, was in der Welt geschieht.

24 Vgl. dazu Durkheims Vorlesung über den Pragmatismus (*Schriften zur Soziologie der Erkenntnis*. Übersetzt von Michael Bischoff, Frankfurt am Main: Suhrkamp 1987) und Bruno Karsentis erhellende Untersuchung der Durkheimschen Gegenposition zum Pragmatismus (die gewisse Übereinstimmungen nicht ausschließt) in *La société en personnes. Etudes durkheimiennes*, Paris: Economica 2006, S. 183-212.

Um die Modalitäten praktischen Handelns und die Momente, in denen diese Handlungsformen überwiegen, rasch zu kennzeichnen, stütze ich mich auf Pierre Bourdieus *Entwurf einer Theorie der Praxis*, eines seiner ersten Bücher,[25] aber auch auf einige Ansätze und Ergebnisse der pragmatischen Soziologie.

Gemeinsame Handlungen, die jenem ersten Register angehören, bringen Personen zur Erfüllung einer Aufgabe zusammen. Eines ihrer wichtigen Kennzeichen besteht darin, daß die Beteiligten handeln, als ob sie mehr oder weniger wüßten, worum es geht – was sie gerade bewerkstelligen – und/oder als ob die anderen oder einige andere, vertrauenswürdige Personen es wüßten (selbst wenn die Definition der gemeinsamen Aufgabe recht vag ist). Und auch, als ob alle, mit mehr oder weniger Erfolg, bei der Bewältigung ihrer Aufgabe konvergieren, kooperieren, sich koordinieren könnten. Dies läßt sich interpretieren (natürlich von außen her, von innen her stellt sich die Frage ja gar nicht) als stillschweigende Übereinkunft, die verhindern soll, daß Unruhe aufkommt und sie selbst zum Problem wird. Diese stillschweigende Übereinkunft wurde in der soziologischen Literatur – insbesondere in der phänomenologisch orientierten – oft als gemeinsame Auffassung interpretiert, daß das, was geschieht, sich von selbst versteht. In diesem ersten Register richtet die gemeinsame Handlung sich also in erster Linie auf etwas, was »zu tun« ist, auf eine zu erfüllende Aufgabe, und man ist darauf bedacht, »sie durchzustehen«. Das bedeutet nicht notwendig, ein von vornherein klar bestimmtes »Ziel« zu erreichen, und noch weniger, einem Plan zu folgen, sondern lediglich, das Ende einer Handlungssequenz anzuvisieren, und zwar meist bloß deswegen, um zu etwas anderem übergehen zu können. Die Handlung ist also auf die *Zukunft* ausgerichtet und übrigens oft von einem Gefühl mehr oder weniger großer Dringlichkeit begleitet.

Auch wenn es weder einen Plan noch festgelegte Verfahren gibt, ist die Handlung nicht erratisch. Sie schreibt sich in ein Umfeld ein, das durch je nach Situation mehr oder weniger *markante Signale*,[26]

25 Pierre Bourdieu, *Entwurf einer Theorie der Praxis auf der ethnologischen Grundlage der kabylischen Gesellschaft*. Aus dem Französischen von Cordula Pialoux und Bernd Schwibs, Frankfurt am Main: Suhrkamp 1976.

26 Wir haben diesen Begriff Thomas Schelling entlehnt (*The Strategy of Conflict*, New York: Oxford UP 1960).

äußere oder innere Orientierungspunkte, festgehalten wird. Diese *Orientierungspunkte* liefern Handhaben zur *Koordinierung* der Handlungen und zu ihrer Ausrichtung auf etwas gemeinsam zu Vollbringendes. Seine Interpretation kann bei den Beteiligten übrigens ziemlich stark variieren, ohne daß dies ihre Beziehungen stören muß – jedenfalls solange nicht, wie es keiner ausspricht. Die äußeren Orientierungspunkte sind materielle oder symbolische Dispositive oder Objekte. Die inneren Orientierungspunkte sind Gewohnheiten oder Dispositionen, das heißt den Körpern einbeschriebene Dispositive (Bourdieu nennt es *Habitus*). Es kann sich aber auch um mehr oder weniger gleichbleibende geistige Ausrichtungen handeln, die sich zu Qualifikationen eignen und der Öffentlichkeit gegenüber zu Rechtfertigungen taugen. Schließlich kann es sich um überzeitliche Konfigurationen des Seelenlebens handeln (wie die, auf die der Begriff »Unbewußtes« sich bezieht). Sich auf diese Orientierungshilfen verlassend, lernen die Akteure nach und nach, das Notwendige zu tun und zu wiederholen. Gewohnheiten bilden sich heraus. Mit der Konsequenz, daß Bewegungen von Akteuren im praktischen Register ohne Rückgriff auf *Regeln* – im Sinne expliziter Instruktionen zugleich technischen und deontischen Charakters – beschrieben werden können, und zwar auch dann, wenn die Beobachtung von einem äußeren Standpunkt aus *Regelmäßigkeiten* nachzuweisen erlaubt.[27] Was besagt, daß die Handlung in einem praktischen Register stets *situiert* ist, wie die *pragmatische* Soziologie unterstreicht, die ein zur Erforschung solcher Situationen besonders geeignetes Werkzeug darstellt.

In diesen praktischen Momenten herrscht innerhalb eines ziemlich vagen allgemeinen Rahmens generell eine gewisse, mehr oder weniger große *Toleranz* gegenüber Verhaltensabweichungen der einen oder anderen Art, ganz als übe die Anforderung, gemeinsam etwas zu vollbringen, was keiner der Teilnehmer allein schaffen könnte, eine friedenstiftende Rolle aus. Toleranz heißt hier alles in allem, daß man vor unterschiedlichen Verhaltensformen und Vorgehensweisen nach Möglichkeit die Augen verschließt. Derartige

27 In Pierre Bourdieus Analysen des praktischen Sinns taucht dieses Thema in Form einer Kritik dessen auf, was er als Einfluß des »Gesetzesfetischismus« auf die Sozialwissenschaften beschreibt, zum Beispiel wenn er die »praktische Verwandtschaft« den von Claude Lévi-Strauss modellisierten Verwandtschaftsregeln gegenüberstellt (*Die elementaren Strukturen der Verwandtschaft*. Aus dem Französischen von Eva Moldenhauer, Frankfurt am Main: Suhrkamp 1981).

Abweichungen können gesehen und erkannt werden, ohne daß man davon Notiz nimmt (»seen but not noticed«, wie Goffman sagt). Man tut so, als seien sie nicht relevant. Die in solchen Situationen herrschende Toleranz ist mit der Frage der *Sanktion* in Verbindung zu bringen. Toleranz heißt hier: Die Akteure vermeiden es, sich in eine Lage zu bringen, in der sie eine Sanktion zu verhängen haben (oder von einem Dritten zu verlangen haben, daß er es tue). Dies gilt zumindest für explizite Sanktionen, denn es kann stillschweigende und diffuse geben: etwa jemandem »einen bösen Blick zuwerfen«, »eingeschnappt sein« oder eine Aufgabe »widerwillig« durchführen.

Eine explizite Sanktion ist von einer stillschweigenden leicht zu unterscheiden. Wer eine explizite Sanktion verkündet, muß öffentlich die Verantwortung für Urteil und Sanktionsforderung übernehmen. Er bringt sich selbst damit in eine Position, in der er von den anderen be- und verurteilt werden kann, die zum Beispiel der Meinung sein können, daß die geforderte Sanktion unbegründet oder übertrieben ist. Anders im Fall einer stillschweigenden Sanktion: Hier muß derjenige sich gegebenenfalls öffentlich empören, den sie betrifft. Er muß das Implizite explizit machen auf die Gefahr hin, daß sein Kontrahent und die anwesenden Beobachter leugnen, daß es sich um eine wirkliche Sanktion handelt, und den Kläger als Opfer einer Art von »Verfolgungswahn« hinstellen. Toleranz und Vermeiden von Sanktionen können also schlicht damit zu tun haben, daß niemand das Risiko des Sanktionierens auf sich nehmen will, oft einfach auch deswegen, weil niemand über die entsprechende Autorität verfügt. Genereller jedoch finden die Toleranz und das Fernhalten von Sanktionen ihr stillschweigendes Motiv in der gemeinsamen Sorge, die Auseinandersetzung zu vermeiden oder zu vertagen, die sich unweigerlich anbahnen würde, wenn die Verhaltensunterschiede nicht mehr unter den Teppich gekehrt würden. (Aus diesem Grunde kann die praktische Toleranz von einem ethischen Gesichtspunkt aus, der ihr vollkommen fern liegt, als Weisheit gelobt werden – sie erlaubt, daß alles weiter nahezu glatt läuft – oder auch umgekehrt als »Heuchelei« angeprangert.)

Die Toleranz, einer der besonders bezeichnenden Züge dieses Registers, ist an ein niedriges Reflexivitätsniveau gebunden. Reparationen (wie es Goffman nennt) und Anpassungen finden ständig statt, haben aber lokalen Charakter.[28] Weil keine Position vorhan-

28 Vgl. Laurent Thévenot, »L'action qui convient«, in: Patrick Pharo und Louis

den ist, die einen Überblick gestattet, Dispositive zur Memorisierung außerhalb des eigenen Körpers ebensowenig im Einsatz sind wie kategoriale Werkzeuge zur Erstellung von Äquivalenzen und zum Explizitmachen unausgesprochener Vergleiche, allgemeiner Berechnungsgrundlagen, ist es so schwierig, Frustrationen und Unbehagen in explizite Forderungen umzuwandeln. Jack Goody hat in seinen Untersuchungen über die Anthropologie des Schriftlichen herausgearbeitet, wie schwierig es ohne graphische Mittel zur Totalisierung, insbesondere ohne Listen, Diagramme und Tabellen, bleibt, Differenzen, Divergenzen und Abweichungen, wie sie zu unterschiedlichen Zeitpunkten einer längeren Aktion auftreten, in offene Spannungen oder notorische *Gegensätze* umzuwandeln (ohne »Gedächtniskünste« zu bemühen, die eigens zu diesem Zweck erfunden wurden).[29] Die Beibehaltung dieser limitierten Reflexivität – wie die Ökonomen sagen würden – kann übrigens funktional interpretiert werden, wenn man den Akzent darauf legt, daß ein suboptimales Niveau der Koordinierung zumindest bis zu einem bestimmten Grad der Streuung der Praktiken die Durchführung einer gemeinsamen Handlung erleichtert, die gefährdet wäre, wenn die Differenzen im praktischen Handeln sich durch explizite Bemühungen um eine bessere Koordination zwischen den Beteiligten in Divergenzen darüber verwandeln würden, wie sie zu lösen sind.

Einer der Vorteile eines praktischen Registers besteht darin, daß die Akteure sich nicht lange bei *ihren Gegensätzen* aufhalten können, aber auch nicht bei den Gegensätzen zwischen Realität und Welt. So kann der Anschein einer Übereinkunft aufrechterhalten bleiben, der sich auflösen würde, wenn diese Gegensätze objektiviert und explizit würden. Dieses schwache Reflexivitätsniveau, eine Bedingung für Toleranz und Sanktionslosigkeit, läßt ein Mindestmaß von Koordination zu, ohne daß Auseinandersetzungen oder autoritäre, machtgestützte Interventionen heraufbeschworen werden, was der Fall wäre, wenn ein übergreifendes Dispositiv sofort die geringsten Abweichungen im Handeln oder Interpretieren festhalten würde. Daraus folgt eine Selbstbegrenzung der Auseinandersetzungen zumindest solange, wie die Antagonismen unter einer bestimmten *Toleranzschwelle* bleiben (deren Identifi-

Quere (Hg.), *Les formes de l'action*, Raisons Pratiques, Nr. 1, Paris: Editions de l'EHESS 1990.

29 Jack Goody, *Literalität in traditionalen Gesellschaften*. Übersetzt von Friedhelm Herborth und Thomas Lindquist, Frankfurt am Main: Suhrkamp 1981.

zierung in jeder konkreten Situation eine vorrangige Aufgabe der soziologischen Feldforschung sein sollte).

Einige der für unseren Rahmen interessantesten Eigenschaften des praktischen Registers betreffen die Sprache. Zwar benutzen auch die in einem praktischen Register agierenden Akteure die Sprache. Aber einerseits ist diese Benutzung stark deiktisch bestimmt, die Produktion oder Rezeption von Äußerungen stützt sich auf den Kontext und kann gestisch unterstützt werden (zum Beispiel mit einer Handbewegung: »Gib mir mal das Dings da«; »Du meinst den Kuli?«; »Na klar, das Schreibdings, mach schon«). Die der Sprache innewohnenden Kategorien – einer Sprache, die man in diesem Fall zu Recht eine *gewöhnliche* nennen kann – sind nicht in der Form homogener, durch Grenzen definierter Räume beschreibbar, sondern in Form fokaler Punkte, um die herum ein Raum mit vagen Rändern entsteht, den der praktische Bezug auf die Objekte der Aussage in seiner Aktivierung ständig modalisiert.[30]

Andererseits, und dies ist für das Weitere von großer Bedeutung: die Sprache wird benutzt, als stünde sie mit dem Bezeichneten physisch in Verbindung (als wäre es dasselbe, zu benennen und mit dem Finger auf etwas zu zeigen). Sie dient nicht oder selten dazu, eine Handlung zu verbalisieren, die nicht gerade abläuft, wie etwa dann, wenn eine noch nicht ausgeführte Handlung im einzelnen beschrieben wird, zum Beispiel, um sie von jemand anderem *durchführen zu lassen*, oder auch um jemandem von einer verflossenen Handlung Rechenschaft zu geben (zum Beispiel, um sie zu *rechtfertigen*). Allgemeiner gesagt, die Beziehung zwischen *Symbolformen* und *Sachverhalten* – um eine Unterscheidung Wittgensteins aufzugreifen – kommt als solche nicht ins Gesichtsfeld, weder um beide einander anzunähern noch um sie entgegenzusetzen. Damit wird zugleich auch die Problematik der Beziehung zwischen Qualifizierungen und Objekten oder zwischen Typen und Anwen-

30 Vgl. Irène Chauviré, *Voir le visible: la seconde philosophie de Wittgenstein*, Paris: PUF 2003, S. 71 f.; zu einer experimentellen Anwendung Wittgensteinscher Positionen im Bereich der kognitiven Anthropologie vgl. Eleonor Rosch, »Classification of real-world objects: origins and representation in cognition«, in: P.N. Johnson-Laid und P.C. Wason (Hg.), *Thinking. Readings in Cognitive Science*, Cambridge: Cambridge UP 1977, S. 212-223. Bei Bernard Conein schließlich (*Les sens sociaux. Trois essais de sociologie cognitive*, Paris: Economica 2005) findet sich die jüngste und meines Wissens vollständigste Diskussion der durch die unterschiedliche Verwendung von Kategorien aufgeworfenen Probleme.

dungsfällen (*tokens*) ausgeklammert. Aus diesen unterschiedlichen Gründen ist das praktische Register ein schlechter Nährboden für die Kritik. Das heißt auch, daß die Frage der Wahrheit dessen, was zur Sprache kommt, in diesem Register selten eine große Rolle spielt. Die Möglichkeit zu lügen ist zwar nicht ausgeschlossen. Wenn es aber vorkommt, daß durch Worte oder auch durch Handlungsweisen kundgetane Ansprüche Verdacht erregen, so wird er doch gewissermaßen *verdrängt*, ganz als solle stillschweigend die kollektive Bemühung weiter gelten, Auseinandersetzungen fernzuhalten.

Die Existenzweise in einem praktischen Register ist gewiß je nach Gesellschaft von unterschiedlicher Bedeutung (in seinem *Entwurf einer Theorie der Praxis* scheint Pierre Bourdieu sie insbesondere mit traditionellen agrarischen Gesellschaften in Verbindung zu bringen), aber es gibt wohl keine Gesellschaftsformation, die diese Möglichkeit ausschließen würde. Man kann es in unterschiedlicher Weise angehen. In der dem soziologischen Werk Bourdieus zugrundeliegenden Architektur wird die *Praxis* als Gegensatz zur *Scholastik* konstruiert (was seine Kritik an dem mit dem Gesetzesfetischismus assimilierten Strukturalismus begründet und erlaubt, von den Erkenntnissen der Sozialanthropologie den Bogen zu schlagen bis hin zu dem bei Marx entwickelten Begriff von Praxis). Um ein anderes Beispiel zu nehmen: In meiner Untersuchung des Gegensatzes zwischen *Gerechtigkeit* und *Nächstenliebe* (erschienen in meinem Buch *L'amour et la justice comme compétences*)[31] geben die mit Liebe verbundenen Züge – insbesondere die Präferenz für die Gegenwart und die Distanzierung von Berechnungsverfahren, deren die Gerechtigkeit nicht entraten kann – Veranlassung, in ihr eine Art Grenzwert zu sehen, dem die praktische Logik zustrebt.[32]

Die Frequenz der Momente, in denen das praktische Register dominiert, ist so hoch, daß wir alle die in ihm beschlossenen Möglichkeiten und Vorteile erfahren. Dennoch bin ich der Auffassung, daß ein vollständiges soziales Leben, das sich ausschließlich auf das

31 Vgl. L. Boltanski, *L'amour et la justice comme compétences*, a. a. O., S. 137-244.

32 Eines der Charakteristika eines Registers der Nächstenliebe besteht darin, daß die interagierenden Personen daran mitwirken, das Reflexivitätsniveau so niedrig wie möglich zu halten. So würde eine reflexive Äußerung wie etwa »sieh mal, ich schenke mit vollen Händen« beim Aushändigen einer sich als selbstlos ausgebenden Spende die Akteure sofort aus diesem Register heraustreten lassen und sie zur Logik des Äquivalententauschs zurückführen.

praktische Register als Rahmen gemeinsamen Handelns stützt, undenkbar ist. Dafür sind mehrere Probleme ausschlaggebend. Ein erstes Problem ist das der zur Aufrechterhaltung eines minimalen Handlungsrahmens erforderlichen *Orientierungspunkte*. Zwar kann man sich vorstellen, daß sie sich aus der Interaktion und ihrer Wiederholung heraus von selbst einstellen und organisieren, und daß sie sich auf die in Gewohnheiten verankerten Regelmäßigkeiten stützen. Aber diese Interpretation ist für mich vor allem deswegen unzureichend, weil sie der normativen Dimension dieser Orientierungspunkte und der ihnen innewohnenden deontischen Potenz nicht gerecht wird.

Ein weiteres Problem ist die *Auseinandersetzung* bzw. der *Disput*. Das praktische Register, das nicht sehr reflexiv und nicht sehr kumulativ ist, ermöglicht zwar, daß unterschwellige Unstimmigkeiten sich nicht in einer Auseinandersetzung entladen müssen; dies aber, wie schon gesagt, nur bis zu einer bestimmten *Toleranzschwelle*. Ist diese Schwelle einmal überschritten, dann kann gemeinsames Handeln selbst auf wenig anspruchsvoller Koordinationsebene nicht mehr ausschließlich durch Mittel aus diesem Register aufrechterhalten werden. In der Auseinandersetzung nämlich stehen divergierende und oft nicht zu vereinbarende Standpunkte einander gegenüber. Unterschiedliche Ansprüche auf Wahrheit, verbunden durch ihre unterschiedlichen Methoden, auf den Grund der Dinge zu gelangen, konkurrieren miteinander. Selbst die Vorstellung von einer absoluten Wahrheit, das heißt einer Wahrheit, die weder der Bestätigung noch der Rechtfertigung bedarf, weil sie sich gewissermaßen von selbst versteht (George E. Moore scheint sich manchmal auf diese Art Wahrheit zu beziehen), wird problematisch. Gleichzeitig öffnet sich hier die Differenz zwischen Realität und Welt, die im praktischen Register mehr oder weniger im Verlauf der Handlung eingeebnet wurde, da jetzt die Textur der Realität selbst in Frage steht und durch die Einbeziehung der Welt entrissener Elemente in das Feld der Polemik erschüttert wird.

Neben dem praktischen ist daher die Möglichkeit eines anderen Registers vorzusehen: des *metapragmatischen*, wie ich es mit Rückgriff auf die linguistische Anthropologie nennen möchte.[33]

33 Vgl. insbesondere das 1993 von John Lucy herausgegebene Werk *Reflexive Language: Reported Speech and Metapragmatics*, Cambridge: Cambridge UP 1993.

Zur Unterscheidung von den Momenten eines praktischen Registers nenne ich *metapragmatisch* die Momente, die sich durch ein *gehobenes Reflexionsniveau* auszeichnen; ein Niveau, auf dem die Aufmerksamkeit der Teilnehmer sich von der zu bewältigenden Aufgabe weg auf die Frage verlagert, wie das, was abläuft, zu *qualifizieren* bzw. zu kennzeichnen sei. Ihre Aufmerksamkeit wendet sich nun der gemeinsamen Handlung selbst zu, ihren Modalitäten, den Bedingungen ihrer Möglichkeit, den Formen, in die sie sich einschreibt. Was man gerade noch tat, als täte man es gemeinsam, scheint sich nicht mehr von selbst zu verstehen, und selbst wenn, wie wir noch sehen werden, der Anschein von Übereinkunft nicht unbedingt in Frage gestellt werden muß, wenden sich Aufmerksamkeit und Energien doch von dem ab, was zu tun ist, um den Notwendigkeiten der Realität gerecht zu werden, und der – wenn man so will: selbstreferentiellen – Frage zu, was man da eigentlich tut, und wie es zu tun ist, damit das Tunliche *wahrhaft* getan werde.

Greifen wir eine vertraute Situation heraus: Eine Versammlung von Lehrenden prüft die Unterlagen von Lernenden. Jeder beteiligt sich, folgt aber insgeheim einem ökonomischen Prinzip: sich nicht zu sehr anstrengen; keinen Streit mit den Kollegen anfangen; vor sechs Uhr fertig sein, weil der Kleine an der Schule abgeholt werden muß, usw. Zehn Dossiers sind schon durchgearbeitet, bleiben noch zwanzig übrig. Keine Kaffeepause, es geht weiter, die Arbeit muß erledigt werden. Aber da ergreift irgendwann mit ernster Miene ein Kollege das Wort und stellt die Frage, ob wir bei jedem Dossier wirklich nach denselben Regeln und Vorschriften verfahren. Man läßt die Prüfung der Dossiers ruhen, und alle unterwerfen sich der neuen Ordnung der Dinge, stellen sich Fragen wie: Welchen Vorschriften folgen wir? Gibt es überhaupt Vorschriften? Und was machen wir eigentlich? Was für eine Gruppe sind wir denn? Verdient sie den Namen einer Prüfungskommission, oder ist es bloß ein Haufen müder, nachlässiger Lehrer, geneigt, alles zu begrüßen, was sie von der Arbeit abhält, die sie durchführen oder vielmehr »hinschludern« (wie es ein außenstehender Kritiker nennen würde), indem sie auf völlig willkürliche Art Entscheidungen treffen, die für die Betroffenen von größter Bedeutung sind?

Solange die Tätigkeit im praktischen Modus verlief, schien sich niemand darum zu scheren, ob sie einer Regel folgte. In solchen Momenten jedoch erhält die Frage der *Regel* Vorrang vor allem anderen. Die Teilnehmer fragen sich nach einer Regel, die ihre Verwirrung einschränken und die drohende Auseinandersetzung abwenden kann. Wer in dieser Frage Autorität beanspruchen kann (der Vorsitzende zum Beispiel), mag sich auf eine Regel berufen, sofern etwas Derartiges aufgestellt und irgendwo abgelegt wurde und jemand weiß, wo es zu suchen ist. Die Teilnehmer können auch in semantischen Gefilden (vor allem juristischen Schlags) fündig zu werden versuchen, die der gemeinsamen Kompetenz entspringen, und aus ihnen per Analogieschluß Formeln ableiten, die zu bestimmen ermöglichen, worin die fragliche Arbeit besteht – und vor allem, worin sie bestehen *sollte*.

Die Frage der Qualifizierung

»Sind wir wirklich eine Prüfungskommission?« – was heißt das eigentlich? Diese Frage, die in einem praktischen Register völlig irrelevant wäre, aber typisch ist für den Übergang in ein metapragmatisches Register, betrifft die Beziehung zwischen einer *typischen Situation* (die *echte* Kommission) und einer *okkurrenten, konkret gegebenen Situation* (was wir im Begriff sind zu tun).[34] Die Beziehung zwischen dem, was hier vor sich geht, und dem, was unter einem normativen Gesichtspunkt vor sich gehen sollte, läßt uns übrigens auch präzisieren, in welchem Sinne wir hier von Situation sprechen: Die Situation definiert sich einerseits durch ihre Beziehung auf einen bestimmten Kontext, in dem die Handlung sich abspielt, und zum anderen durch den Sinn, der diesem Kontext dadurch verliehen wird, daß man ihn auf einen bestimmten Handlungstyp bezieht. Ein und derselbe Kontext kann mithin unterschiedliche Situationen tragen, und zwar nicht nur zu unterschiedlichen Zeitpunkten, sondern auch – und insbesondere bei Auseinandersetzungen – zum gleichen Zeitpunkt für unterschiedliche Akteure. Um es formaler zu sagen: die Frage, was wir eigentlich tun und wer wir folglich sind, betrifft die Beziehung zwischen einem *Sachverhalt* und einer *Symbolform*, die logische Züge trägt und zugleich die Aura von Werten ausstrahlt. Die Achtsamkeit auf die Begriffe, mit denen die Elemente der Realität bezeichnet werden (und die bis zur obsessiven Suche nach dem »richtigen Wort« gehen kann), hat damit zu tun, daß ihr Stellenwert in einer Wertehier-

34 Zu dieser Unterscheidung vgl. F. Nef, *L'objet quelconque*, a. a. O., S. 97.

archie vom gewählten Typus abhängt (hieße es etwa nicht ein »Forschungsseminar« beleidigen, wenn man es beispielsweise als »Klasse« bezeichnete, oder auch ein »Schloß« abwerten, wenn man es bloß »Villa« nennen würde?).[35]

Um den Prozeß zu kennzeichnen, dessen genuin soziale Komponente uns interessiert, möchte ich auf den ursprünglich (in Frankreich üblichen) juristischen Begriff *Qualifizierung* zurückgreifen (den wir in *Über die Rechtfertigung* vorgeschlagen haben), dessen Denotation jedoch insofern modifizieren, als ich einbeziehen möchte, was die von Humboldt ausgehende kognitive Anthropologie aus Begriffen wie Kategorisierung oder Klassifizierung macht.[36] In diesem Sinn hat Qualifizierung[37] mindestens drei relevante Eigenschaften:

(a) Sie legt die Beziehung fest, in der eine Symbolform einerseits mit dem Sachverhalt und den Rollen in einer *typischen Situation* und andererseits mit dem Sachverhalt und den Leistungen in einer *okkurrenten Situation* verbunden werden kann. Sie zielt darauf ab, die *Referenz* zu kontrollieren, indem sie sie zu dem in Beziehung setzt, was Frédéric Nef als »schematische Formationen« bezeichnet, oder – wie es Irène Rosier in ihrer Geschichte der intentionalistischen mittelalterlichen Grammatiken nennt – der Beziehung zwischen den »ursprünglich den Namen zugesprochenen Eigenschaften und denjenigen, die ihre Benutzung, ihre Verbreitung zeitigt«, Rechnung zu tragen.[38]

(b) Sie verbindet mit der Situation oder dem betreffenden Objekt nicht nur Prädikate, sondern auch Beziehungen zu anderen Objekten, was erlaubt, ihnen einen *Wert* zuzuerkennen.[39]

35 Catherine Julia (*Fixer le sens. La sémantique spontanée des gloses de spécification du sens*, Paris: Presses de la Sorbonne nouvelle 2001, S. 41) unterstreicht die Verwandtschaft dessen, was sie »reflexive Auslegung« nennt, mit den »modalisierten Aussagen mit subjektivem Adjektiv, das eine Bewertung innerhalb einer Axiologie des Schönen, Wahren, Guten enthält«. Als Beispiele nennt sie: »ein großer Dichter« (wertendes Urteil) und »eine wahre Frau«. »Groß und wahr beinhalten ein Urteil über die Zugehörigkeit des Referenten zu der durch das Substantiv denotierten Klasse. Diese Zugehörigkeit wird als Konformität mit einem mit diesem Substantiv verbundenen Ideal bewertet.«

36 Zu den Ursprüngen der kognitiven Anthropologie vgl. Ernst Cassirer, *Philosophie der symbolischen Formen*, Bd. 1: *Die Sprache*, Darmstadt: WBG 1977.

37 Vgl. Laurent Thévenot, »Jugements ordinaires et jugements de droit«, in: *Annales ESC*, Bd. 47, 1992, Nr. 6, S. 1279-1299.

38 Irène Rosier, *La parole comme un acte. Sur la grammaire et la sémantique au XIIIe siècle*, Paris: Vrin 1994, S. 14 f.

39 Die Verbindung zwischen der Herstellung einer Referenz und der Bestimmung

(c) Sie weist auf *Konsequenzen* in der Realität hin, vor allem auf der Ebene der Verwendung, und eröffnet damit die Möglichkeit einer Unterscheidung zwischen korrektem und transgressivem Gebrauch, und damit einer Sanktion.

Der Qualifizierungsprozeß ist folglich *deskriptiv* und *normativ* zugleich. Er kann in zweierlei Beziehung gesehen werden, je nachdem ob er die Operation betrifft, die darin besteht, Typen herauszuarbeiten oder festzuhalten, oder die Operation, bereits etablierte, mehr oder weniger stabile Typen mit Okkurrenzen, konkret Gegebenem, zu vergleichen. Fügen wir schließlich hinzu, daß die Forderung nach Qualifizierung weit davon entfernt ist, sich allen Wesen, Objekten, Fakten und Situationen gleichermaßen zu stellen. Sie betrifft hauptsächlich wichtige Objekte, das heißt vor allem (aber nicht ausschließlich) diejenigen, die in unseren Gesellschaften vom Recht und von anderen, nichtstaatlichen Formen der Reglementierung betroffen sind.

Zur genauen Bestimmung dessen, was – Wesen, Objekt, Fakt, Situation usw. – *wichtig* ist, läßt sich der Begriff *Respekt* (bzw. Achtung) benutzen, ein Wort, dessen mögliche Etymologie, metaphorisch genommen, auf die Vorstellung verweist, *zweimal hinzusehen*. Ein bestimmter Sachverhalt wird achtsam behandelt, wenn er ein erstes Mal in seinem deiktischen oder kontextuellen Modus betrachtet und ein zweites Mal zu einem Typus in Beziehung gesetzt wird. Das heißt auch dann, wenn man den Typus im selben Zug und mittels einer Art Rückblende auf das Okkurrente anwendet, gewissermaßen um sie zur Deckung zu bringen, so daß erneut

des Werts wohnt der Bedeutung inne, die die Rechtsdisziplinen den Qualifizierungsoperationen beilegen. Olivier Cayla schreibt dazu: »Bevor man anfängt von einem Objekt zu sagen, daß es nicht sein soll, um es zu verurteilen, oder im Gegenteil zu sagen, daß es sein kann und soll, um seine Existenz zuzulassen, zu dulden oder zu verlangen, muß man erst einmal sagen, was es ist. Von etwas, das sich im ›Naturzustand‹ zum Beispiel als Übergang eines Guts von einer Person auf eine andere ausnimmt, muß man zuerst einmal sagen, ob es ›Verkauf‹, ›Schenkung‹ oder ›Diebstahl‹ heißen soll, bevor man das entsprechende juristische Register darauf anwendet.« Anschließend zeigt der Autor, wie dieser Prozeß gleichzeitig ein Prozeß der Valorisierung oder Devalorisierung (oder, in seinen Worten, der »Disqualifizierung«) ist, so daß »kaum mehr aufrechtzuerhalten ist, daß das Recht, einem deskriptiven Register folgend, zu ermitteln erlaubt, was ist; vielmehr setzt es präskriptiv durch, was sein soll.« Daraus schließt Olivier Cayla in demselben Beitrag, daß die Macht zu qualifizieren die wichtigste Prärogative des Souveräns ist (Olivier Cayla, »La qualification, ou la vérité du droit«, *Droits. Revue française de théorie juridique*, Bd. 18, 1993, Nr. 1, S. 1-18).

Symbolform und Sachverhalt, deren Beziehung die Kritik in eine Krise gestürzt oder zu stürzen gedroht hatte, völlig miteinander im Einklang stehen. Während ein Sachverhalt, der nur einmal ins Auge gefaßt wurde, also rein kontextuell blieb, als kontingent behandelt werden könnte (seine Relevanz hängt nur vom Kontext oder dem Gebrauch ab, der hier und jetzt gemacht wird), ist ein zweimal ins Auge gefaßter und mit seinem Typus in Beziehung gesetzter Sachverhalt wertbehaftet, von Wichtigkeit. Freilich ist festzuhalten, daß dieser Wert positiv oder negativ sein kann und es also auch möglich ist, von als abscheulich bewerteten Objekten zu sagen, daß sie (in dem bezeichneten Sinn) Achtung verdienen, in diesem Fall allerdings als Schändliches.

Metapragmatische Register und natürliche Metasprache

Wir haben festgestellt, daß die Sprache in einem praktischen Register vor allem instrumental eingesetzt wird, und zwar so, als ob sie mit der Welt übereinstimme. In einem metapragmatischen Register hingegen steht im Mittelpunkt der gemeinsamen Anliegen die Beziehung zwischen den Symbolformen und den Sachverhalten und folglich der Abstand, der sie voneinander trennt oder trennen könnte, die möglichen Abweichungen, die eventuell unüberbrückbare Distanz. Die im Kern des sozialen Lebens herrschende Ungewißheit verlagert sich von einer Unruhe bezüglich des möglichen Ausfalls von Wesen, aus denen die Umwelt sich zusammensetzt (wird der Motor funktionieren, wird das Pferd gehorchen usw.), zur Frage der *Qualifizierung*. Was machen wir eigentlich? In welcher Lage stecken wir? Um was geht es (um ein Referendum oder um ein Plebiszit? Um ein »Verbrechen«, eine »Liebesaffäre« oder eine »mutige Tat«?, usw.) – und diese Suppe, die uns als Borschtsch kredenzt wird, verdient sie wirklich diesen Namen? Und diese Uhr, die ganz wie eine Rolex aussieht, ist sie eine echte oder eine falsche Rolex? Oder wenn nicht falsch, so doch ein Imitat? Und ist es überhaupt eine Uhr? Wie diese Beispiele zeigen, betrifft das Problem nicht nur die Bezeichnung des Gegenstands in seinen deskriptiven und funktionellen Eigenschaften (als hätte ich im praktischen Register etwas Undeutliches von mir gegeben, etwa »Stemmeisen« genannt, was andere gewöhnlich »Dachsbeil« nennen, so daß mein Partner mir nicht das passende Werkzeug gereicht hat). Das Problem betrifft vor allem den Wert, der dem fraglichen Objekt zukommt, und die entsprechenden deontischen Konsequenzen.[40] Es ist auch festzustellen, daß der Übergang von einem praktischen zu metapragmatischen Registern auf der Ebene des kategorialen Funktionierens oft mit einem Wechsel in der Art einhergeht, wie die der Sprache inhärenten Kategorien gebraucht werden: Er ist mit einem Übergang von einem Kategoriengebrauch verbunden, der – wie wir anläßlich des Gebrauchs der Sprache in einem praktischen Register gesehen haben – von vagen, um Brennpunkte oder Prototypen zentrierten Ensembles hinführt zu einem auf dem Bezug zu homogenen, deutlich begrenzten semantischen Räumen aufgebauten Kategorieneinsatz, der durch Definitionen stabilisiert und mit Regeln assoziiert wird.[41]

Der markanteste Zug der metapragmatischen Register jedoch ist ihre Benutzung der Möglichkeit der natürlichen Sprachen, von der Sprache selbst zu sprechen, ohne die Sprache zu wechseln (eine Möglichkeit, die den formalen Sprachen abgeht). Dies ist etwa der Fall, wenn man von »einem Mann im wahren Sinn des Wortes« spricht (ein klassisches, im übrigen machistisches Beispiel).[42] Obwohl der Sprecher ganz in der natürlichen Sprache verbleibt, tut er so, als beziehe er eine Position, von der aus er sich von seinem Diskurs und von sich selbst als Sprecher distanzieren könne. Einzig der Rückgriff auf die Metasprache als »instrumentale Sprache, die dazu dient, von einer vergegenständlichten Sprache zu sprechen« (wie Josette Rey-Debove in einem diesem Thema gewidmeten Werk

40 Vgl. C. Julia, *Fixer le sens*, a. a. O., S. 41.

41 Der Kontrast zwischen diesen beiden Einsatzformen der Kategorien zeigt sich deutlich, wenn man den Gebrauch sich auf Gruppen oder Klassen beziehender Wörter bei alltäglichen Wortwechseln damit vergleicht, wie Angehörige der betreffenden sozioprofessionellen Kategorien diese benutzen (vgl. L. Boltanski und L. Thévenot, »Finding one's way in social space: a study based on games«, a. a. O.).

42 Vgl. vor allem Josette Rey-Debove, *Le métalangage. Etude linguistique du discours sur le langage*, Paris: Armand Colin 1997. Sind die metalinguistischen Möglichkeiten aktiviert, läuft die Bewertung, das heißt die Bescheinigung der »Konformität eines Referenten mit irgendeinem Ideal« – wie auch Catherine Julia (a. a. O.) erklärt – über eine »Vorstellung von einem Vorgang des Aussprechens«, so etwa, wenn man von einem »Dichter im höchsten Sinn des Wortes« oder einer »Frau im wahrsten Sinn des Wortes« spricht. Auch der Einsatz von Anführungszeichen innerhalb eines Textes stellt ein metasprachliches Verfahren dar (das Soziologen oft benutzen, um ihre Distanz zum Gegenstand zu verdeutlichen), da es darin besteht, ein Wort einzusetzen und zugleich ein abwertendes Urteil darüber zu verhängen: der Verfasser gibt damit zu verstehen, der Leser möge ja nicht denken, daß er sich die mit dem Wort verbundenen Assoziationen zu eigen mache.

schreibt),[43] macht es möglich, die Aufmerksamkeit auf die Beziehung zwischen Symbolformen und Sachverhalten zu richten, eine Beziehung, die in einem praktischen Register opak oder irrelevant bleibt. Dieser Rekurs auf die von der Metasprache gebotenen Möglichkeiten zeigt sich besonders deutlich im Fall eines der metapragmatischen Register, die uns hier interessieren, desjenigen nämlich, in dem sich einige Modalitäten der Kritik äußern. An einem Seminar zum Beispiel. Der Professor träumt, der Doktorand stottert sein Referat herunter, die Studenten schlafen, schwatzen oder beschäftigen sich auf ihren Handys mit elektronischen Spielen usw. Nun mag ein Teilnehmer, der etwas anspruchsvoller ist als die anderen, sich erheben und schneidend fragen: »Nennen Sie das hier ein Seminar?« Ein Satz dieses Typs besteht darin, eine faktisch gegebene Situation unter Bezug auf eine typische Situation zu kritisieren, das heißt die Tatsache aufzuspießen, daß der Sachverhalt hier und jetzt nicht verdient, mit der Symbolform (Seminar) bezeichnet zu werden, die die Eigenschaften der typischen Situation aufweist. Formal rekurriert er auf die metalinguistischen Möglichkeiten der natürlichen Sprache, wie die Formel »nennen Sie das ein ...«[44] (die übrigens implizit sein kann)[45] signalisiert.

43 Vgl. Josette Rey-Debove, *Lexique de la sémiotique*, Paris: PUF 1979, S. 95. Paradoxerweise bleibt diese Reflexivität intern, ohne auf eine andere »Ebene« überzugehen. Man kann daher entweder auf diese reflexive Abkoppelung den Akzent setzen oder darauf, daß man noch dann, wenn die Metasprache vorwiegt, in den Grenzen der betroffenen Sprache bleibt. »Jede Sprache ist ihr eigenes Objekt und ihre eigene Metasprache«, schreibt Jacqueline Authier-Revuz unter Verweis auf Jacques Lacan (vgl. Jacques Lacan, *Das Seminar*, Buch III [1955-1956]: *Die Psychosen*. Übersetzt von Michael Turnheim, Weinheim/Berlin: Quadriga 1997, S. 268), und wenn sie einräumt, daß es im Sinn der Logiker »keine Metasprache gibt«, so gibt es doch »Metasprachliches«, da »die Sprache sich innerhalb ihrer selbst reproduziert« (Jacqueline Authier-Revuz, »Le fait autonomique: Langage, langue, discours. Quelques repères«, in: Jacqueline Authier-Revuz, Marianne Doury und Sandrine Reboul-Toré, *Parler des mots. Le fait autonomique en discours*, Paris: Presses de la Sorbonne nouvelle 2003, S. 67-96).

44 Jacquelin Authier-Revuz (*Ces mots qui ne vont pas de soi. Boucles réflexives et non-coincidences du dire*, Paris: Larousse 1995) gibt folgendes Beispiel: »Sie macht Näharbeiten für die Leute aus der Nachbarschaft, naja, wenn man das Nähen nennen kann, weil, ihr Nähen, das ist eher ...« (Bd. 1, S. 19). Ein anderes Beispiel, bei Gelegenheit einer »baptême citoyen« (»Staatsbürgertaufe«) aufgeschnappt: »Und das soll eine Taufe sein!« [Die »baptême citoyen« oder »civil« besteht in der Möglichkeit, ein Kind ergänzend oder alternativ zur kirchlichen Taufe im Rahmen einer Feierstunde im zuständigen Rathaus symbolisch in die Reihen der französischen Republikaner aufzunehmen und ihm Paten auf seinen Lebensweg mitzugeben. Der auf die Französische Revolution zurückgehende,

Lassen wir vorübergehend das Register der Kritik beiseite und beschäftigen wir uns mit einem anderen metapragmatischen Register, dem der *Bestätigung*. Mir scheint, sie verfügt über Eigenschaften, die denen der Kritik symmetrisch entsprechen, aber in umgekehrter Richtung.

Beginnen wir mit einer anderen Aussage metalinguistischen Typs, die etwa lauten könnte: »Ein Seminar ist ein Seminar«, was sich übersetzen ließe in: »›Was Sie‹ ein Seminar ›nennen‹, ist ›durchaus‹ ein Seminar.« Klammert man den metasprachlichen Teil der Aussage aus (wie es übrigens oft in empirischen Beispielen geschieht), dann ist diese Formel eine Tautologie. Eine solche Tautologie kann selbstverständlich zwei referentielle Ausrichtungen haben. Im ersten Fall verweisen beide Termini auf einen Typus (auf die typische Seminarsituation). Im zweiten Fall verweist der eine Terminus auf die typische Seminarsituation, der andere auf die faktisch gegebene Situation. Im ersten Fall ist die Qualifizierung dessen, was ein Seminar typischerweise ist, durch eine Verdopplung bezeichnet (und wir stehen einer echten Tautologie gegenüber). Im zweiten Fall wird der Sachverhalt in bezug auf den etablierten Seminartypus als Seminar bezeichnet, und beide werden miteinander gleichgesetzt.[46] Worum geht es bei solchen Operationen? Darum, zu konsolidieren, was ist, und zwar durch die Bestätigung, daß das, was in einem bestimmten Kontext *ist*, wirklich *IST*, in allen möglichen Welten so ist oder, wenn man so will, *sub specie aeternitatis*. Eine der formalen Eigenschaften der Tautologie besteht nämlich darin, sich als »wahr für jedermann und unabhängig von den Umständen der Äußerung« auszugeben.[47] Operationen dieser Art spielen, wie mir scheint, eine wesentliche Rolle bei der Konstruk-

wenig verbreitete Brauch hat weder gesetzliche Grundlagen noch rechtliche Folgen – A. d. Ü.]

45 Wenn die »metasprachliche Kompetenz«, die es ermöglicht, »akzeptable Sätze über die Sprache zu produzieren« (J. Rey-Debove, *Le métalangage*, a.a.O., S. 21), zur normalen sprachlichen Kompetenz gehört, wird erstere – die doch Träger von Reflexivität ist – anscheinend noch unbewußter eingesetzt als letztere (so auch J. Lucy, *Reflexive Language*, a.a.O., S. 20-24).

46 »Die Rhetorik übernimmt die formale Tautologie, um den Abstand zwischen dem, wovon man spricht, und der Definition, die davon gegeben wird, zu verringern oder hervorzuheben (›ein Sou ist ein Sou‹, ›eine Frau ist eine Frau‹)«; J. Rey-Debove, *Lexique de la sémiotique*, a.a.O., S. 146.

47 Josette Rey-Debove, *La linguistique du signe. Une approche sémiotique du langage*, Paris: Armand Colin 1981, S. 31.

tion der sozialen Realität, und vielleicht ist gerade ihre Alltäglichkeit und Banalität der Grund dafür, daß ihnen so wenig Aufmerksamkeit geschenkt wird, außer vielleicht, um ihre Plattheit ironisch aufzuspießen.

Zum besseren Verständnis dessen, wie das Register der Bestätigung funktioniert, kann auf das verwiesen werden, was Aristoteles in seiner *Rhetorik* die *epideiktische* Rede nennt[48] (und worauf Bourdieu mit der Bezeichnung »Weihediskurs« mehr oder weniger zurückgreift). Die epideiktische Rede ist ein Lob- oder Tadeldiskurs, der mithin *das Sein dessen, was ist*, und gleichzeitig seinen *Wert* festlegt. In seiner Beschreibung bei Aristoteles weist er bemerkenswerte Charakteristika auf, namentlich das, eine in der Öffentlichkeit gehaltene, aber eigentlich nicht informative Rede zu sein, da sie (nach Aristoteles) von dem spricht, »was unstrittig, was allen bekannt ist«. Dieser Diskurstyp, der zeigt, was ist und was es wert ist, zielt darauf ab, es ein für allemal zu fixieren. Seine vollendete Form ist die Totenrede. Wen sie zum Gegenstand nimmt, der kann durch keine neue Tat die Liste der ihm zugesprochenen Prädikate ändern. Diskurse dieses Typs können als Mittel gesehen werden, die Unruhe über das, was ist, abzuschwächen, um insbesondere der ständigen, obgleich je nach Situation unterschiedlichen Drohung zu begegnen, die die Kritik mit ihrer bohrenden Frage formuliert: »Und das nennen Sie ...« (im Fall des epideiktischen Diskurses: einen Helden? einen Heiligen? einen Gelehrten? einen Künstler? usw.).

Wie das Beispiel der epideiktischen Rede zeigt, müssen Operationen metapragmatischen Typs mehr oder weniger *öffentlich* sein – und das unabhängig davon, ob sie auf Bestätigung oder Kritik zielen. Durch ihren öffentlichen Charakter trägt die epideiktische Rede dazu bei, die Interpretation zu festigen und deren mögliche spätere Modifizierungen zu begrenzen. Sie verwandelt nämlich die Meinung, die jeder einzelne »privat« haben mag, in ein *gemeinsames Wissen*, so daß von nun an jeder weiß, daß das, was er weiß (oder zu wissen hat), auch die anderen wissen, die darüber hinaus wissen, daß er weiß. Auf dieser Logik des *common knowledge* baut übrigens die Spieltheorie die Möglichkeit epistemischer Gleichge-

48 Zur Rolle der epideiktischen Rede bei der Bestätigung dessen, was jedermann – wie vorausgesetzt wird – bereits weiß, vgl. Loic Nicolas, »La fonction héroique: parole épidictique et enjeux de qualification«, *Rhetorica. A Journal of the History of Rhetoric*, Bd. 27, 2009, Nr. 2, S. 115-141.

wichte auf[49] (die sie allerdings als Ergebnis interaktiver Mechanismen behandelt, ohne sich die Frage nach den Instanzen zu stellen, die befugt sind, ein Urteil zu einer öffentlich erwiesenen Tatsache zu erheben). Dies bedeutet, daß die Performanzen dieser Art nicht nur mit anderen zusammen, sondern auch in ihrer Gegenwart realisiert werden müssen, die damit zu Zeugen gemacht werden. Die Präsenz dieser Zeugen bedeutet nicht nur, daß sie an einem bestimmten Ort zu einer bestimmten Zeit physisch anwesend waren. Sie schließt auch eine Art Verpflichtung ein, mindestens die, das Geschehene in der Erinnerung aufzubewahren, das heißt in der Lage zu sein, es nötigenfalls einem Leugner gegenüber zu bezeugen.[50]

Das körperlose Sein der Institution

Die Frage nach dem, was ist: Diese Frage, so wie sie nicht die Philosophen, wohl aber die Akteure, die die soziale Welt realisieren, stellen müssen, also sicher häufig, nämlich dann, wenn die Situation in Auseinandersetzung umgeschlagen ist und Gewaltanwendung droht, ist nicht die, was für Pierre, Paul oder Jacques ist, was in Lyon ist oder in Paris, sondern die, was für alle ist, hier so gut wie da. Sie kann also nicht individuell beantwortet werden. Der Redner einer epideiktischen Rede tut ja auch nicht, als äußere er seinen *Standpunkt*. Er spricht, um offenbar zu machen, was »an sich« oder »im wesentlichen« ist. Und doch hat, wie wir vorhin festgestellt haben, kein Individuum die Autorität, die erforderlich wäre, den anderen, allen anderen, zu sagen, was es mit dem, was ist, auf sich hat, und zwar aus dem einfachen Grunde, weil es einen Körper hat und deswegen zwangsläufig zeitlich und räumlich, äußerlich und innerlich situiert ist. In der alltäglichen Situation des Interagierens besteht alles, was einer tun kann, darin (wie man sehr richtig sagt), »seinen Standpunkt« mitzuteilen. Vor allem dann jedoch, wenn die Auseinandersetzung explizit wird und sich ausdehnt, wenn die Meinungsverschiedenheiten, die in Gewalt auszuarten drohen, beendet werden müssen, ist die Äußerung eines Standpunkts unzureichend.

49 Vgl. zum Beispiel Lucie Ménager und Olivier Tercieux, »Fondements épistémiques du concept d'équilibre en théorie des jeux«, *Revue d'économie industrielle*, Bd. 114-115, 2006, 2.-3. Trim., S. 67-84.

50 Eine Performanz dieser Art hat daher einiges mit dem Versprechen gemeinsam (vgl. Mohamed Nachi, *Ethique de la promesse: l'agir responsable*, Paris: PUF 2003).

Wie Olivier Cayla[51] (gestützt auf Austin) zur juristischen Bewertung von Aussagen ganz zutreffend bemerkt hat, ist »kein Sprecher«, so »aufrichtig« und »zuverlässig« er auch sein mag, »allein jemals imstande, mit Erfolg sein Wort an einen anderen zu richten«, weil »ein unaufhebbarer Abstand den buchstäblichen Sinn seiner Aussagen von der Intentionalität trennt, die sein Sprechakt auf den Gesprächspartner ausübt«. Denn »die tatsächlich auf den Gesprächspartner wirkende Intention ist dem Text der Aussagen nie zu entnehmen.« Daraus folgt, daß der Gesprächspartner sich nie eine *Interpretation* ersparen kann, »insofern er sich stets fragen muß, in welcher dunklen, verborgenen, geheimen, uneingestehbaren Absicht [...] der Sprecher ihm gesagt hat, was er ihm gesagt hat«.[52] Olivier Cayla schließt daraus – insbesondere in juristischer Hinsicht, aber seine Argumentation ist auch für andere Bereiche relevant – auf die Notwendigkeit, den »Kunstgriff eines Dritten«, wie er es nennt, in Anspruch zu nehmen, dem »durch Abmachung« das Vorrecht zuerkannt wird, »das letzte Wort zu behalten«, das heißt ein Monopol auf die zutreffende Interpretation. Dieser Dritte tritt gewöhnlich als Person auf (in dem von Olivier Cayla behandelten Fall zum Beispiel als Verfassungsrichter). Von dieser Person wird aber nicht die Äußerung eines »Standpunkts« erwartet wie von einer natürlichen, leibhaftigen Person. Um ihn zu hören, muß von seiner Körperlichkeit abstrahiert werden.

Die einzige Lösung besteht also darin, die Aufgabe, zu sagen, was es mit dem, was ist, auf sich hat, einem *körperlosen Wesen* anzuvertrauen. Nur ein körperloses Wesen kann davon absehen, »die Gegenstände gleichsam aus ihrer Mitte« heraus zu betrachten, und sie »sub specie aeternitatis von außerhalb« ins Auge fassen, um

51 Olivier Cayla, »Les deux figures du juge«, *Le débat*, Bd. 74, 1993, März-April, S. 164-174.

52 »Aufgrund des Vorangegangenen – der Undeutbarkeit der Absicht aus dem Wortlaut der Äußerungen – gibt es niemals irgendeine Möglichkeit zu verifizieren, ob die Deutung, zu der der Gesprächspartner sich endlich entschlossen hat, mit der vom Sprecher tatsächlich gehegten Absicht koinzidiert. Bei einer derartigen Ungewißheit ist Einigung nie bestätigbar und Mißverstehen stets und in jedem Gespräch präsent. Da Diskussion stets vom Zweifel affiziert ist, kann sie den Interpretationsspielraum niemals aufheben [...] denn der (hermeneutische) Ernst vermag nichts gegen das Spiel, das zwischen dem allgemeinen Sinn des Geäußerten und dem besonderen Impetus der Äußerung wie zwischen zwei Bruchstücken eines Ganzen fortbesteht, das heißt, er vermag nichts gegen die phänomenologische Kluft zwischen Buchstaben und Geist einer jeden Proposition« (O. Cayla, »Les deux figures du juge«, a. a. O.).

eine Formulierung aus Wittgensteins *Notizbüchern 1914-1916* aufzugreifen.[53]

Dieses körperlose Wesen, das in der Soziologie umgeht, ist natürlich die *Institution*. Eine Institution ist ein körperloses Wesen, dem die Aufgabe übertragen wurde, zu sagen, was es mit dem, was ist, auf sich hat. Sie ist also zunächst einmal in ihren *semantischen* Funktionen zu betrachten, wie John Searle es getan hat. Den Institutionen kommt die Aufgabe zu, zu sagen und zu bestätigen, was ist. Diese Operation setzt die Erstellung von Typen voraus, die auf die eine oder andere Weise zu fixieren und zu memorisieren und oft auch in Definitionen[54] zu speichern sind (Erinnerung an die Vorfahren, geschriebenes Recht, Berichte, Erzählungen, Definitionen, Beispiele, Bilder, Rituale usw.). Diese Typen müssen bei Bedarf abrufbar sein, um in Situationen der Ungewißheit Sachverhalte zu qualifizieren, die Gegenstand unklarer oder widersprüchlicher Nutzung und Interpretation sind. Die Institutionen haben insbesondere zu trennen zwischen dem, was *geachtet* werden muß, und dem, was nicht geachtet zu werden braucht; zwischen dem, was nur einmal, in einem Kontext und gleichsam als Zufall betrachtet werden kann, und dem, was man sich zweimal anschauen sollte. Dies bedeutet auch zu trennen zwischen dem, was hier und jetzt ist, und dem, was auch andernorts im Raum, in weit zurückliegender Vergangenheit und in unbestimmbarer Zukunft ist. Aus diesem Grund spricht die Phänomenologie der Institutionen ihnen als wesentliche Eigenschaft die Fähigkeit zu, dauerhafte oder sogar gewissermaßen ewige Entitäten ins Leben zu rufen. Im Gegensatz zu den individuellen Körpern derer, die ihnen Stimme verleihen, ihnen dienen oder in den Realitätsbereichen leben und sterben, denen die Institutionen Dauer verleihen, scheinen diese selbst der Vergänglichkeit enthoben.

Fügen wir andererseits hinzu, daß die Institutionen, diese körper-

53 »Die gewöhnliche Betrachtungsweise sieht die Gegenstände gleichsam aus ihrer Mitte, die Betrachtung sub specie aeternitatis von außerhalb. So daß sie die ganze Welt als Hintergrund haben. Ist es etwa das, daß sie den Gegenstand mit Raum und Zeit sieht statt in Raum und Zeit?« (Ludwig Wittgenstein, *Tagebücher 1914-1916*, in: *Schriften 1*, Frankfurt am Main: Suhrkamp 1969, S. 176).

54 Diese Definitionen sind semantisch in dem Sinn, daß sie, obschon mit Anwendungsbereichen verbunden, dem variierenden Kontext nicht Rechnung tragen. In elaborierteren Sammlungen wie etwa Wörterbüchern hat der Text zirkulären Charakter: er verweist den Leser von einer Definition zur anderen. Von einem semantischen Gesichtspunkt aus kann man daher sagen, daß die Definition in ihrer Beziehung zu anderen Aussagen desselben Typs tautologisch ist (»Ledig sind Personen, die nicht verheiratet sind«), nicht aber in Beziehung zu ihrer Referenz (vgl. Centre d'étude du lexique, *La définition*, Paris: Larousse 1990).

losen Wesen, die einzigen Wesen sind, die nichtexistenten Wesen Substanz zu verleihen vermögen. Während die körperhaften Wesen die Tatsächlichkeit materieller Objekte einfach unter Beweis stellen können, indem sie mit ihnen oder untereinander in Beziehung auf sie interagieren (indem sie sie berühren, auf sie zeigen, sie umstellen, austauschen usw.), haben nichtexistente Wesen nur über die Institutionen Zugang zur Realität. Oft von den Logikern gescholten, weil sie zurückgehen auf jene »fatale Tendenz der Sprache, Bezeichnungen zu bilden, denen kein Objekt entspricht und die die Verläßlichkeit der Sprache zu unterminieren drohen«,[55] können diese Wesen durch die Institutionen zu einer bei weitem nicht illusionären Existenzform gelangen (sind doch allein im Ersten Weltkrieg Millionen Menschen für die Verteidigung des »Vaterlands« gestorben, eines völlig inexistenten Wesens).
Die semantischen Funktionen der Institutionen gehen weit über sprachliche Formen im eigentlichen Sinn hinaus. Sie fixieren jene sehr breite Skala symbolischer Äußerungen, mit denen sich die Semiotik befaßt (und die vom Gestischen über das Bildliche bis zur Musik reicht – man denke an die Rituale, bei denen diese unterschiedlichen Medien mehr oder weniger miteinander koordiniert und in manchen Fällen durch explizite Regeln streng definiert werden). Erinnern wir dennoch der Anschaulichkeit halber an die Art und Weise, wie Institutionen der Sprachpflege beispielsweise beim Eintritt von Ereignissen, die zur Teilung eines politischen Ensembles in mehrere Einheiten führen, in ein Kontinuum von Dialekten eingreifen, um unterschiedliche Nationalsprachen zu schaffen. (Ein klassisches Beispiel ist die Schaffung des Norwegischen nach der Aufteilung Schwedens, aber dasselbe ließe sich zu den Sprachprozessen nach dem Auseinanderbrechen Jugoslawiens bemerken.)[56] Die Herstellung einer Sprache – vergleichbar der einer Nation oder selbst eines Volks (im Gegensatz zu einer »Bande«)[57] –

55 Zitiert aus einem Kommentar zu Frege (Claire Ortiz Hill, *Rethinking Identity and Metaphysics*, New Haven: Yale UP 1997, S. 146). Solche Probleme standen bekanntlich im Mittelpunkt der Debatten um das Werk Bertrand Russells und auch des Wiener Kreises (eine Synopsis dazu liefert Jocelyn Benoist, *Représentations sans objets aux origines de la phénoménologie et de la philosophie analytique*, Paris: PUF 2001).

56 Nach den inspirierenden Untersuchungen von John Gumperz und Dell Hymes (vgl. vor allem *Directions in Sociolinguistics. The Ethnography of Communication*, New York: Blackwell 1986).

57 Giorgio Agamben, »Les langues et les peuples«, in: *Moyens sans fins. Notes sur la politique*, Paris: Rivages 2002, S. 73-81.

beruht auf einer ungeheuren Arbeit der Homogenisierung von Vokabular und Syntax und Entscheidungen über richtigen und falschen Gebrauch, so daß sie auf einem bestimmten Territorium durchgesetzt werden kann. Häufig gestützt auf eine dominierende Umgangssprache (im Fall Frankreichs auf die der Île-de-France), kann diese Homogenisierung mit wahrer Gewaltsamkeit gegenüber peripheren Sprechern einhergehen, wie Michel de Certeau, Dominique Julia und Jacques Revel in ihrer Untersuchung der Sprachpolitik der Französischen Revolution gezeigt haben.[58] Darin unterscheiden sich die sogenannten »Landessprachen« von den »Mundarten«, die schon im Nahbereich, von Gemeinschaft zu Gemeinschaft, innerhalb eines gegebenen Raums voneinander abweichen. Solche Abweichungen mögen zunächst nur sekundäre Eigentümlichkeiten betreffen, ihre Kumulation macht jedoch die Kommunikation in dem Maße schwieriger, in dem die räumliche Distanz zwischen den »Mundarten« wächst. Von der »Hochsprache« aus gesehen reduzieren diese sich nahezu auf Jargons, ja Privatsprachen, wie etwa Kinder sie erfinden, um ihre Gespräche vor den Ohren Erwachsener in Sicherheit zu bringen, oder manchmal auch Schriftsteller in der Absicht, ihre Singularität in einem Text auszudrücken auf die Gefahr hin, ihn für die Mehrzahl oder gar die Gesamtheit der Leser unverständlich zu machen.[59]

So kommt es den Institutionen zu, den *Richtwert zu fixieren*, und zwar besonders dann, wenn es um Objekte von hohem Wert geht, deren Prädikate durch Definitionen gefestigt werden müssen. Ohne die Erfüllung dieser insbesondere in der Literatur zur Vertragsökonomie[60] untersuchten Aufgabe wäre so etwas wie Kapitalismus schlechthin unmöglich. Wie Hernando de Soto gezeigt hat, setzt die Transformation faktischer Besitztümer in Kapitalien einen Wandel der Bestimmungsformen von Eigentum voraus, der es möglich

58 Michel de Certeau, Dominique Julia und Jacques Revel, *Une politique de la langue*, Paris: Gallimard 2002 (Wiederveröffentlichung).

59 Innerhalb der zeitgenössischen französischen Literatur hat Pierre Guyotat mit seinen Werken *Prostitution* (1975, Neuausgabe 2000) und vor allem *Progénitures* (2000) die Erkundung der äußersten Grenzen der Sprache am weitesten vorangetrieben. Der Autor erläutert dies durch die Behauptung: »Was am Geheimnis teilhat, kann sich nicht in einer gewöhnlichen Sprache äußern.« »Geheimnis« bezeichnet dem Autor zufolge hier den Ort, an dem »Schmutz und Metaphysik sich berühren, sagen wir Gott« (Pierre Guyotat, *Explications. Entretiens avec Marianne Alphant*, Paris: Léo Scheer 2000, S. 35).

60 Vgl. zum Besipiel François Eymard-Duvernay, »Conventions de qualité et formes de coordination«, *Revue économique*, Bd. 40, 1989, Nr. 2, S. 329-359.

macht, daß eine Habe ohne die Gewähr persönlicher Zeugnisse fortbestehen und unabhängig von der körperlichen Präsenz der Personen zirkulieren kann, die sie besitzen und zugleich von ihr besessen sind.[61] Dies zeigt sich besonders deutlich im Fall des (von Simona Cerutti untersuchten) Heimfallsrechts, das der öffentlichen Hand erlaubte, den Besitz eines verstorbenen Ausländers einzuziehen, wenn niemand die Erbschaft einforderte. Da er von der Person seines Besitzers, von seiner Körperlichkeit abgelöst war, konnte solcher Besitz als »herrenlos« betrachtet werden.[62]

Die institutionellen Maßregelungen sind nicht nur erforderlich, um materielle oder immaterielle Dinge (wie etwa Besitztitel) an Personen oder Organisationen zu koppeln und sie damit übertragbar zu machen, sondern auch dazu, ihre Eigenschaften zu definieren, was sie in *Produkte* oder *Güter verwandelt* und die Eröffnung von Märkten erlaubt.[63] Damit nämlich Angebot und Nachfrage einander begegnen und ein Markt sich etablieren und (mehr oder weniger) funktionieren kann, muß die Information über die Güter sich in Preisen konzentriert haben. Damit aber dieser Prozeß selbst in Gang kommen kann, müssen die Güter vorab Gegenstand eines Definitionsverfahrens geworden sein, oder vielmehr: die Beziehung zwischen den Gütern und den Wörtern, die sie bezeichnen, oder den Namen, die ihnen gegeben wurden, müssen durch eine *definierte Beschreibung* gefestigt worden sein.[64] Eine solche Aufgabe der *Festlegung der Richtwerte* erfüllen die Marken[65] und allgemeiner die Institute für Normung (ISO-Normen zum Beispiel)

61 Hernando de Soto, *Le mystère du capital*, Paris: Flammarion 2007.

62 Vgl. Simona Cerutti, »A qui appartiennent les biens qui n'appartiennent à personne? Citoyenneté et droit d'aubaine à l'époque moderne«, *Annales HSS*, Bd. 62, 2007, Nr. 2, S. 355-383.

63 So zeigt Alessandro Stanziani, wie der Markt für Nahrungsmittel unablässig Qualitätsmaßregelungen unterliegt, bei denen festgelegt wird, über welche Eigenschaften Produkte verfügen müssen, um die Herkunftsbezeichnung »appellation contrôlée« tragen zu dürfen. Diese Qualitätsmaßregelungen sind besonders erforderlich gegenüber Resultaten technischer Innovationen. So wurde definiert, was eigentlich Butter ist, um der Konkurrenz des neuen Produkts Margarine und vor allem der Gefahr zu begegnen, daß unter dem Namen Butter Mischungen aus Butter und Margarine den Markt überschwemmen (Alessandro Stanziani, *Histoire de la qualité alimentaire*, Paris: Seuil 2005, S. 173-190).

64 Vgl. George Akerlof, *An Economic Theorist's Book of Tales*, Cambrige: Cambridge UP 1984.

65 Vgl. François Eymard-Duvernay, »Coordination par l'entreprise et qualité des biens«, in: André Orléans (Hg.), *Analyse économique des conventions*, Paris: PUF 1994, S. 307-334.

oder für Qualitätskontrolle, die verhindern, daß die Objekte im Verlauf ihrer vielfältigen Verwendung ihre Identität einbüßen.[66] Alle diese Institute gewährleisten, wie es beim Wein heißt, die »appellation contrôlée«.[67] Gleichartige Operationen werden beispielsweise bei der Evaluation von Unternehmen vollzogen, soweit sie von den durch die zugrundeliegenden Buchungsrahmen gestellten Bedingungen abhängt, die ihrerseits von einer Epoche zur anderen und von einem Land zum anderen stark schwanken können.[68] Hier ließe sich auch die Bestimmung des Zeitpunkts der Schwangerschaft anführen, von dem an die Abtreibung nicht mehr gesetzlich erlaubt ist (ich habe mich in meiner *Soziologie der Abtreibung* damit befaßt).[69] Die Bestimmung dieses Zeitpunkts kann auf zwei verschiedene Weisen erfolgen. Die erste besteht darin, sich ganz auf das werdende Wesen zu konzentrieren und zu erachten, daß es von einem gewissen Stadium seiner Entwicklung an von einer »Sache« zu einer »Person« wird, was möglich macht, es als Rechtssubjekt anzusehen. Dies setzt allerdings voraus, die medizinische Kategorisierung – die zwischen Geschlechtszellen, Präembryo, Embryo, Fötus, lebensfähigem Fötus usw. unterscheidet – durch Einführung und Rechtfertigung radikaler Diskontinuitäten in einen Prozeß kontinuierlicher Reifung so weit fortzusetzen, daß dieses Wesen einen ontologischen Status erhält, der sich in einen juristischen Status ummünzen läßt. Um diese Schwierigkeit zu umgehen, zieht die Gesetzgebung in zahlreichen Ländern vor, sich auf das Argument zu berufen, daß die Abtreibung von einem gewissen Entwicklungsstadium der Schwangerschaft an eine Gefahr für die Frau mit sich bringe. In diesem Fall ist der rechtlich vollzogene Schnitt zwar seiner Willkürlichkeit wegen kritisierbar (vor allem weil seine zeitliche Fixierung in den jeweiligen Gesetzgebungen stark schwankt), setzt aber nichtsdestoweniger eine ontologi-

66 Laurent Thévenot, »Essai sur les objets usuels: propriétés, fonctions, usages«, in: Bernard Conein, Nicolas Dodier und Laurent Thevenot (Hg.), *Les objets de l'action*, Raisons pratiques, Nr. 4, Paris: Editions de l'EHESS 1993, S. 85-111.

67 [Der deutschen Qualitätsnorm »kontrollierte Erzeugerabfüllung« vergleichbar – A. d. Ü.]

68 Éve Chiapello und Alain Desrosières, »La quantification de l'économie et la recherche en sciences sociales: paradoxes, contradictions et omissions. Le cas exemplaire de la ›Positive accounting theory‹«, in: François Eymard-Duvernay (Hg.), *L'économie des conventions. Méthodes et résultats*, Bd. 1: *Débats*, Paris: La Découverte 2006, S. 297-310. Und in historischer Perspektive: Éve Chiapello, »Accounting and the birth of the notion of capitalism«, *Critical Perspectives on accounting*, Bd. 18, 2007, Nr. 3, S. 283-296.

69 L. Boltanski, *Soziologie der Abtreibung*, a. a. O., S. 229-286.

sche Diskontinuität voraus, was ihn für Auseinandersetzungen im Hinblick auf die Legitimität der Abtreibung weniger angreifbar macht.

Semantische Sicherheit und/oder symbolische Gewalt

Sieht man diese Operationen vor allem vom Gesichtspunkt der Kritik aus – wie Pierre Bourdieu es tat –, dann gehören sie zu den Äußerungen »symbolischer Gewalt«. Man beschäftigt sich dann – Austin folgend – mit dem performativen Charakter institutioneller Akte, die mittels deklarativer Sätze *Realität schaffen*, legt jedoch den Akzent auf die Verbindung zwischen der Macht des Sprechakts und der einer ganz anderen Ordnung angehörenden Macht, die die Verfügung über politisch-administrative Mittel verleiht, und folglich auf den *willkürlichen* Charakter konstitutiver Akte.[70] Der mehr oder weniger willkürliche Charakter institutioneller Akte ist übrigens insofern nicht zu leugnen, als sie meist in *Einschnitten* bestehen (schon dieses Wort läßt Gewaltsamkeit anklingen), das heißt *Kontinuierliches* in *Diskontinuierliches* verwandeln. Das ist – wie in Arbeiten von Geographen ausführlich belegt – besonders deutlich, wenn es um die Festlegung von Grenzen zwischen Nationalstaaten geht,[71] aber es gibt Tausende anderer Beispiele: etwa die Grenze zwischen dem letzten Kandidaten, der bei der Aufnahmeprüfung in eine Grande École aufgenommen, und dem ersten, der abgewiesen wird – beide haben nahezu identische Noten, aber ein völlig unterschiedliches Schicksal. In Fällen dieser Art übt die Logik der von den Institutionen vollzogenen Bezeichnungen und Abgrenzungen einen machtvollen Multiplikationsef-

70 Auch John Searle sieht bereits im Prozeß der Institutionalisierung einen Prozeß der Schaffung von Macht: Ohne »die physische Macht der Individuen« zu modifizieren, schafft dieser Prozeß die Bedingungen der Anerkennung der Macht und die Bedingungen der Zustimmung. Searles Analyse kommt der von Pierre Bourdieu hier sehr nahe (ein Kommentar dazu findet sich bei Jean de Munck, »L'institution selon John Searle«, in: Robert Salais, Elisabeth Chatel und Dorothée Rivanal-Dauset (Hg.), *Institutions et conventions*, Raisons pratiques, Nr. 9, Paris: Editions de l'EHESS 1998, S. 173-225).

71 Vgl. die einflußreiche Schrift von Owen Lattimoree, *Inner Asian Frontiers of China*, New York: Oxford UP 1989 (Neuauflage). Jüngere Beiträge: Robert Alvarez, »The Mexican-U.S. border: the making of an anthropology of borderlands«, *Annual Review of Anthropology*, Bd. 24, 1995, S. 447-470; Alex Murphy, »Historical justifications for territorial claims«, *Annals of the Association of American Geographers*, Bd. 80 1990, Nr. 4, S. 531-548.

fekt aus, da sie kleine Abstände in Unterschiede verwandelt, die um so beträchtlicher sind, als sie den Personen ein für allemal anhaften. Weit davon entfernt, einen Wert bloß zu bestätigen, tragen sie dazu bei, ihn allererst zu schaffen.[72]

Das Problem ist folgendes: So gerechtfertigt es auch ist, solche Operationen als Akte »symbolischer Gewalt« zu sehen, so gewiß ist es auch möglich, ihnen unter einem anderen Aspekt eine Rolle *semantischer Absicherung* zuzusprechen. Sie ermöglichen vor allem die Reidentifizierung von Wesen, insbesondere abstrakter Wesen – derer, auf die man nicht zeigen und die man nicht berühren kann – in unterschiedlichen Kontexten und damit auch ihren trotz solchen Wechsels gleichbleibenden Charakter. Sie ermöglichen ebenfalls, konkrete Wesen – körperlich existente Menschen zum Beispiel – in abstrakte Wesen zu verwandeln, wie es beispielsweise die Subjekte des Liberalismus sind. *Ständige Eigenschaften* werden mit Wesen verbunden, deren Leben so enorm flüchtig und wechselhaft ist wie das der Menschen, und deren Identitätskonturen sich – wie die pragmatischen Ansätze deutlich zeigen – vor allem in Abhängigkeit von der Lage ändern können, in die sie gekommen sind.[73] Das klassische Beispiel ist die Sklaverei. Die Sklavenhalter können ihre Sklaven unter Umständen schätzen, sie mögen, sich von ihnen Gedichte vorsagen lassen usw. Aber kaum ändert sich die wirtschaftliche Lage, werden sie verkauft. Heute ein Freund, morgen eine Ware.[74] Übrigens behandeln wir unsere Haustiere ähnlich. Der Sklave ist also auch dann, wenn er Gegenstand persönlicher, kontextgebundener Protektion ist, ein Wesen ohne semantische Sicherheit.

Den Institutionen eine vor allem semantische Rolle zusprechen,

72 Vgl. William J. Goode, *The Celebration of Heroes. Prestige as a Control System*, Berkeley: University of California Press 1978, S. 67-70.

73 Aus Anlaß des Kolloquiums »Inklusion: Anerkennung und soziale Identifikation in Frankreich und Deutschland« (Heinrich Heine-Haus Paris, 23.-25.5.2007) legte Bernard Conein einen Text zu den kognitiven Prozessen der Reidentifizierung von Menschen in Verbindung mit Axel Honneths Theorie der Anerkennung vor (»Reconnaissance et identification: qualification et sensibilité sociale«, unveröff. Ms.).

74 Lehren aus der überreichen anthropologischen Literatur zur Sklaverei habe ich vor allem bezogen aus den Arbeiten von Jean Bazin (»Guerre et servitude à Segou«, in: Claude Meillassoux (Hg.), *L'esclavage en Afrique précoloniale*, Paris: Maspero 1975, S. 135-181), Claude Meillassoux (*Anthropologie der Sklaverei*. Aus dem Französischen von Eva Moldenhauer, Frankfurt am Main: Campus 1989) und Alain Testart (»L'esclavage comme institution«, *L'Homme*, Bd. 38, 1998, Nr. 145, S. 31-69).

die der Festigung von Richtwerten unter weitgehender Nichtberücksichtigung des praktischen Kontextes, bewahrt davor, sie mit den beiden anderen Typen von Entitäten zu verwechseln, mit denen sie meist assoziiert werden, von denen sie aber analytisch zu trennen sind: einerseits den *Verwaltungen*, die *Polizei*-Funktionen[75] wahrnehmen, und andererseits den *Organisationen*, die *Koordinations*-Funktionen haben. Diese Entitäten bezeichnen gewissermaßen Mittel, mit denen Institutionen ausgestattet sein müssen, um in der Welt der Körper zu wirken. Dieser so eminent physische Aspekt macht sie leicht verdächtig, nichts anderes zu sein als Waffen im Dienst privater Interessen, und so verwundbar gegenüber der Kritik. Zwar kann die Verbindung zwischen Organisationen und Institutionen indirekter Art sein (so haben kapitalistische Unternehmen keine eigene institutionelle Autorität, und deswegen ist der Kapitalismus immer mit dem Staat verbunden). Dennoch können die Institutionen nicht von den Verwaltungen abgekoppelt werden, weil ihre semantische Rolle unmittelbar deontischen Charakter hat. Sie begnügen sich nicht damit, Wörterbücher zu erstellen. Sie erlassen *Definitionen*, deren Nichtbeachtung *Sanktionen* nach sich zieht. Semantische und ordnungspolitische Arbeit gehen in ihrem Fall Hand in Hand.

Allerdings verwischt sich die begriffliche Unterscheidung, die wir zwischen Institutionen, Organisationen und Verwaltungen getroffen haben, wenn das Wort Institution – wie im täglichen Sprachgebrauch, wenn wir eine Schule oder ein Krankenhaus als »Institution« bezeichnen – gewissermaßen verdinglicht eingesetzt und an einen zugleich reglementierenden, wirtschaftlichen und materiellen Rahmen (Gebäude, Kreditplafond) gebunden wird. In diesem Rahmen können sich zahlreiche Arbeitssituationen ergeben, die – im einzelnen betrachtet – sehr unterschiedliche, eher verwaltungsmäßige oder organisatorische Aspekte annehmen. Bei weitem nicht alles, was in den so verstandenen »Institutionen« vor sich geht, ist genuin institutionell. Zahlreiche Situationen spielen sich sogar in dem Register ab, das wir als »praktisches« bezeichnet haben. Erst

75 Der Begriff wird hier in dem doppelten Sinn von »Regierungspraxis« und »Funktion der Jurisdiktion« verwendet, wie es Paolo Napoli in seiner Studie über die Entstehung der »modernen Polizei« am Ende des Ancien régime und unter der Französischen Revolution durch die Zusammenfassung von »Reglementierungsmaßnahmen« tut, die von der »Prävention« bis zur Repression reichen (vgl. Paolo Napoli, *Naissance de la police moderne*, Paris: La Découverte 2003).

wenn Widrigkeiten sich den Routinen in den Weg stellen, gewinnt die institutionelle Dimension der Institution wieder Oberhand. Damit ist auch gesagt, daß die Institutionen sich unablässig »reinstitutionalisieren« müssen, wenn sie nicht ihr Profil verlieren wollen und sich gewissermaßen auflösen. Im Verlauf dieser Instandsetzungsprozesse bemühen sich zumindest manche Akteure – gewöhnlich diejenigen, die sich als Autoritätsträger erachten –, die (fiktionale) Präsenz des körperlosen Wesens wiederherzustellen, indem sie dazu mahnen, die *Formen einzuhalten*, um seiner Auflösung in den buntscheckigen Gliederungen aus körperhaften Wesen zu wehren, von denen es (zu Unrecht) heißt, sie seien dessen »Glieder« oder es setze sich aus ihnen zusammen.[76]

An der Schnittstelle zwischen semantischen Kontrollen und physischen Zwängen befinden sich *Prüfungen* und *Regeln*. Auf die Frage der Prüfungen werde ich im nächsten Abschnitt zu sprechen kommen. Einstweilen mag es genügen festzuhalten, daß die *Formate* der Realitätsprüfungen Gegenstand institutioneller Garantien und oft auch reglementierender Texte sind, in denen die Verfahren festgelegt sind, die befolgt werden müssen, wenn die Prüfung als gültig anerkannt werden soll. Dies gilt insbesondere für Auswahlprüfungen, die eine wichtige Rolle für den Zugang zu gefragten Positionen darstellen (Ausbildungsprüfungen, sportliche Wettbewerbe,[77] politische Wahlen, in manchen Fällen Einstellungstests

76 Die Unruhe, die beim Übergang zum formalen Moment auftritt, ist ein Taumel (in dem von Roger Caillois [*Les jeux et les hommes*, Paris: Gallimard 1992] bezeichneten Sinn) und zugleich eine Lust. Der Taumel und die Lust einer Reflexivität, die uns des Mysteriums der Institution und seiner Fragilität innewerden läßt: ist das die Institution oder sind wir es? Wir sind es und sind es gleichzeitig nicht; es ist etwas Unbegreifliches, dessen Diener wir lediglich sind. Aber dieses etwas existiert nicht oder vielmehr, es existiert nur, weil wir ihm zur Existenz verhelfen. Und dennoch ist auch das Gegenteil wahr: wir existieren nicht, wir sind nichts, nichts als Geschöpfe jenes Wesens, das uns unsere bescheidene Größe verleiht, uns einen Teil seiner Autorität überträgt usw.

77 In Frankreich gibt es »ministerielle Erlässe zu terminologischen Fragen«, die Begriffe definieren, vermutlich um in Streitfällen Interpretationskonflikten vorzubeugen. So wurde beispielweise 1988 im *Journal Officiel* ein Erlaß zur Sportterminologie veröffentlicht, der sich in Bereiche unterteilt, wobei derselbe Begriff in unterschiedlichen Sportarten eine unterschiedliche Definition erhalten konnte (zum Beispiel bezeichnet das Wort »Kerze« im Fußball und im Rugby nicht dieselbe Weise, einen Ball zu bewegen). Der Erlaß, der normative Zwecke verfolgt, unterscheidet zwischen Begriffen, die »zwingend verwendet« werden sollen, und »empfohlenen Begriffen«. Er enthält auch eine Liste von »Unkorrektheiten und zu vermeidenden Begriffen« (vgl. Centre d'étude du lexique, *La définition*, a.a.O., S. 262-267).

usw.). Diese Definitionen beanspruchen, die Prüfungskomponenten in einer Weise festzusetzen und zu explizieren, die nichts als die spezifischen getesteten Fähigkeiten offenläßt (eine Operation, von der wir gesehen haben, daß sie notwendig unvollständig ist, was sie der Kritik zugänglich macht). Soll die Realitätsprüfung als gültig anerkannt werden, muß sie sich als *Prüfung von irgend etwas* und dadurch von einer anderen Gattung von Prüfungen unterscheiden – die wir in diesen Vorlesungen nicht behandeln werden –, nämlich den Kraftproben, die Gewalt einschließen und bei denen alle Mittel erlaubt sind.

Es ist zu bezweifeln, daß die Institutionen in dem Sinn, in dem dieses Wort hier verwendet worden ist, allein durch einen über Interaktionen und ihre Wiederholung im Lauf der Zeit ausgelösten Selbsterzeugungsprozeß hervorgebracht werden können. Sind solche Prozesse zwar durchaus glaubhaft, solange es um die Ausbildung von Gewohnheiten und mit ihnen von sogenannten »objektiven« Regelmäßigkeiten geht, oder selbst um die Herausbildung stillschweigender Vereinbarungen, die ein konvergierendes Handeln in bestimmten, als *willkürlich* verstandenen Punkten erlaubt (jeder paßt sich dem Verhalten an, das er beim anderen voraussetzt – klassisches Beispiel ist, wie wir gesehen haben, das Rechts- oder Linksfahren im Straßenverkehr), scheint damit doch die Art und Weise, in der die Institutionen persönliche Qualifizierungen ermöglichen, nicht erklärbar. Und zwar zum einen nicht, weil derart mechanische Prozesse sich bei der Bestimmung von Eigenschaften leicht irren können, vor allem aber nicht, weil sie keinen *Wert* hervorbringen und den genuin *normativen* Charakter der Norm samt ihren deontischen Konsequenzen nicht abstützen können. Es ist ohne weiteres zuzugeben, daß die Unterwerfung unter Gewohnheiten und die Ausrichtung an Regelmäßigkeiten – oder vielmehr meist an Zeichen, in denen sie niedergelegt sind (etwa Zugfahrplänen) – zur Orientierung des Handelns bei all den Anlässen ausreichen, die zu Recht als *Routine*-Anlässe bezeichnet werden können. Ist für solche Situationen doch gerade kennzeichnend, daß die Frage, ob diese Orientierungspunkte willkürlich sind oder nicht, sich nicht stellt. Man fragt sich gewöhnlich nicht, ob die Ankunft des Zugs um 7 Uhr 45 und nicht um 7 Uhr 34 wirklich einen guten Grund hat. Anders in Situationen der *Auseinandersetzung* (wenn zum Beispiel die Ankunft des Zuges um soundso viel Uhr einige Akteure begünstigen und andere benachteiligen würde): dann muß die vorgeschriebene Regel so *gerechtfertigt* werden, daß sie einer Kritik an ihrem willkürlichen Charakter standhält. Aber die Rechtfertigung hat selten punktuellen Charakter – das wäre nur der Fall, wenn sie unmittelbar von allen als selbstverständlich akzeptiert würde. Meist ist jeder der guten Gründe einem Prozeß einbeschrieben, der durch eine Verkettung von Rechtfertigung, Kritik und neuen Rechtfertigungen gekennzeichnet ist und die Rechtfertigung in einer Weise zu verlagern und zu streuen tendiert, die wir als *Verallgemeinerung* bezeichnet haben. Gerade weil Auseinandersetzung und Kritik im sozialen Leben eine zentrale Rolle einnehmen, kann Normativität sich nie ganz in Regelmäßigkeit auflösen.

Institutionalisierung und Ritualisierung

Die zwanghafte Dimension institutioneller Interventionen und der iterative Charakter von Ritualen haben häufig dazu veranlaßt, die intuitiv wahrgenommene Affinität beider Formen auf *Wiederholung* zurückzuführen. Es gibt jedoch, wie soeben angedeutet, Wiederholungen, die wenig mit Ritualisierung gemein haben[78] (ich rasiere mich jeden Morgen – eine ziemlich langweilige Routineangelegenheit –, weil mein Bart nachts nachwächst, und es käme mir dabei nicht in den Sinn, daß ich ein Ritual erfülle). Die Grundlage der Beziehung zwischen Institutionalisierung und Ritualisierung ist daher woanders zu suchen. Sie hat für uns mit den Zwängen zu tun, die auf den metapragmatischen Bestätigungen lasten. Ein relevanter Aspekt der Ritualisierung besteht nämlich darin, Anforderungen bezüglich der Art und Weise des Handelns (oder Sprechens) stärker zu gewichten als die funktionalen Konsequenzen dessen, was getan (oder gesagt) wird; dies gilt zumindest, wenn man sie auf eine Handlung bezieht, die auf eine Modifizierung der Sachverhalte abzielt, die auf unterschiedliche Weise zu erreichen ist. Wenn ich mich beim Fischen zum Beispiel mehr mit der Perfektion meines Auswerfens der Angel beschäftige als mit der Frage, ob ich eine Forelle an die Angel bekomme oder nicht (man kann einen Fisch mit der Angel fangen, wenn man sie schlecht auswirft, und ihn verfehlen, wenn man sie gut auswirft), kann man wohl sagen, daß ich dazu tendiere, meinen Wurf zu *ritualisieren*. Die Ritualisierung zeigt hier ihre objektive Intention, die darin besteht, die bei

78 Vgl. zum Beispiel Martine Segalen, *Rites et rituels contemporains*, Paris: Nathan 1998.

gewöhnlichen Gelegenheiten stets vorhandene Distanz zwischen *typischer* und *okkurenter Situation* einzuziehen und folglich so zu tun, als könnten beide in einem synthetischen Akt koinzidieren, der symbolische Formen und Sachverhalte unauflöslich zusammenfügt. Dies freilich unter der Voraussetzung, daß ich gegenüber den Auswirkungen der Bevorzugung gewisser als relevant erachteter Züge zugunsten anderer, als nebensächlich beurteilter, die Augen verschließe: die notwendige Voraussetzung der *Stilisierung*. Die Realität wird damit bestätigt nicht nur als das, was sie ist, sondern zugleich als das, was sie zu sein hat, um zu sein, was sie ist, und folglich als etwas, das nicht anders sein kann als so, wie es ist.

Derartige Operationen werden von der Anthropologie häufig mit Theatralisierung assoziiert,[79] insbesondere deswegen, weil sie meist öffentlich vollzogen werden (wenn der, der sie vollzieht, allein ist, tendiert er dazu, sich zu verdoppeln, als wolle er *sich agieren sehen*), und wenn sie erfolgreich verlaufen (was, wie wir sehen werden, nicht immer der Fall ist), bewirken sie, daß Schauspieler und Zuschauer in derselben Handlung zusammenfinden. Die niemals ganz aufgehobene Differenz zwischen Aktivität und Passivität (und zwischen Anführern und Angeführten) wird eben dadurch bis zur Unmerklichkeit reduziert.[80] Bisher in einer Vielzahl unterschiedlicher innerer und äußerer Zustände befangene Menschen finden sich in der gemeinsamen Gewißheit wieder, daß das, was ist, wirklich, unbestreitbar und oft auch – wie in Übergangsriten – definitiv ist: Niemand hat mehr das Recht zu bezweifeln, daß das geborene Kind wirklich geboren ist, daß der Sohn oder die Tochter wirklich die Kindheit hinter sich gelassen haben und ins Erwachsenenalter eingetreten sind, daß der Junggeselle nun verheiratet ist oder derjenige (bisher ein Mann wie die ande-

79 Vgl. insbesondere Victor Turner, *Das Ritual. Struktur und Anti-Struktur.* Aus dem Englischen von Sylvia M. Schomburg-Scherf, Frankfurt am Main: Campus 2005.

80 Allerdings wird der vom Ritual erhobene Anspruch auf Aufhebung dieser Differenz vom Theater nie eingelöst, das gerade aufgrund der von ihm geschaffenen Distanz zwischen Zuschauern und Schauspielern der Uneigentlichkeit bezichtigt wird – so namentlich von Rousseau in seiner *Lettre sur les spectacles*: für ihn wäre ein moralisch achtbares Schauspiel ein Fest, das das Volk sich selbst gibt (vgl. J. Barish, *The Antitheatrical Prejudice*, Berkeley: University of California Press 1981). Das zeitgenössische Theater – insbesondere die zahlreichen Experimente, die sich auf Antonin Artaud (der sich seinerseits vom Ritual inspirieren ließ) und sein *Theater der Grausamkeit* berufen – wird gerade durch die oft vergebliche Suche nach Verfahren zur Aufhebung jener Kluft angeregt.

ren),[81] den man zum Häuptling gemacht hat, wirklich der Häuptling ist, daß der Tote wirklich tot ist usw. Und doch kommt es vor, daß sich Zweifel einstellen und Kritik aufkommt.
Im nächsten Abschnitt werde ich zu zeigen versuchen, wie die Kritik aus den Widersprüchen aufsteigt, die den zugleich notwendigen und schimärischen Aufgaben innewohnen, mit denen die Institutionen befaßt sind.

81 Victor Turner (a.a.O.) beschreibt afrikanische Rituale der Übertragung der Häuptlingswürde, bei denen der Anwärter in der Nacht vor der Zeremonie mit Lumpen angetan und mit einer Sklavin zusammengebracht wird, die als seine Gattin behandelt wird. Er muß sich krümmen, Scham zeigen und Beleidigungen ertragen, um – Turner zufolge – die Spannung zwischen der Schwäche des körperlichen Menschen, der wie die anderen nur Staub ist, und der Größe der Aufgabe zu zeigen, deren Übertragung ihn verwandeln wird.

4. Die Notwendigkeit der Kritik

Im letzten Abschnitt habe ich die Ungewißheit hervorgehoben, die das soziale Leben durchsetzt, und verschiedene Handlungsregister skizziert, mit deren Hilfe die Akteure diese Ungewißheit, wenn nicht beheben, so doch erträglich machen können: zunächst ein praktisches Register, das von einem schwachen Reflexivitätsniveau und einer gewissen Toleranz für Abweichungen gekennzeichnet ist; sodann metapragmatische Register, die hingegen ein hohes Reflexivitätsniveau charakterisiert. Ich habe vorgeschlagen, mindestens zwei metapragmatische Register zu unterscheiden: das der Bestätigung und das der Kritik. Unter Bestätigung verstehe ich vor allem die Art von Aufgaben, die von Institutionen wahrgenommen werden, wenn sie die Konstruktion der Realität übernehmen und sie damit von dem Hintergrund ablösen, den die Welt darstellt. Und schließlich habe ich die Institutionen in gewisser Weise verteidigt, indem ich die Notwendigkeit geltend machte, auf ein körperloses Wesen zurückzugreifen, um eine semantische Minimalübereinkunft herzustellen, die aus einem Austausch von Standpunkten zwischen physischen Personen nicht hervorgehen kann. Aber diese Rechtfertigung der Institutionen hat mich nicht dazu verleitet, die Validität einer anderen, durchaus kritischen Position ihnen gegenüber zu ignorieren: diejenige, die die Macht der Institutionen als Manifestation symbolischer Gewalt anprangert. Diese zweite Position setzt die Notwendigkeit der Kritik voraus. Im folgenden Abschnitt werde ich diese Notwendigkeit zu rechtfertigen versuchen und dazu zunächst das Argument entwickeln, dem zufolge die Möglichkeit der Kritik gewissermaßen negativ den Institutionen selbst einbeschrieben ist – nämlich in Form von Spannungen, die ihrem Funktionieren innewohnen. Anschließend gehe ich ausführlicher auf das kritische Register und seine Beziehungen zum Register der Bestätigung ein, damit klar wird, daß die Kritik den einzigen Schutz gegen die Herrschaft bildet, die von Institutionen ausgeübt werden kann. In der unverzichtbaren Rolle der Kritik im sozialen Leben liegt begründet, warum die Soziologie ihr stets soviel Wichtigkeit zugesprochen hat.

Der hermeneutische Widerspruch 1: Die Inkarnation in einem Sprecher

Das Problem mit den Institutionen besteht darin, daß sie so notwendig wie fragil sind, so wohltuend wie betrügerisch. Insofern sie notwendig und hilfreich sind, müssen wir wohl an ihre Existenz glauben. Ihre Fragilität jedoch rührt zunächst einmal daher, daß es schwerfällt, die Realität dieser Existenz nicht anzuzweifeln, und daß dieser Zweifel in dem Maße unabweisbar wird, in dem ihr betrügerischer Charakter spürbar wird. Zwei Probleme sind es vor allem, die an den Institutionen zweifeln lassen. Auf das erste, auch am häufigsten genannte, werden wir nicht ausführlich eingehen. Es betrifft das Problem ihrer Grundlegung. Insofern die Institutionen Autorität begründen, müssen sie selbst auf einer Kette von Autorisierungen begründet sein und sich in sie einreihen, und diese Kette reicht in den modernen Gesellschaften gewöhnlich nicht über den Staat hinaus. Aber so weit sie auch reichen mag, sie stößt auf eine Frage, die seit dem Veralten des Theologisch-Politischen schier unlösbar geworden ist: die Frage nach dem Wesen, das eine letzte Begründung liefern kann,[1] und danach, ob die Suche nach einer solchen Begründung der Autorität von Institutionen nicht überhaupt vergeblich ist (sie erinnert an das Paradox der Spekulationen, die den Ursprung der Sprache aus einer expliziten Übereinkunft erklären, also die Einigung, auf der die Sprache beruhen soll, von der Verfügung über eine Sprache abhängig machen).[2]

Zu der Fragilität, mit der die Institutionen zu kämpfen haben, trägt zunächst einmal ein Faktor bei, mit dem wir uns hier besonders beschäftigen werden: ihre Inkarnation in Sprechern. Sie wird uns zu einer noch radikaleren Infragestellung führen. Denn jenseits der Frage nach der Spannung zwischen dem körperlosen Wesen der Institution und dem Wesen aus Fleisch und Blut, das in

1 Zur Fiktion eines solchen »ursprünglichen Moments« und den Kreislauf von »konstituierender Macht« und »konstituierter Macht« vgl. Olivier Cayla, »L'obscure théorie du pouvoir constituant originaire ou l'illusion d'une identité souveraine inaltérable«, in: *L'architecture du droit. Mélanges en l'honneur du Professeur Michel Troper*, Paris: Economica 2006, S. 249-265.

2 Das Argument der Zirkularität (die Sprache, in der Konventionen festgelegt werden, beruht selbst bereits auf festgelegten Konventionen) ist einer der Ausgangspunkte der Konventionstheorie von David Lewis (vgl. Daniel Urrutiager, Philippe Batifoulier und Jacques Mercier, »Peut-on se coordonner sur une base arbitraire? Lewis et la rationalité des conventions«, in: Philippe Batifoulier (Hg.), *Théorie des conventions*, Paris: Economica 2001, S. 63-95).

ihrem Namen spricht, erhebt sich die Frage nach den Grenzen des institutionellen Wortes selbst angesichts der Forderungen des Handelns, das heißt angesichts der Mittel, über die die Institution verfügt, um sich situativ zu verwirklichen.

Wir haben bereits darüber gesprochen, daß nur ein *körperloses* Wesen den Einschränkungen eines *Gesichtspunkts* entgehen und *sub specie aeternitatis* darüber befinden kann, was es mit dem, was ist, auf sich hat. Das Problem ist aber, daß ein Wesen, das keinen Körper hat, sich nicht äußern kann, jedenfalls nicht, ohne sich in *Sprechern* zu inkarnieren, also in Wesen aus Fleisch und Blut wie wir alle – in Richtern, Beamten, Priestern, Lehrern usw. Mögen diese Sprecher auch *offiziell beauftragt* und *bevollmächtigt* sein, sie sind doch nichts als gewöhnliche körperliche Wesen, also situiert, interessiert, triebhaft usw., und damit wie wir alle dazu verurteilt, von *ihrem* Gesichtspunkt auszugehen – jedenfalls solange sie sich nicht als Mandatsträger einer Institution zu äußern haben. Aus diesem Grund werden sie oft mit spezifischen symbolischen Zeichen (wie Uniformen, obligatorischen rhetorischen Formeln usw.) versehen, die zu signalisieren haben, wann sie sich nicht in ihrem eigenen Namen und von ihrem eigenen Körper aus äußern, sondern eben im Namen einer Institution, von der angenommen wird, daß sie (der durch Ernst Kantorowicz berühmt gewordenen Logik der »zwei Körper« entsprechend) ihre Körperlichkeit mit den Eigenschaften eines körperlosen Wesens ausgestattet hat. Da dieser Wechsel von ihrer gewöhnlichen zu ihrer institutionellen Beschaffenheit den äußeren Anschein dieser Sprecher jedoch nur schwach modifizieren kann (durch Kleidung, Klang der Stimme, Körperhaltung usw.), gibt kein äußeres Anzeichen mit hinreichender Sicherheit zu erkennen, ob die Sprecher nicht betrügen und ob derjenige, den man sieht und hört, wirklich die inkarnierte Institution ist und nicht ein Individuum wie Sie und ich.

Daher jene tiefe Ambivalenz gegenüber den Institutionen, die wohl allem sozialen Leben inhärent ist, besonders dann, wenn der Umfang der betroffenen Gruppen nicht mehr erlaubt, ihre Bruchstellen durch eine kontinuierliche Regelung der Beziehungen zu reparieren, was voraussetzt, daß man sich gegenseitig kennt und von Angesicht zu Angesicht kommuniziert. Und selbst bei diesen kleinen Gruppen – ihr klassisches Beispiel stellen einige indianische Gesellschaften dar (die sogenannten akephalen) – finden sich ausweitende Streitigkeiten nur dann eine Lösung, wenn einige Mitglieder, Verwandtschafts- oder Nachbarschaftsgruppen wegziehen und sich in ausreichender Entfernung niederlassen. Ein solcher Prozeß von Trennung und Fusion (den Catherine Alès bei den Yanomami untersucht hat)[3] ist aber nur in einem ökologischen Kontext möglich, in dem kleine Bevölkerungen über ein sehr weites Territorium mit überreichen natürlichen Ressourcen verfügen.

Einerseits also vertraut man den Institutionen, »glaubt« an sie. Was sollte man auch sonst tun, da ohne ihren Eingriff die *Ungewißheit* über das, was ist, wachsen müßte und mit ihr die Unstimmigkeiten. Aber andererseits realisiert jeder, daß diese Institutionen nichts als *Fiktionen* sind und real nur die Menschen, aus denen sie sich zusammensetzen, die in ihrem Namen sprechen und die, da mit Körpern, Wünschen, Trieben usw. ausgestattet, nicht vertrauenswürdiger sind als andere. Und so schwankt man zwischen: »Das ist eine Anordnung des Gemeindevorstands« und: »Von wegen! Dahinter steckt dieser Schweinehund von Bürgermeister, der die geerbte Bruchbude seiner Tante, dieser geizigen alten Ziege, über ihrem Wert verkaufen will.« Aber auch in einem solchen Fall bleiben der Glaube an die Institution und die Kritik der Institution unauflöslich aneinander gebunden – was bliebe auch schon zu kritisieren, wenn keiner sich die Mühe geben würde zu sagen, was ist?

Ich schlage vor, in dieser Spannung einen Widerspruch zu sehen, der in gewisser Weise dem Kern des gemeinsamen sozialen Lebens innewohnt und den wir angehen müssen, ohne daß er auf dieser Ebene der Untersuchung aufhebbar wäre. Ich möchte ihn den *hermeneutischen Widerspruch* nennen. Er stellt uns vor folgendes Dilemma: Entweder verzichten wir zugunsten eines Austauschs von *Standpunkten* darauf zu sagen, *was es mit dem, was* (an sich, für alle) *ist, auf sich hat* und gehen das Risiko ein, zu keinem auch nur provisorischen Abschluß der Diskussion zu kommen. Darüber hinaus jedoch besteht die Gefahr, Ungewißheit über die Bestimmung und die Stabilität der Wesen zu wecken, die ihr Handeln auf die Umwelt stützen, und damit eine Angst vor Fragmentierung zu schüren, vor der die Akteure sich durch einen Rückzug auf interpretatorische Mikrokosmen zu schützen versuchen können, was

3 Catherine Alès, *L'ire et le désir*, Paris: Karthala 2006, S. 38, 134 f., 166-169, 286-288. Vgl. auch »Speeches and assemblies among the Yanomami. Ways for creating sociality«, Beitrag zum Syposium: »The Interplay of Polity and the Social in Native Amazonia«, 52. Internationaler Amerikanistenkongreß, Universität Sevilla, Juli 2006.

unvermeidlich eine Zersplitterung der Kollektive nach sich zieht und über kurz oder lang ein Gewaltrisiko birgt. Oder wir delegieren die Aufgabe zu sagen, *was es mit dem, was ist, auf sich hat*, an jene körperlosen Wesen, die *Institutionen*, sei es auch um den Preis einer anderen, nicht weniger dauerhaften *Ungewißheit*: der *Ungewißheit* darüber, ob die Sprecher, durch die die Institution sich äußert, wirklich den Willen dieses körperlosen Wesens ausdrücken oder ob sie diesen Anschein nur erwecken, um ihren eigenen Willen durchzusetzen, wobei sie insgeheim ihre egoistischen Wünsche befriedigen wollen, die Wünsche körperlicher, also interessierter und situierter Wesen, wie wir alle es sind.

Was wir hier als hermeneutischen Widerspruch bezeichnen, ist also nicht nur ein analytisches Dispositiv. Er ist den Akteuren vielmehr unablässig bewußt oder zumindest halb bewußt und kann bei jedem Zwischenfall – ob es sich um eine Auseinandersetzung handelt oder ob bloß die Elemente sich weniger gut zusammenfügen, aus denen die Umwelt sich zusammensetzt – Zweifel am Realitätsgehalt wecken. Es wäre aber ein Irrtum, diese Unruhe in das psychologische Register des Glaubens zu verweisen. Vor allem zeigt sie sich im Bereich des Handelns. Die Hauptfrage, die sich in Gesellschaft lebenden Personen stellt, besteht nämlich nicht darin, was man glauben soll (eine Frage, die nur für diejenigen wirklich existiert, deren Macht in der Kontrolle über die Institutionen besteht), sondern darin, wie man handeln soll, und vor allem darin, was man tun kann, das heißt in der Frage nach dem *Handlungsspielraum*. Letzteres setzt eine Einschätzung der Grenzen voraus, die die von der Macht verhängten Zwänge (nicht eine handelnde Person) auf uns ausüben – eine Einschätzung, von der wir angedeutet haben, daß sie je nach den historischen Umständen auf realistischen Grundlagen (der sozial konstruierten Realität) beruhen oder im Gegenteil angrenzende Möglichkeiten erkunden kann, die in der Erfahrung der Welt liegen (in »allem, was der Fall ist«). Die Erscheinungsformen des hermeneutischen Widerspruchs sind daher weniger in der Innerlichkeit der Wesen zu suchen (die sich durch Glaubensinhalte und Ideologien mißbrauchen lassen können, um sich vor ihm zu schützen) als in ihrer Beziehung zum Handeln, namentlich in ihrer Einschätzung der Aussichten, in einer bestimmten Weise zu handeln, ohne einen allzu hohen Preis dafür zahlen zu müssen.

Der hermeneutische Widerspruch 2:
Semantik versus Pragmatik

Die Unruhe, die von der Schnittstelle zwischen dem körperlosen Wesen der Institution und dem körperlichen Wesen, das ihm zur Sprache verhilft, ausgehen kann, ist nur die spürbare Bekundung einer in der Beziehung der Sprache zu den sie aktualisierenden Situationen des Sprechens angelegten Unschärfe. Diese Unruhe wäre leicht zu beheben, wenn das Wort, das sich als das der Institution ausgibt, stets der Praxis ganz nahe wäre, wenn also die semantische Funktion der Institution wirklich die Macht hätte, das Feld der Erfahrung in seiner Totalität abzudecken und folglich die Macht, die Vielzahl der Gesichtspunkte zugunsten einer einheitlichen Perspektive aufzuheben, die das Feld der Bedeutungen saturierte. Dies setzte aber voraus, daß die Unterschiedlichkeit der konkreten Situationen überwunden wird und in ein kontinuierliches, nahtloses Situationengewebe übergehen könnte. Eine solche Operation ist jedoch schlicht undurchführbar, da sie mit der Handlungslogik selbst in Widerspruch träte, die innerhalb der Welt der Körper sich nicht von dem wechselnden Kontext lösen kann, in dem sie sich realisiert, so daß sie notwendig an Interpretationen gebunden ist. Es gibt jedoch einen Typus von Situationen, die eine Ausnahme zu bilden scheinen und für unser Argument besonders erhellend sind: die Rituale.

Auf ein Problem derselben Spezies trifft nämlich auch das Ritual (und in abgestufter Form das, was wir später *Wahrheitsprüfung* nennen werden). Einer seiner spezifischsten Züge, mit denen es oft identifiziert wird, ist es, eine Situation zu schaffen, die – betrachtet man sie in teleologischer Perspektive – sich ausnimmt, als sei sie daraufhin eingerichtet, daß zwei Korrespondenztypen optimal bewahrt blieben: Einerseits die Korrespondenz zwischen unterschiedlichen Handlungsregistern – insbesondere dem sprachlichen und dem gestischen; und andererseits die Korrespondenz zwischen menschlichen Handlungen und der Disposition anderer Wesen seiner Umwelt – etwa einer Gesamtheit vorab definierter Objekte (die möglicherweise nur bei dieser Gelegenheit vorkommen), bestimmter Stellen im Raum, Daten, ausgewählter und repetitiver Momente usw. Jedes dieser in die Situation eingreifenden Elemente übt auf alle anderen einen Zwang dergestalt aus, daß die Gesamtheit des Dispositivs selbstreferentiell stabilisiert wird. Selbst die Vorstellung eines *Kontextes* im Sinn von Bedingungen, die von den Handlungen und Worten relativ unabhängig wären und auf die die Handlungen und Worte sich folglich einzustellen hätten, was auf Interpretationen basierende Schwankungen auslösen müßte: all dies ist dem Ritual zumindest prinzipiell völlig fremd. Jedes der Register, in denen es sich kundtut, ist so prästabiliert, daß es sich in die anderen einfügt – zum Beispiel in der dialogischen Form von Fragen und Antworten – und die Gesamtheit seiner Sequenzen, deren Ablauf im vorhinein festgelegt und also voraussehbar ist, ruht weitestmöglich auf dem umgebenden Dispositiv auf, das seinerseits spezifiziert und stabilisiert ist. Wie namentlich durch Austins Forschungen bekannt, genügt es, daß ein einziges Element fehlt oder den Erwartungen nicht ganz entspricht – etwa ein erforderliches, nicht oder nicht im rechten Moment oder nicht von der richtigen Person ausgesprochenes Wort, eine in ihrem Verlauf gehemmte oder abgelenkte Bewegung –, damit die Korrespondenz sich auflöst und das Ritual scheitert.

Was ist darunter zu verstehen? Das Scheitern eines Rituals feststellen besagt, daß es der Welt gelungen ist, sich geltend zu machen und ihre unzeitgemäße Präsenz einer Umwelt aufzunötigen, die ganz und gar dazu konstituiert worden ist, sie zu verkörpern und ihr damit jede Existenzmöglichkeit zu entziehen. Oder anders gesagt: daß die Welt sich als ebendas zeigt, was sich von der Realität unterscheidet, und damit die Situation des Rituals auf einen artifiziellen Seinsmodus herabsetzt und gewissermaßen dadurch verrät, daß sie sie zu einer konstruierten Realität unter anderen möglichen macht, während das Ritual sich ganz der objektiven Intention verschrieb, die Differenz zwischen Realität und Welt aufzuheben. So wird noch die geringste Abweichung, selbst die kontingenteste,[4] zum Äquivalent einer Kritik. Und so genügt es auch, wenn einige Personen sich innerhalb desselben *Kontextes* der *Situation* ostentativ entziehen, um eine rituelle Handlung ins Wanken zu bringen

4 Diese Spannung zwischen dem rituellen Arrangement und den Abweichungen, deren Ursprung oft kontingent ist im Verhältnis zu der sich vollziehenden Haupttätigkeit, steht im Zentrum der Arbeiten von Albert Piette über das, was er die »Molltonart der Realität« nennt (Albert Piette, *Ethnographie de l'action*, Paris: Metaillié 1996). Von den Umständen erzwungene Handlungen pragmatischer Art hintertreiben einen metapragmatischen Handlungsverlauf. Daher treten – wie Catherine Rémy gezeigt hat – diese Abweichungen um so deutlicher und »schockierender« hervor, je ritualisierter die laufende Handlung ist (vgl. Catherine Rémy, »Activité sociale et latéralisation. Pour une étude micro-ethnographique de la tension déterminisme – marge de manœuvre«, *Recherches sociologiques*, Bd. 34, 2003, Nr. 3, S. 95-114).

und gewissermaßen zu verraten (was heutzutage oft z. B. bei Bestattungen zu beobachten ist, bei denen die Verwandten des Toten, denen eine religiöse Beisetzung der sterblichen Hülle des teuren Verblichenen am Herzen liegt, eine Stunde lang in einer Kirche mit seinen ungläubigen oder kirchenfeindlichen Freunden verbringen, die weder wissen, was sie in diesem Kontext mit sich selbst anfangen sollen, noch zu welchen Gebärden sie sich öffentlich bereitfinden können, ohne sich gegenüber anderen zu desavouieren).
Diese Aufhebung der Differenzen zwischen Welt und Realität ist die einzig vorstellbare Art, einem körperlosen Wesen in der Welt der Körper zur Existenz zu verhelfen. Ein körperloses Wesen kann sich nämlich nicht so kundtun, wie es Körper – ob belebt oder unbelebt – normalerweise tun. Denn deren Seinsweise besteht darin, im Sein zu verharren, wobei sie allerdings eine Reihe von Anpassungen an eine ihrerseits wechselnde Umwelt in Kauf nehmen, sich also auf ein dauerndes Spiel einlassen, das sich auf die Differenz zwischen der Welt und einer Realität stützt – einer Realität, die nur durch ständige *Reparaturen* als solche aufrechterhalten werden kann, sich mithin prüfen lassen muß von dem, was sie als Realität gerade in Frage stellt. Auf diese Weise können aber nur Körper agieren. Natürlich sind die Religionen, die sich durch ihre Fähigkeit zum Verfertigen von Arrangements rechtfertigen, mit deren Hilfe die Menschen sich an Götter wenden und in manchen, weniger zahlreichen Fällen auch Antwort von ihnen erhalten können, in der Erfindung dieser Art Dispositive so weit wie irgend möglich gegangen. Die Präsenz des körperlosen Wesens findet sich hier namentlich durch den Zwang enthüllt, den der Ablauf des Rituals allen Teilnehmern auferlegt. Jeder von ihnen kann sich seiner eigenen Haltung versichern, indem er sich an der ausrichtet, die, wie er annimmt, die anderen ebenfalls einnehmen, was dem dieselben Worte sprechenden, dieselben Gesten vollziehenden Ensemble von Körpern[5] erlaubt, ein virtuelles und doch materielles Analogon zu dem körperlosen Wesen herzustellen, das nicht nur angerufen wird (wie etwa der Name Napoleons in einer öffentlichen Rede), sondern vergegenwärtigt.

5 Man gestatte mir hier eine persönliche Anekdote. Als Kind nahm ich mit meinen Eltern in ungeheizten Kirchen am Sonntagsgottesdienst teil (es war kurz nach dem Krieg). Viele Leute husteten. Da ich glaubte, der Husten gehöre zum Ablauf des Rituals, gab ich mir Mühe, ebenfalls zu husten, so wie ich das Kreuz schlug, wenn ich sah, daß die anderen es taten. Der Husten verlor seinen kontingenten Charakter und wurde ins liturgische Ritual einbezogen.

Solche Dispositive stellten gewissermaßen einen Vorrat oder Schatz paradigmatischer Vorgehensweisen dar, aus dem andere Funktionalitäten jedesmal schöpften, wenn sie sich auf körperlose Wesen bezogen, insbesondere Funktionalitäten politischen Schlages, die dabei freilich auf Schwierigkeiten stoßen, die die Besonderheiten des religiösen Bereichs in einem gewissen Maße – dessen Grenzen wir gleich feststellen werden – umgehen können. Götter verfügen nämlich über Fähigkeiten, die mit dem Joker beim Kartenspiel vergleichbar sind und die sich nur schwer auf das politische Feld übertragen lassen. Eine der ihnen – zumindest in den Heilsreligionen – zuerkannten Fähigkeiten besteht nämlich darin, unmittelbar auf das Innenleben des Menschen – auf sein »Herz« – Einfluß zu nehmen, und zwar unbemerkt. Nun befinden sich die so verstandenen »Herzen« genau an dem Punkt, wo Realität und Welt ineinander übergehen. Ein anderer, anscheinend nicht so leicht einzusetzender Joker, dem die religiösen Aufsichtsorgane (zumindest im Christentum) einen gewissen Argwohn entgegenbringen, besteht in der Möglichkeit des Wunders, das heißt in dem unzeitgemäßen Einbruch des körperlosen Wesens in die Welt der Körper, wo es nach Art der Körper eingreift. Diese Lösung – man mag sie als unecht ansehen – hat den Vorteil, der Handlung des körperlosen Wesens greifbare Realität zu verleihen, freilich um den Preis, die Spannung zwischen Realität und Welt nun in Gestalt eines Gegensatzes zwischen dieser – als »weltlich« bezeichneten – Welt und der anderen – als »göttlich« bezeichneten – Welt zu neuem Leben zu erwecken.
Aber selbst im Fall der Rituale, die gemeinhin und zumal, wenn man sie nicht voneinander isoliert, sondern in ihrer Verkettung innerhalb ritueller Abläufe von einer gewissen Dauer an verschiedenen Orten ins Auge faßt, der religiösen Sphäre zugeordnet werden, wird die semantische Dimension unablässig von Modifizierungen bedroht, die ihre Leistung beeinträchtigen. Sie gehen namentlich mit dem Wandel im Kontext der Handlung einher, der nie soweit zu meistern ist, daß dem Zufall nicht ein mehr oder weniger großer Spielraum verbleibt. Für einen Beobachter tendiert die pragmatische Dimension, die sich in der Interaktion zwischen den Akteuren und ihrer Beziehung zu den Objekten zeigt, dazu, der semantischen Dimension den Rang abzulaufen. Die Symbolik selbst offenbart ihre »Zweideutigkeit«, ihre »Unbestimmbarkeit«, ihre »Überfülle« und ihre »Paradoxe«.[6] Aber gerade weil Ritualabläufe das

6 Julien Bonhomme, *Le miroir et le crâne. Parcours iniatique du Bwete Misko*

verfügbare symbolische Repertoire relativ unbestimmt einsetzen, sind sie in der Lage, nebenbei Akteure einzubeziehen, deren Eigenschaften, Lebensgeschichte und Erwartungen unterschiedlich sind, und unvorhergesehene Ereignisse, Scheitern und Verleugnungen, deren Interpretation, die von der Autorität institutioneller, mit der Dogmenaufsicht beauftragter Vertreter abhängt, in bestimmten Grenzen dehnbar ist. Gerade über diese Dehnbarkeit kann die Unentschiedenheit zwischen Realität und Welt aufrechterhalten werden, da alles, was geschieht, oder fast alles, »Sinn annehmen« kann, wenn Korrespondenzen enthüllt werden, die diese Wesen und diese unvorhergesehenen Ereignisse mit im Ritual vorkommenden Entitäten verbinden, sowie auch untereinander.[7]
Die Art von Fragen, denen religiöse Rituale begegnen, um sich mit einer Semantik zu koppeln, stellt sich in besonderer Schärfe, wenn diese Formen in den Bereich des Politischen übertragen werden. Stützt sich die Politik wie bisher fast immer auf Institutionen, die als körperlose Wesen behandelt werden, dann muß sie sich ganz in der Realität situieren und dabei doch gleichzeitig auf etwas berufen, was grundlegender und dauerhafter ist als die Realität, also etwas, was nicht schlicht *konstruiert* ist. Und dies, als gälte es, eine Macht – die Autorität –, über die kein menschliches Wesen wirklich verfügt (denn alle sind an einen ganz bestimmten Blickpunkt gebunden), einigen wenigen zu verleihen, die wie *ein* Mann handeln, und gegenüber allen anderen, in Zersplitterung befangenen, eine exorbitante Machtposition einnehmen. Aber eine derartige Operation ist praktisch nie wirklich überzeugend durchzuführen, außer vielleicht während bestimmter besonderer Anlässe wie Zeremonien und Feste und allgemeiner in jenen Momenten, die Durkheim »effervescence« (»Aufwallung«) nannte. Dies liegt schlicht daran, daß eine Politik, die realistisch sein will, die Existenz eines

(Gabon), Paris: CNRS éditions/Editions de la MSH 2006, S. 19. Bei seiner Untersuchung von Initiierungsabläufen sucht Julien Bonhomme eine pragmatische Analyse von Ritualen zu entwickeln in der Absicht, Komponenten zu enthüllen, die sich von denen unterscheiden, auf die die bisher dominierenden semantischen oder semiotischen Untersuchungen strukturalistischer Observanz den Akzent gelegt hatten. Die Untersuchung der »abstrakten Beziehungen zwischen den Symbolen« wird durch die der »dynamischen Beziehungen zwischen den Akteuren« ersetzt. Diese Akzentverschiebung zielt aber darauf ab, die Symbolik selbst unter einem anderen Gesichtswinkel zu erfassen, der ihre Gestaltbarkeit hervortreten läßt.

7 Vgl. Élisabeth Claveries anthropologische Studie über die Ritualabläufe bei Marienerscheinungen: *Les guerres de la Vierge*, a. a. O.

Kontextes anerkennen muß, der ihr partiell auch dann entgleitet, wenn sie sich die Aufgabe stellt, ihn zu meistern.
Das Grenzbeispiel des Rituals und die Erwähnung der Probleme, die mit seiner Übertragung in die Politik einhergehen, die deren Autorität begründen soll, können uns helfen, einerseits besser den oben erwähnten Unterschied zwischen *Realität* und *Welt* zu fassen und andererseits die relative Brüchigkeit der so *konstruierten* Realität. Wir gingen ja davon aus, daß die Realität einerseits aus der Welt entnommenen Elementen besteht, andererseits aus Prüfungsformaten, Qualifizierungen, Kategorisierungsprinzipien, Totalisierungsmodi. In welche Form – Recht, Wissenschaft, Brauch usw. – all diese Formate sich auch kleiden mögen: sie besitzen den Doppelcharakter deskriptiver Werkzeuge (die sagen, was es mit dem, was wirklich ist, auf sich hat) und deontischer Kräfte, die Vorschriften und Verbote erzeugen. Von dem Zwang einer institutionellen Macht bestimmt, werden diese Formate nicht nur behandelt, als könnten sie Stücke der Welt verkörpern und stabilisieren, sondern als stehe ihnen die Möglichkeit (und die Mission) zu, die Welt in ihrer Totalität zu durchleuchten.
Nebenbei bemerkt heißt dies, daß – wie wir weiter unten genauer sehen werden – der Unterschied zwischen Welt und Realität, den wir hypostasiert haben, für einen Akteur, der sich ganz auf den Standpunkt der Realität stellt, nicht erfaßbar ist, und weniger noch für einen Sprecher, der sich im Rahmen seiner institutionellen Funktionen äußert. Denn objektiv zielt die Realität auf Totalität; dies gilt auch dann, wenn technische Totalisierungswerkzeuge wie etwa die der Statistik ausgespart bleiben. Nur wenn sie sich an die Stelle des Ganzen setzt, kann die Realität ihre Solidität zu behaupten versuchen und sich gegen die Kräfte verteidigen, die sie zu relativieren, das heißt in Frage zu stellen suchen. Von innen gesehen hat sie kein Äußeres. Die Unterscheidung zwischen Welt und Realität wurzelt daher in einer besonderen Optik, ist bereits kritischer Natur.
Unter diesem Aspekt stellt die Realität als Konstrukt institutioneller Macht eine Weiterführung des Rituals dar. Oder besser gesagt: bildet sie einen notwendig scheiternden Versuch, die Ritualisierung über ihre – beiläufig sehr engen – Grenzen hinauszutreiben, um sie überall oder fast überall heimisch zu machen. Das heißt auch da, wo sie unvermeidlich auf die den Situationen, die sich ja *auch* in der Welt zutragen, innewohnende Kontingenz und Ungewißheit stößt, und damit gleichzeitig auf Handlungsnotwendig-

keiten, mit denen die *Akteure* ihnen begegnen müssen, das heißt jeder von uns, wenn er die wenigen rituellen Situationen hinter sich läßt und in »alltägliche« gelangt, in denen das Wesentliche des Lebens sich abspielt. Denn soweit die institutionelle Formatierung realistisch ist, kann sie nicht nur darauf gerichtet sein, das Verhalten Regeln zu unterwerfen und dadurch zu justieren, sondern notwendig auch auf die Stabilisierung der Kontexte, in denen dieses Verhalten sich entfaltet, damit die Regeln auf Bedingungen treffen, unter denen sie anwendbar sind. Aber es wäre zu viel von dem verlangt, was man in diesem Fall zu Recht *Vorsehung* nennen müßte, und nur selten und um den Preis von Zwängen und dem Einsatz von Gewalt, die die menschliche Handlung fast undurchführbar macht, gelingt eine solche Justierung wirklich.

Eine Realität, in der die Institution tatsächlich *total* wäre (um Goffmans Formulierung zu verwenden),[8] das heißt – wie wir noch sehen werden –, eine Realität, die die Möglichkeit von Kritik ausschließt, wäre eine Realität, die der *Interpretation* keinen Ansatzpunkt liefert. Die *Semantik*, die Domäne der Institutionen par excellence, würde die *Pragmatik* hier absolut ausstechen. Wenn aber – wie oben angedeutet – eine Welt, in der die Pragmatik ständig die Semantik ausstechen würde, schwer vorstellbar ist, weil sie eine unendliche Zersplitterung der Bedeutungen mit sich brächte, dann ist eine ganz von institutionellen Positionen aus stabilisierte Semantik auch eine Realität, in der jede Handlung entweder unmöglich oder dazu verurteilt ist, mit ihren Bindungen an die Sprache oder gar jeder anderen Semiotik zu brechen. Dennoch zielt der institutionelle Gebrauch der Sprache ebendarauf ab, wenn er es unternimmt, Vokabular und Syntax in *Formeln* zu fassen, die zu Recht *Stereotype* genannt werden, was bedeutet, daß sie sich auf nichts mehr beziehen als auf die Sprache selbst, weil sie so tun, als ließe sich der Bezug ein für allemal stabilisieren, wie auch immer der Kontext oder die verwendeten Wörter lauten mögen.

Wie das Beispiel der »Phrasendrescherei« zeigt – handle es sich nun um die Sprache eines Staats, einer Partei, einer Kirche oder auch um eine Sprache wie die, in der sich die Funktionäre internationaler Organisationen auszudrücken belieben, von den gewöhnlichsten institutionellen Jargons (dessen Paradigma die Rechtssprache ist) ganz zu schweigen –: dieser Sprachgebrauch, gegründet auf

8 Erving Goffman, *Asyle. Über die soziale Situation psychischer Patienten und anderer Insassen*. Aus dem Amerikanischen von Nils Lindquist, Frankfurt am Main: Suhrkamp 2009.

einen Katalog von Vorschriften und Verboten, das heißt auf semantische Gewalt, erlaubt nicht mehr, viel zu sagen, und jedenfalls nichts, was konkreten Situationen angemessen wäre, in denen die Sprache sich mit dem Handeln verbinden muß. Die »Phrasen« sagen also nichts, zumindest nichts mehr, was wirklich in Beziehung stünde zu den Situationen des Sprechens, als könnten sie, gänzlich selbstreferentiell geworden, nichts anderes mehr besagen als sich selbst.

Schon die Inadäquatheit offizieller Formeln gegenüber Situationen, auf die Akteure sich praktisch einlassen und handeln, das heißt, daß sie anderen Menschen und auch einer Vielzahl nichtmenschlicher Wesen – Tieren, Dingen, Artefakten, »Naturkräften« – begegnen müssen, eröffnet einen interpretatorischen Spielraum, der einer Infragestellung oder doch Relativierung der institutionellen Qualifizierungen den Weg bereitet.

Diese Spannung wird übrigens von den approbierten Sprechern nicht verkannt. Sie verfügen durchaus über eine Möglichkeit, sich gegenüber der entrealisierenden Wirkung der institutionellen Performanz abzusichern und deren Gewalt abzuschwächen: indem sie sie nämlich verkörpern und sich den Situationen anpassen, als wären sie als gewöhnliche Menschen hineingeraten. Sie geben sich dann Mühe, ihr Vokabular, ihre Syntax und sogar ihre körperliche Hexis zu modifizieren, um die institutionelle Rede »natürlicher« und »lebendiger« zu machen, wie man es nennt, ganz als handle es sich um ihr eigenes Wort (das den Politikern dann »frisch von der Leber weg« strömt). Indem es aber die körperliche Präsenz dessen steigert, der als Sprecher des körperlosen Wesens auftritt, läuft dieses Strategem immerzu auch Gefahr, eine gegenteilige Wirkung zu erzielen, nämlich nicht die Unruhe über die Gültigkeit des Gesagten zu mindern, sondern im Gegenteil Zweifel daran zu schüren, ob es wirklich das körperlose Wesen ist, das da spricht, und nicht vielmehr ein körperhaftes, banales, mit seinen Determinierungen, seinen Interessen, seiner Libido usw.

Die institutionelle Gewalt

Das Problem der Spannung zwischen Semantik und Pragmatik, das wir gerade angerissen haben, verweist auf das der Gewalt, die im Kern des hermeneutischen Widerspruchs steckt. Wir haben die Möglichkeit metapragmatischer Register und insbesondere die eines den Institutionen vorbehaltenen metapragmatischen Registers der Bestätigung von den Risiken abgeleitet, denen die Akteure ausgesetzt sind, wenn sie bei der Verfolgung gemeinsamer Tätigkeiten in einem praktischen Register zunehmend auf Auseinandersetzungen stoßen. Die zur Feststellung dessen, was es mit dem, was ist, auf sich hat, erforderliche *Autorität* wurde einer Institution daher zunächst einmal um ihrer pazifizierenden Rolle willen übertragen. Wie die vorangehenden Analysen jedoch nahelegen, darf die Macht, über die die Sprache der Institution verfügt, sich nicht äußern, soll sie nicht die ihr innewohnende Gewalt offenbaren; zumeist wird diese verleugnet, indem die Verantwortung für getroffene Maßnahmen in eine Genehmigungshierarchie eingebettet wird, die bis zu jenem inexistenten Wesen aufsteigt, auf das die Institution sich beruft – eine Verleugnung, die mit der *Nachträglichkeit* der Bestätigung konsubstantiell ist. Um ohne Gewalt – zumindest ohne physische Gewalt – auszukommen, müßte die institutionelle Sprache nämlich in der Lage sein, gewissermaßen *durch ihre schiere Existenz* der Möglichkeit vorzubeugen, daß die Akteure sich Verhaltensabweichungen und divergierende Interpretationen des Geschehens erlauben – als sei die Institution wirklich fähig, den einzig möglichen Blickpunkt auf die Welt zu bieten und damit die Norm für Wahrheit zu liefern. Wie wir gesehen haben, ist dieses Ziel, das wohl den Kern der Form Institution bildet, namentlich wegen der Variabilität der Kontexte des Handelns unerreichbar.

Wäre übrigens ein solches Projekt möglich, dann wären die Institutionen tatsächlich rein semantische Dispositive, deren bloßes Wort genügte, damit die Praktiken sich automatisch vereinheitlichen und regulieren, als wären Sprechen und Tun dasselbe. Dann hätten die Institutionen es aber auch nicht nötig, sich an *Organisationen* zu binden, denen es obliegt, die Akteure zu lenken und ihre Tätigkeiten zu koordinieren, und noch weniger an *Administrationen* mit Polizeifunktion. Dies ist aber immer (oder praktisch immer) der Fall. Aus den skizzierten Gründen reicht die in der Textur der Sprache lagernde, den Gebrauch festlegende und seine Referenzen stabilisierende semantische Gewalt nicht aus, die Verhaltensweisen aufeinander abzustimmen, so daß sie sich immer oder fast immer mit physischer Gewalt – oder mindestens der Androhung physischer Gewalt – verbinden muß, um Interpretationen zu stabilisieren und damit das Risiko offener Auseinandersetzung fernzuhalten. Der verbalen oder physischen Gewalt, die sich – wie es

heißt – »entfesselt«, wenn die Auseinandersetzung sich ausweitet, setzt die Institution somit eine an semantische und administrative Dispositive gefesselte Gewalt entgegen, die ihre Existenz rechtfertigen: »Schwindet das Bewußtsein von der latenten Anwesenheit der Gewalt in einem Rechtsinstitut, so verfällt es.«[9] Diese Gewalt – von der Walter Benjamin zeigt, daß sie beispielsweise dem Recht innewohnt – kann gewissermaßen als eine Art verlorener, zumeist verleugneter Schatz erscheinen, als »rechtsgründende Gewalt«, oder auch offen auftreten, wobei sie sich aber mit Bezug auf ihre Legitimität als »rechtsbewahrende Gewalt« rechtfertigt.[10]
Kritiken dieses Schlages beschränken sich nicht auf das Recht, dessen repressive Funktion auf der Hand liegt und zu der man sich auch bekennt. Sie erstrecken sich auch auf die Rituale, deren unwandelbare Inszenierungen oft nicht nur als gehaltloser, dem Strom des »wahren Lebens« abgewandter und daher oft »unaufrichtiger« Formalismus angeprangert werden (wie wenn man zum Beispiel den formalen Charakter der Heirat der Spontaneität der wahren Liebe entgegensetzt, mag sie noch so vergänglich sein). Ihre Versessenheit, die Teilnehmer um die Feier dessen zu sammeln, was ist, als könne es nicht anders sein, wird interpretiert – und zwar zu Recht, aber nur von einem bestimmten Gesichtswinkel aus, dem der Kritik – innerhalb des Registers der Herrschaft, nach den in der profanen Kritik sehr präsenten Modalitäten, die auch in der Anthropologie Widerhall finden können.[11]
Wie sich bei Prüfung der Kritikmöglichkeiten noch klarer herausstellen wird, ist die Gewalt in den Institutionen stillschweigend

9 Walter Benjamin, »Zur Kritik der Gewalt«, in: *Gesammelte Schriften* II/1, Frankfurt am Main: Suhrkamp 1977, S. 191.

10 In einem Kommentar zu diesem Text Benjamins schreibt Jacques Derrida: »Im Recht ist sie [diese Gewalt] indes jenes, was das Recht suspendiert. Sie unterbricht das etablierte Recht, um ein neues zu begründen. Dieser Augenblick der Suspension, des Schwebens oder In-der-Schwebe-Haltens, diese Epoché, dieses rechts(be)gründende oder das Recht umstürzende, revolutionäre Moment sind im Recht eine Instanz des Nicht-Rechts (des Unrechts). Doch das macht auch die gesamte Geschichte des Rechts aus; [...]. Dieser Augenblick ereignet sich stets und ereignet sich nie in einer Gegenwart. Es ist der Augenblick, da die Begründung des Rechts im Leeren oder über dem Abgrund schwebt, an einem reinen performativen Akt hängend. Alles verhält sich so, als wäre dieser Akt niemandem Rechenschaft schuldig und als müßte er vor niemandem Rechenschaft ablegen« (Jacques Derrida, *Gesetzeskraft. Der »mystische Grund der Autorität*. Aus dem Französischen von Alexander Garcia Düttmann, Frankfurt am Main: Suhrkamp 1991, S. 79).

11 Vgl. ein Beispiel der »Dekonstruktion« des Rituals in Begriffen der Herrschaft bei Catherine Bell, *Ritual Theory, Ritual Practice*, Oxford: Oxford UP 1992.

präsent, weil diese gegen die Enthüllung des hermeneutischen Widerspruchs kämpfen müssen. Diese Enthüllung ist für sie insofern nicht hinnehmbar, als sie darin besteht, den Widerspruch zwischen der den interessegeleiteten Blickpunkten übergeordneten Position des körperlosen Wesens und der interessierten Natur der körperlichen Wesen offenzulegen, die diese Position besetzen und ihre Sprecher sind, oder, wenn man so will – und dies gilt besonders in den demokratisch-kapitalistischen Gesellschaften, deren Legitimitätsprinzip der Rechtsstaat ist – den Widerspruch zwischen Rechtsordnung und sozialer Ordnung zu enthüllen.

Die Institutionen sind daher an Dispositive gebunden, die den hermeneutischen Widerspruch verdrängen oder umgehen sollen, da sie ihn nicht überwinden können, ganz als könnten sie ihre reale Existenz nicht behaupten und, was in ihrem Fall dasselbe ist, sich zu jedem Zeitpunkt als zeitenthoben ausgeben, wenn sie sich nicht an ein *Absolutes* binden. Die absolutistische Versuchung wohnt dem Anspruch inne, eine überlegene Position einzunehmen, die sich gewissermaßen auf einer höheren *logischen Ebene* befindet als der, von der aus die Akteure ihre unterschiedlichen Standpunkte äußern. Eine Position, die die institutionellen Instanzen für die Auseinandersetzungen zwischen den Akteuren unerreichbar machen würde und von der aus ihre Eingriffe die Macht hätten, diese Auseinandersetzungen aufzulösen, das heißt nicht nur die Macht, eine der Parteien gegenüber den anderen zu stärken und ihr den Sieg zuzuschieben, sondern die Auseinandersetzungen *restlos* zu entscheiden. Der Horizont einer definitiven Befriedung oder auch eines Sieges ohne Verlierer liegt beispielsweise auch in der Idee des *Gemeinwohls* beschlossen, verstanden als ein Gut höheren Ranges gegenüber den diversen Bestimmungsformen relativ inkompatibler Güter, auf die sich die Akteure berufen, wenn sie ihre Kritik und ihre Rechtfertigungen zu verallgemeinern suchen.

Aber eine solche Tendenz könnte ihr Ziel nur dann ganz erreichen, wenn die Verlierer aufhören würden, sich zu beklagen, und darauf verzichteten, gegen die Gültigkeit von Prüfungen zu protestieren, bei denen sie schlecht abgeschnitten haben. In ihrer semantischen Dimension verfügen die Institutionen über keinerlei Möglichkeit, dieses Ziel zu erreichen – es ließe sich ja nur verwirklichen, wenn man die *Unzufriedenen* durch körperliche Maßnahmen am Sprechen hinderte oder, was praktisch auf dasselbe hinausliefe, indem man sie hinderte, sich zusammenzutun, um ihren isolierten Unmut gemeinsam laut werden zu lassen. Die von den Prüfungen Benachteiligten tendieren selbstverständlich dazu, zunächst einmal die Art und Weise zu verdächtigen, in der das ihnen abträgliche Ergebnis punktuell zustande kam, um sodann, wenn es ihnen gelingt, Zeugnisse weiterer durch ähnliche Prüfungen Benachteiligter zusammenzutragen, das Format in Frage zu stellen, dem diese Prüfungsverfahren auf ganz allgemeiner Ebene folgen. Der Verdacht kann sich zunächst gegen bestimmte Personen richten und sie beschuldigen, ihre Kompetenzen überschritten oder die Anweisungen falsch ausgelegt zu haben, ganz als wolle die Orientierung des Protests gegen Individuen aus Fleisch und Blut bei Aussparung des körperlosen Wesens, dessen Souveränität nicht bestritten wird, die Institutionen selbst vor der Kritik in Sicherheit bringen. Die Untersuchungen der Kritikhistoriker strömen daher über von Beispielen rebellischer Bewegungen, die zunächst die *bösen* Berater des *guten* Fürsten aufs Korn nahmen, dem unterstellt wurde, er wisse nicht, was in seinem Namen geschieht: so jene Aufrührer aus dem Frankreich des Ancien régime, von denen Charles Tilly spricht[12] und die an der Spitze des Protestzugs ihren an einen Karren geketteten Herrn mit sich führten, als wollten sie damit zeigen, daß er die Verkörperung des guten Rechts blieb, in dessen Namen sie rebellierten.

Gewinnt die Rebellion jedoch an Breite und gehen die Unzufriedenen dazu über, ihre Motive miteinander zu vergleichen und zu teilen, dann wird es immer schwieriger, die Fiktion einer radikalen Trennung zwischen dem reinen Willen des körperlosen Wesens und dem in der körperlichen Person seiner Sachwalter inkarnierten Willen aufrechtzuerhalten. Hinzu kommt, daß die Protesthandlung selber, die zunächst in dem wurzelte, was wir *praktisches Register* nannten, mit ihrer Entfaltung zur Reflexivität drängt. In dem Maß aber, in dem die Unzufriedenen ihre Bewegung entwickeln, ihre Aktionen koordinieren, Kommentare austauschen, wächst auch die Kluft zwischen der semantischen Qualifizierung der Situation durch die offiziellen Instanzen und den Interpretationen, die das, was geschieht, in Worte zu fassen suchen und auf eine kausale Erklärung der Gründe zurückgreifen, die bewirkten, daß es so weit kam, und daß man beispielsweise »handgreiflich wurde«. Diese Dynamik legt einerseits offen, welche Wesen die Institution gerade in ihrer an bestimmte Sonderinteressen (z.B. Klassen-

12 Zur Geschichte der Protestformen vgl. die Untersuchungen von Charles Tilly, namentlich: *La France conteste, de 1600 à nos jours*, Paris: Fayard 1986, und *From Mobilization to Revolution*, New York: Adison-Wesley 1978.

interessen) gebundenen körperlichen Bestimmtheit physisch repräsentieren; andererseits stellt sie die Pragmatik der Aktion über die institutionelle Qualifizierung. Beides läuft darauf hinaus, dem körperlosen Wesen gewissermaßen jeden Gehalt zu entziehen und es damit zur Fiktion werden zu lassen. Der Kaiser ist nackt.

Zugleich kippt die von der institutionellen Macht garantierte semantische Sicherheit um in die ihr entgegengesetzte Form, die der symbolischen Gewalt. Das Bestehen dieser Gewalt liefert der Kritik, die sich umgehend daran macht, die in den Falten und Ritzen der mit den Institutionen verbundenen Befriedungsdispositive steckende Gewalt zu enthüllen und anzuprangern, ihre hauptsächliche Rechtfertigung. Sie macht sich nun daran, die Arbeit der institutionellen Bestätigung neu, und zwar im Register der Gewalt, zu beschreiben, zum Beispiel die in den »Rechtsbeziehungen« steckenden »Machtverhältnisse« zu enthüllen, und beruft sich auf diese neue Beschreibung, um die Formen von Gewalt – seien sie auch nur verbaler Natur – zu rechtfertigen, die sie selbst anwendet. Denn gerade dann, wenn die Kritik sich auf das Feld der Gerechtigkeit begibt, kann sie es schwerlich bei vagen – oder, wie es oft heißt, »abstrakten« – Vorwürfen beispielsweise an die Adresse der »Gesellschaft«, jener abstrakten Entität, bewenden lassen, ohne zu *Anklagen* gegen bestimmte Personen überzugehen. Die Anklage erzeugt aber nicht nur Gewalt. Sie ist per se schon Gewalt.[13] Darin liegt wohl auch der Grund dafür, daß die Anprangerung von Ungerechtigkeiten, wird sie formvollendet vorgebracht, rhetorische Mittel einsetzt, die auf *Verallgemeinerung* abzielen, so daß der Ankläger – als wäre er Sprecher einer virtuellen Institution – sein Plädoyer auch in seinen eigenen Augen auf die Verteidigung des Gemeinwohls stützen kann und nicht etwa auf die seiner spezifischen Interessen. Und dieser Anspruch, der die Gewalt der Anklage dämpfen soll, erhebt sich um so gebieterischer, als der Ankläger selbst Opfer der von ihm angeprangerten Ungerechtigkeit ist.[14]

Dies also ist das nächstliegende Verfahren, die *Realität der Realität* in Frage zu stellen. Weit entfernt von ihrer endgültigen Beilegung nimmt die Auseinandersetzung überhand über die Bestätigungsdispositive, die mit ihr hatten aufräumen sollen. Aber gegenüber den Auseinandersetzungen, die in einem praktischen Register auf-

13 Vgl. François Tricaud, *L'accusation. Recherche sur les figures de l'agression éthique*, Paris: Dalloz 1977.

14 Vgl. L. Boltanski, »La dénonciation publique«, a. a. O.

tauchen und sich nach seriellen Verlaufsmustern entwickeln, hat sie die Form geändert, weil der Widerstand, den ihr die Realität entgegensetzt – eine konstruierte Realität, deren mehr oder weniger solide Beschaffenheit namentlich vom Zustand der zu ihrer Aufrechterhaltung aufgebotenen institutionellen Kräfte abhängt –, die Auseinandersetzungen polarisiert. Weil die Realität Stich hält und die institutionellen Dispositive ihr Rückhalt geben, weil Sprecher ihre Notwendigkeit beglaubigen und verfechten, daß sie nichts anderes sei als die Welt, wie sie nun einmal ist und auch nicht anders sein kann, kann die Kritik sich Gegenstände wählen, Ziele setzen und auf meist temporäre Weise unter bestimmten, ihrerseits provisorischen und veränderlichen Schwerpunkten unterschiedliche Akteure in eine Vielzahl von Beziehungen zueinander versetzen, die sich sonst in einer Reihe punktueller Auseinandersetzungen verzetteln würden.

Die Möglichkeit der Kritik

Unleugbar konstituiert die institutionelle Arbeit der Bestimmung und Qualifizierung dessen, was ist und Wert hat, in jedweder Gesellschaft eine offizielle Wahrheit und auch das, was man gewöhnlich als »Common sense« bezeichnet (und insbesondere einen Common sense über normale und anormale Verhaltensweisen im Sinne der Psychiatrie). Die Macht der Institutionen wirkt damit kräftig an dem mit, was wir Konstitution der *Realität* genannt haben, und trägt dementsprechend stark dazu bei, andere Möglichkeiten auszuschließen, das heißt die *Welt* fernzuhalten. So notwendig Institutionen sein mögen, sie üben doch – wie ihnen die kritische Soziologie der 70er Jahre ausführlichst vorgehalten hat – einen *Herrschaftseffekt* aus. Heißt das, daß diese Herrschaft unüberwindbar ist?

Die von den Institutionen ausgeübte Herrschaft wäre tatsächlich schrankenlos, wenn es jenen gelingen würde, den gesamten sozialen Raum zu besetzen und ihn der Kritik vollständig zu verwehren. Im folgenden möchte ich zeigen, daß dies nicht zutrifft. Mein Hauptargument besteht darin, daß die von den Institutionen verkörperte Spannung die Möglichkeit der Kritik einschließt, so daß die formelle Genese der Institutionen mit einer formellen Genese der Kritik zusammenfällt.

Eine Bresche für die Kritik eröffnet sich über den hermeneutischen

Widerspruch. Ohne ihn stünden die Menschen ständig unter dem Bann von Institutionen verhängter Bestätigungsformen, wären somit voll und ganz in einer Welt befangen, die sich von selbst versteht, und nicht in der Lage, gegenüber jenen Formen eine Außenposition zu beziehen, von der aus diese sich in Frage stellen ließen. Vielleicht ist aber auch eine andere Alternative denkbar, die die Menschen ständig und in jeder Hinsicht dem radikalsten Zweifel überließe. Anders als diese absoluten, nie (oder praktisch nie) bezeugten Positionen stützt die Existenz der Kritik sich eben auf die Möglichkeit, *sein Einverständnis zu geben* oder zu *zweifeln*, aber auch, und zwar oft in bezug auf dieselben Gegenstände, zwischen beiden Positionen zu schwanken, ja sie gleichzeitig einzunehmen – Bewegungsformen, die auf der Ungewißheit beruhen, die wiederum daher rührt, daß der hermeneutische Widerspruch nicht ein für allemal auflösbar ist.

Daraus, daß das soziale Leben ganz allgemein angesichts drohender oder bereits eingetretener Zwistigkeiten an Instanzen appelliert, die zu sagen vermögen, was es mit dem, was ist, auf sich hat, folgt nicht ohne weiteres, daß Vergesellschaftung gewissermaßen substantiell totalitär oder »faschistisch« wäre (in dem Sinn, in dem Roland Barthes 1977 bei seiner Antrittsvorlesung im Collège de France sagen konnte, die Sprache sei »faschistisch«, und zwar nicht, weil sie am Sprechen hindert, sondern weil sie »zwingt zu sprechen«). Denn den Institutionen, die sagen, was ist, steht wohl in allen Gesellschaften die Kritik gegenüber, wenn auch in unterschiedlichem Grade und in verschiedenen Formen. Indem sie sich an Gegenstände oder Ereignisse von Bedeutung hält, an solche, die Achtung gebieten und um derentwillen das Band zwischen Symbolformen und Sachverhalten durch Bestätigungsoperationen fest geknüpft und zelebriert worden ist, stellt die Kritik dieses Band explizit in Frage und reißt somit zwischen dem, was ist, und dem, was davon behauptet wird, eine Kluft auf; meist geht dies mit einem Versuch einher, den Lauf der Dinge aufzuhalten. Sie beginnt also mit einer Konfrontation der (angeblich) achtbaren Dinge in ihrer kontextuellen Instantiierung – ob es sich nun um mondäne Kontexte im Fall konkreter Dinge handle oder um propositionelle im Fall abstrakter Gegenstände – mit den sie identifizierenden Typen, bevor sie den Wert dieser Typen selbst in Frage stellt.

Übrigens kann die Kritik sich gerade dadurch, daß sie sich gegen die Behauptungen der Institutionen auflehnt und Gegenposition zu dem bezieht, was der ihnen folgende Common sense für selbstverständlich hält, eine Richtung geben und einen sozialen Wandel herbeiführen. Stützt sie sich nämlich nicht auf den Common sense, um ihm zu widersprechen, läuft sie ins Leere und wird gegenstandslos. Ebendas macht den *Nihilismus* aus. Er umreißt die Möglichkeit einer Welt, in der die Kritik so weit um sich gegriffen hat, daß sie den gesamten Raum eingenommen und damit ihren Gegenstand selbst verschlungen hat. Im Nihilismus bleibt folglich nichts als die kritische Geste selbst übrig, jeden Gegenstands ledig oder jedenfalls von jeder Anstrengung weit entfernt, einen Wunsch nach Veränderung tatsächlich umzusetzen. Da die Geste zählt und nicht ihr Inhalt, folgt daraus eine Ästhetisierung und gegenseitige Überbietung an transgressiven Gesten, die am Ende ganz wie Kunstwerke lediglich um ihrer selbst willen geschätzt werden.

Wären die Institutionen übrigens ihrer Sache so sicher, wie sie oft behaupten, könnten sie sich viel Arbeit sparen und das, was sie zu sagen haben, *einmal* sagen, das heißt ein für allemal. Wie aber namentlich die Untersuchung ritueller oder zeremonieller Formen, aber auch des Rechts und aller anderen Normierungsmodalitäten gezeigt hat, sind die Institutionen gezwungen, sich pausenlos zu wiederholen, ganz als könnten selbst die peremptorischsten, scheinbar unanfechtbarsten Behauptungen nie mit letzter Sicherheit auf Gefolgschaft zählen, als stünde die Möglichkeit von Kritik immerzu im Raum. Deswegen übrigens nenne ich die Institutionen in ihrer semantischen Dimension *Bestätigungsinstanzen*.

Die Institutionen müssen somit nicht nur sagen, was es mit dem, was ist, auf sich hat und was es wert ist, sie müssen es auch immerzu *wieder bestätigen*, um einen gewissen Stand der Beziehung zwischen Symbolformen und Sachverhalten – das heißt einen gewissen Stand der Realität – vor den Angriffen der Kritik weitestmöglich zu schützen. Um es bildhaft auszudrücken: Die institutionelle Bestätigung steckt die Realität in einen Reliquienschrein, um sie dem Raubbau der Zeit zu entziehen, auf den wiederum die Kritik sich stützt, wenn sie die Veränderungen in der Welt daraufhin sichtet, wie weit sie der Infragestellung einer Realität dienlich sein können, die nur als ein bestimmter *Stand* der Realität und daher als transformierbar erachtet wird. Die Benutzung des Worts *Bestätigung* für die Operationen, von denen hier die Rede ist, rechtfertigt sich übrigens durch ebendiese Aufhebung der Zeit. Denn bestätigen läßt sich nur, was *bereits stattfand*. Als wollten sie den Teufelskreis des Gründungsmoments umgehen, tun die Institutionen so, als habe das, was sie stiften, *schon stattgefunden*. Sie befinden sich, mit Freud zu sprechen, immer im Zeitraum der *Nachträglichkeit*.[15] Selten ist ihre Autorität so gefestigt, daß sie die Behauptung riskieren können, es gebe etwas Neues. Das tun die revolutionären Bewegungen, aber sie können es nur deswegen, weil sie an der Zeitfuge situiert sind, wo die alten Institutionen am Boden liegen, ohne daß neue schon konstituiert wären.

Zwei unterschiedliche Formen von Reflexivität

Bestätigung und Kritik sind mithin als zwei Funktionen zu betrachten, die sich gegenseitig definieren und ohne einander nicht existieren. Nichtsdestoweniger bestehen zwischen diesen beiden metapragmatischen Registern insbesondere im Hinblick auf die Reflexivitätsmodi bedeutende Unterschiede.

Im Fall der Kritik tritt die Reflexivität deutlich hervor, da sie eine persönliche Form annimmt. Dies gilt für den kritischen Akteur wie auch für die, die er für seine Sache anzuwerben versucht. Der kritische Akteur definiert sich durch jene spezifische Form von Reflexivität, die man als »Hellsichtigkeit« oder »Luzidität« bezeichnet. Diese Luzidität verleiht ihm die Kraft, die institutionell bestätigten Wahrheiten und die Wahrheiten des Common sense (was meist dasselbe ist) in Frage zu stellen. Diese Infragestellung hat in Wort und/oder Tat den Charakter einer Transgression. Der Kritiker kann sich nicht damit begnügen, zum Beispiel ein Gerücht (im Sinne einer Aussage, die jeder weitergeben kann, ohne sich dafür zu verbürgen) in Umlauf zu bringen. Vielmehr übernimmt er für seine Aussagen die persönliche Verantwortung und nimmt die Risiken in Kauf, die mit der Mißbilligung und dem Zorn der Verteidiger der bestehenden Ordnung verbunden sein können. Er erhebt sich damit zum Sprecher einer virtuellen, künftigen Gemeinschaft.[16] Zwar fordert er andere dazu auf, ihm zu folgen. Aber auch das schließt ein Risiko ein, denn wenn niemand ihm folgt und keine Gruppe sich der Sache annimmt, zu deren Fürsprecher er sich macht, kön-

15 Diesen Hinweis verdanke ich Bruno Kersanti. Am deutlichsten tritt dies bei der Gedenkfeier zutage, bei der die Institutionen ihren Funktionen mit peinlichster Sorgfalt nachkommen. Dieser Zug ist aber bei institutionellen Handlungen unterschwellig stets präsent (vgl. Gérard Namer, *La commémoration en France de 1945 à nos jours*, Paris: L'Harmattan 1987).

16 Vgl. dazu C. Castoriadis, *Gesellschaft als imaginäre Institution*, a.a.O., S.605ff.

nen sein Wort und seine Gesten als exzentrisch oder wahnsinnig (paranoid) disqualifiziert werden.

Das Risiko, dem das kritische Wort sich aussetzt, macht die Gestalt des *Pamphletschreibers* besonders eindringlich deutlich. Er steht innerhalb einer französischen Tradition, die mit der Epoche der Ligue[17] und der Fronde[18] im 17. Jahrhundert einsetzt, im 18. Jahrhundert zahlreiche Libellen hervorbringt, die mit dem (von Élisabeth Claverie[19] untersuchten) Aufkommen der Form der »Affäre« einhergehen, und sich vor allem im letzten Drittel des 19. und in der ersten Hälfte des 20. Jahrhunderts entfaltet. Der Pamphletist stellt sich (wie Marc Angenot[20] zutreffend analysiert hat) als einzelner dar, der sich aber an alle wendet und »seine Flaschenpost aufgibt«. Mit dem kritischen Theoretiker hat er gemein, daß er die soziale Ordnung insgesamt aufs Korn nimmt. Aber im Unterschied zu letzterem sucht er nicht nach einem Kompromiß mit einer soziologischen Beschreibung, die *Objektivität* beanspruchen darf. Im Gegenteil: Wenn er beleidigt, verspottet und überhaupt eine verbale Gewalt einsetzt, die ihn zum *Schmähredner* macht, nimmt er ausschließlich das Recht auf *Subjektivität* in Anspruch. Aber diese Grenzfigur, deren bemerkenswerteste Exemplare auf der Linken wie auf der Rechten zu finden sind (und die oft zum Faschismus neigen), macht deutlich, daß den Sozialwissenschaften fernstehende Akteure – und vor allem Schriftsteller –, die öffentlich Sozialkritik treiben, einer bestimmten Anforderung begegnen: ihr Wort auf persönliche Erfahrung gründen zu müssen. Aus dieser persönlichen Erfahrung heraus, in der ihr Engagement wurzelt, können sie Anspruch auf eine besondere Luzidität erheben, denn aus ihr erwächst ihnen – wie wir gleich genauer sehen werden – ein Zugang zur *Welt*, von dem aus die *Realität der Realität* in Frage gestellt werden kann.

Ganz anders steht es mit dem metapragmatischen Register der Bestätigung. Hier haben wir es zumindest insofern ebenfalls mit Operationen reflexiver Natur zu tun, als wir diesen Begriff mit der Verwendung einer Metasprache verbinden. »Reflexiv« in diesem Sinn besagt, daß die Beziehung der Symbolformen zu den Sachverhal-

17 Robert Descimon, *Les ligueurs de l'exil: le refuge catholique français après 1594*, Seyssel: Champ Vallon 2005.

18 Christian Jouhaud, *Mazarinades: La fronde des mots*, Paris: Aubier 1985.

19 E. Claverie, »Procès, affaire, cause«, a. a. O.

20 Marc Angenot, *La parole pamphlétaire. Typologie des discours modernes*, Paris: Payot 1983.

ten und insbesondere die Beziehung der Sprache zur Welt nicht mehr als gleichgültig oder vielmehr naiv (wie im praktischen Register) behandelt wird, sondern daß sie eine Ungewißheit erweckt, die in einem kritischen Register Motor des Handelns wird, während die Bestätigung dieser Ungewißheit vorzubeugen oder sie abzumildern sucht. Die Bestätigungshandlungen haben daher ebenfalls durchaus reflexiven Charakter, ist ihr Gegenstand doch die Beziehung zwischen Symbolformen und Sachverhalten mit dem Ziel, beide einander anzunähern oder drohender Kritik zu entziehen. Im Unterschied zu dem, was im Fall der Kritik zu beobachten ist, ist es hier allerdings das *Dispositiv* als solches, dem ein reflexiver Charakter zukommt, und sind es nicht die Akteure selbst, die vielmehr die Position von Sprechern oder Sachwaltern des körperlosen Wesens der Institution einnehmen. Von ihnen wird nicht erwartet, daß sie sich *persönlich* in ihre Handlung einbringen. Beispielsweise fragt sich niemand – zumindest solange der Vorgang unter normalen Umständen stattfindet –, ob der Sprecher einer Institution oder der Sachwalter eines Rituals wirklich persönlich an das »glaubt«, was er sagt oder tut. Darum geht es nicht. Wichtig ist nur, daß er das, was von ihm erwartet wird, in den vorgeschriebenen Formen ausführt, damit es getan sei, und recht getan. Daher übrigens das Unbehagen, das oft Gestalten auslösen, die sich – wie dies bei Sprechern revolutionärer Parteien, sogenannten »Apparatschiks«, der Fall ist und vor allem war – in der heiklen Lage zwischen kritischem Wort und institutionellem Auftrag befinden: Ihre Kompromittierung mit einem quasi instituierten Kollektiv, dessen »Anweisungen« sie umsetzen, entzieht ihrem kritischen Wort seine Authentizität und bewirkt, daß es als »Parteichinesisch« geschmäht wird.

Was wir zu den Sprechern (oder Sachwaltern) bemerkt haben, gilt auch für Zeugen eines (z. B. religiösen) Rituals oder einer (z. B. staatlichen) Zeremonie. Ob sie passiv beiwohnen oder aktiv teilnehmen: niemand rechnet damit, daß sie persönlich Reflexivität entwickeln. Ganz im Gegenteil. Von ihnen wird eher jene Art Selbstvergessenheit erwartet, in der sich äußert, daß sie die Reflexivität des Dispositivs in seiner Gesamtheit anerkennen und seine Fähigkeit, zum Ausdruck zu bringen, was ist. Diese Selbstvergessenheit wird übrigens oft als *Ergriffenheit* gedeutet.[21] Die Ergrif-

21 Besonders relevante Beispiele für die Rolle der Emotionen in Situationen solcher Art finden sich in der Untersuchung von François Berthomé über zeremonielle Dispositive bei der »Regelung von Auseinandersetzungen« (seine Dissertation

fenheit – zu Recht läßt sie sich in diesem Fall als »gemeinsame« bezeichnen, obwohl sie in individuellen und getrennten Körpern Gestalt annimmt – speist sich aus dem Erlebnis einer Art Überfülle an Sinn, einer Art Faszination, das heißt aus der Abschwächung der Ungewißheit über die Existenz dessen, was ist und Wert hat – dessen, womit man *verbunden* ist (im affektiven Sinn des Worts). In dieser Ergriffenheit bezeugt sich die stets enttäuschte Hoffnung auf eine versöhnte, der Kritik entzogene Welt, und daß niemand das Wort ergreift, um die laufende Vorführung fehlschlagen zu lassen, macht dies geradezu physisch spürbar. Ohne Übertreibung läßt sich behaupten, daß die Ergriffenheit auf individueller Ebene die Form darstellt, die die Reflexivität im Register der Bestätigung annimmt. Dies insbesondere, wenn Menschen sich versammeln, um zu *feiern* – sie feiern ja weniger ihre Verschmelzung oder Einheit (wie in jenen Augenblicken kollektiven Überschwangs, die Durkheim faszinierten), deren illusorischen Charakter sie nie vollständig vergessen, als die Möglichkeit, daß so etwas wie eine Übereinkunft über das, was ist, existieren könnte. Diese Augenblicke sind wohl die einzigen, in denen das körperlose Wesen sich in der Welt der Körper inkarnieren und damit glauben machen kann, daß es existiere. Wobei aber hinzuzufügen ist, daß das Ritual oder die Zeremonie scheitern, sobald eine entsprechende Anzahl anwesender Personen (vielleicht eine einzige) sich jenem Zustand entzieht. Noch wenn sie im Schweigen verharren, wirkt ihre distanzierte, ironische Präsenz als stummes Äquivalent einer Kritik. Das Ritual ist nun »entmotiviert«, wie François Héran es nennt,[22] und zwar nicht etwa, weil die Beteiligten die (übrigens meist illusionären oder nachträglich konstruierten) Prinzipien vergessen hätten, die bei seiner Gründung beteiligt waren (was fast immer der Fall ist), sondern weil der Bann gebrochen ist.

Die unterschiedlichen Formen von Reflexivität, die wir soeben gekennzeichnet haben, gehen einher mit dem, was man unterschiedliche Formen von Bewußtlosigkeit nennen könnte. Die Bestätigungsinstanzen sind sich der Gefahr überaus bewußt, die von der Kritik ausgeht, verschließen die Augen jedoch vor der Vergänglichkeit ihrer eigenen, angeblichen Grundlagen. Dem stellt die Kri-

mit dem Titel »Remarques sur trois dispositifs cérémoniels de ›règlement de disputes‹« ist im Erscheinen begriffen). Vgl. auch Thomas Scheff, *Catharsis in Healing, Ritual and Drama*, Berkeley: University of California Press 1980.

22 François Héran, »L'institution démotivée. De Fustel de Coulanges à Durkheim et au-delà«, *Revue française de sociologie*, Bd. 28, 1987, Nr. 1, S. 67-97.

tik ihre Luzidität entgegen, vergißt dabei aber – und darin liegt *ihre* spezifische Bewußtlosigkeit –, was sie der Bestätigungsarbeit verdankt, an der sie sich ausrichtet und ohne die sie ganz aus dem Gleis käme.

Die Unterscheidung dreier Arten von Prüfungen

In einer Konstruktion wie der hier skizzierten wird die soziale Welt drei Arten von Prüfungen unterzogen. Wir unterscheiden zum einen eine Art von Prüfungen, die von den Institutionen im weiten Sinn, das heißt von den Bestätigungsinstanzen mit semantischer Funktion durchgeführt wird. Diese Prüfungen werden wir *Wahrheitsprüfungen* nennen. Zum anderen postulieren wir die Möglichkeit zweier weiterer Arten von Prüfungen, die ihrerseits von der Kritik eingesetzt werden. Der ersteren bedient sich eine Kritik, die sich mit einem Wort als *reformistisch* bezeichnen ließe: Wir werden sie *Realitätsprüfungen* nennen. Die letzten nennen wir *existentielle Prüfungen*. Sie werden von der Kritik eher benutzt, wenn sie *radikale* Absichten verfolgt. Im folgenden wollen wir diese drei Prüfungsarten der Reihe nach provisorisch beschreiben.
Die *Wahrheitsprüfungen* werden von den Bestätigungsinstanzen eingesetzt. Sie streben danach, einen bestimmten prästabilierten Stand der Beziehung zwischen Symbolformen und Sachverhalten in stilisierter Form darzulegen und unablässig neu zu bestätigen. Der Sachverhalt, dessen Realität und Wert es zu bestätigen gilt, wird Okkurenzsituationen ausgesetzt, die weitestmöglich über die Eigenschaften der entsprechenden typischen Situationen verfügen, mit denen sie zu koinzidieren haben, was eine strikte Kontrolle des Kontextes voraussetzt, in dem die Prüfung stattfinden soll. Die Wiederholung spielt hier eine wesentliche Rolle, hat aber weder mit technischen Notwendigkeiten (wie z. B. seinen Füller nachfüllen, wenn er leer ist) noch mit gewohnheitsmäßigem Handeln zu tun. Ihre einzige Rolle besteht darin *zu zeigen, daß es eine Norm gibt*, und dazu entfaltet sie diese gleichsam um ihrer selbst willen und ohne ihr irgendeine externe Funktion zu geben, die einen Reflexivitätseffekt ausübt. Viele Rituale oder Zeremonielle (beispielsweise die des Ancien régime, von denen eine reichhaltige historische Literatur spricht)[23] zeigen Wahrheitsprüfungen, in deren

23 Vgl. z. B. Sarah Hanley, *Le »Lit de justice« des rois de France. L'idéologie consti-*

Verlauf sich vermittels des Korrespondierens disparater Elemente, die (wie Marcel Hénaff über die Art und Weise schreibt, in der der Strukturalismus die Symbolsysteme behandelt) »sich gegenseitig denken«,[24] eine ganze soziale Ordnung entfaltet. Die Arbeit der Bestätigung, deren Hauptoperator, wie wir schon bemerkt haben, die Tautologie darstellt, vollzieht sich also kurz gesagt durch die Wiederverwendung von Formen des Kodifizierens, die (je nach Ordnungen oder Strukturen) dupliziert, entfaltet und transformiert werden. Im Verlauf der Zeremonielle figurieren somit Bestätigungsoperationen, die zum Zweck haben, die Beziehung zwischen der Ordnung symbolischer Propositionen und der Ordnung der Sachverhalte, deren Bild sie sind, zu *zeigen* und folglich zu bestätigen und zu stabilisieren, und zwar namentlich, indem sie mehrere Darstellungsmodi miteinander verbinden: Aussagen, Aufführungen, Bilder und Gebärden, zwischen denen sich Korrespondenzen herstellen.[25] Die Aussagen besagen fast nichts anderes als Tautologien wie zum Beispiel »Gott ist groß« (und es hätte keinen Sinn zu fragen: »Gut, aber wie groß denn so ungefähr?«), »der König ist der Monarch«, »die Republik ist die Republik« usw., und darum neigen die Wahrheitsprüfungen zur Verwendung von Formeln, subjektlosen Aussagen, da der Sprechende lediglich eine stehende Redewendung aktualisiert, die – da völlig informationsfrei – das gerade Gegenteil eines *Arguments* darstellt.[26] Überzeugungs-

tutionnelle dans la légende, le rituel et le discours, Paris: Aubier 1991. Diverse andere Besipiele finden sich vor allem bei Alain Dierkens und Jacques Marx (Hg.), *La sacralisation du pouvoir. Images et mises en scène*, Brüssel: Editions de l'Université libre 2003. Für zeitgenössische Beispiele vgl. Jean-William Dereymez, Olivier Ihl und Gérard Sabatier (Hg.), *Un cérémonial politique: les voyages officiels des chefs d'Etats*, Paris: L'Harmattan 1998.

24 Marcel Hénaff, »›La condition brisée des langues‹: diversité humaine, altérité et traduction«, *Esprit*, Bd. 323, 2006, März-April, S. 68-83.

25 Gerade weil Wörter und Gebärden aufeinander verweisen, also selbstreferentiellen Charakter haben, ist die Erklärung jedes einzelnen von ihnen aus der Logik einer externen Kausalität sinnlos (vgl. das Nachwort von Jacques Bouveresse zu Ludwig Wittgenstein, *Remarques sur le rameau d'or de Frazer*, Paris: L'âge d'Homme 1990).

26 Die Formel kann in dialogischen Strukturen vorkommen, in denen dann eine Formel mit einer anderen beantwortet wird. Aber es bleibt ein Charakteristikum der Formel als Form, daß sie nicht Gegenstand eines Kommentars oder einer Auslegung derselben Form werden kann. Wer eine Formel kommentieren will, muß die Form wechseln und den argumentativen Diskurs benutzen. Die Formel steht darin der Poesie nahe, deren Kommentar oder Auslegung nicht innerhalb der Gedichtform entwickelt werden kann, so wie etwa auch Musikauslegungen notwendig die musikalische Sprache verlassen und natürliche

kräftig aber macht diese Tautologien ihre Reduplizierung in unterschiedlichen Medien.

Das Zusammenspiel von Korrespondenzen und fast tautologischen Beziehungen stellt eine derart in sich geschlossene Totalität her, daß jedes ihrer Elemente die ganze Bedeutung in sich enthält. Stellen sich zufällig neue Wesen ein, werden sie entweder als solche ignoriert und durch eine Reihe von Umdeutungen dem bereits bestehenden Ganzen eingegliedert – oder aber verworfen. Dies zeigt sich namentlich in dem scheinbar paradoxen Fall von transgressiven Ritualen und periodischen Festen, in deren Verlauf Verbote vorübergehend aufgehoben oder sogar zum Gebot erhoben werden. Weit davon entfernt, kritische Operationen zu konstituieren, verfolgen diese transgressiven Rituale objektiv keinen anderen Zweck als vielmehr den, Kritik zu entschärfen, oder allgemeiner gesagt: Negativität zu integrieren (das heißt zu negieren), indem sie unter einer Formel entfaltet wird, die derjenigen isomorph ist, mit der die Welt als achtenswert gefeiert wird.

Diese Inszenierungen und Aufführungen einer kohärenten Welt verdienen den Namen *Prüfung* aus dem einfachen Grund, weil sie – wie schon die Ängstlichkeit bei ihrer Vorbereitung zeigt – immer scheitern können, und das ohne jede kritische Absicht. Sie können nämlich scheitern, weil die Welt sich während ihrer Darbietung als unpassend und anarchisch erweisen und die gesuchte Ordnung auflaufen lassen kann. Das gilt zumal für die nichtmenschlichen Mitspieler – Objekte, Maschinen, Tiere –, die, unempfänglich für Schönheit und Größe der realisierten, in ihren symbolischen Dimensionen erfahrbar gemachten Ordnungen, sich den in sie gesetzten Erwartungen schlicht entziehen und sich unkorrekt verhalten können: Sei es daß sie wie die Tiere, von eigenen Wünschen und Trieben (Hunger, Brunst, Angst usw.) beseelt, es an der gewünschten Zurückhaltung fehlen lassen, sei es daß sie wie die Objekte – insbesondere Artefakte und andere Maschinen – Funktionszwän-

Sprachen einsetzen müssen, wobei freilich musikalische Beispiele herangezogen werden können (die z. B. im Rahmen eines Vortrags am Klavier vorgespielt oder einem geschriebenen Text als Partiturauszug beigefügt werden können). Hingegen läßt sich ein soziologischer oder philosophischer Text in der Sprache der Soziologie oder Philosophie kommentieren, ohne daß die Form gewechselt werden muß, vermutlich deswegen, weil diese Texte so konstruiert sind, daß sie für die Möglichkeit der Kritik offen sind. Obwohl die Formel eine typische Form des metapragmatischen Registers der Bestätigung ist, ist sie sich selbst gegenüber nicht reflexiv im Sinne einer argumentativen Reflexivität, wie sie von der Kritik eingesetzt wird.

gen unterliegen, die mit der Bedeutung der Darbietung in keinem Zusammenhang stehen.

Da diese Darbietung alle inszenierten Sachverhalte mit ein und demselben semantischen Gewebe überzieht, produziert sie einen Eindruck von Kohärenz und innerer Geschlossenheit – von Notwendigkeit –, der den Wahrheitsansprüchen genügt, ja sie saturiert. Diese Kohärenz manifestiert eine zugrundeliegende Intentionalität, deren Macht sich selbst die nicht entziehen können, die ihren Inhalt ignorieren und ihren »Sinn« nicht erfassen. Derlei Operationen spielen zweifellos eine bedeutende Rolle bei dem, was man die *Instandhaltung* der Wirklichkeit nennen könnte. Ihre Wirkung besteht – wenn sie gelingen – nicht bloß darin, daß die Realität akzeptiert, sondern darin, daß sie geliebt wird, ohne unmittelbar *geprüft* zu werden. Hier geht es nicht um die Realität der Realität. Einzelne Bestandteile der Realität, die der Wahrheitsprüfung dienen (bei einer großen stalinistischen Zeremonie z. B. der Held der Arbeit, die Interkontinentalrakete, der junge Pionier, der alte Parteiführer mit der Pelzmütze auf dem grauen Schädel usw.), sind nur als Zeichen da. Jedes Zeichen stützt die Wahrheit der anderen. Und es verschlägt nichts, wenn der Held der Arbeit *in Wirklichkeit* nur ein fauler Karrierist ist, wenn die Rakete immer ihr Ziel verfehlt, wenn der junge Pionier ein Söhnchen reicher Leute ist, das bloß an sein Amusement denkt, wenn der Parteichef ein seniler und krimineller Diktator ist usw.

Die *Realitätsprüfungen* (über die wir bereits gesprochen haben) werden angestellt, um der Kritik in einer Situation der Auseinandersetzung zu begegnen, die ja stets in Gewaltanwendung übergehen kann. Sie haben Testcharakter. Sie erlauben es, die Realität der Ansprüche von Wesen, insbesondere Menschenwesen, zu überprüfen, indem sie diese mit ihrer Fähigkeit konfrontieren, entsprechenden, durch Qualifizierungen und Formate stabilisierten, Anforderungen zu genügen. Eine aristotelische Unterscheidung aufgreifend, könnte man sagen, daß die *Potenzen* dieser Wesen unter spezifischen Bedingungen und im Kontakt mit gegenständlichen Dispositiven durch ihre *Aktualisierung* unter Beweis zu stellen sind. In anderen Fällen wird die Prüfung selbst überprüft und verifiziert, ob die Art ihrer Durchführung hier und jetzt, in dieser und jener konkreten Situation, dem Format und den im vorhinein festgelegten Prozeduren entsprechen, die ihren Verlauf bestimmen sollen. Im Unterschied zu den Wahrheitsprüfungen, die Ungewißheit beheben, räumen die Realitätsprüfungen ihr einen bedeutenden

Platz ein. Diese Ungewißheit, die sich wesentlich auf die Fähigkeiten der Wesen bezieht – das heißt auf etwas, von dem vorausgesetzt wird, daß es sich in ihrem Innern befindet und den Sinnen nicht unmittelbar zugänglich ist –, soll in der Handlung ausgeräumt werden, sofern sie unter bestimmten Bedingungen vollzogen wird.

Schon in ihrem Aufbau unterscheiden die Realitätsprüfungen sich von den Wahrheitsprüfungen, und zwar namentlich dadurch, daß sie zweierlei Operationen auseinanderhalten: einerseits die Operationen zur Entfaltung dessen, was Wert verleiht (was den Wahrheitsprüfungen bestens gelingt, wobei sie aber auch stehenbleiben), und andererseits die Operationen, die auf die Erkenntnis zielen, ob dieser Wert in der Textur der Realität konkret gegeben ist oder nicht, und die dies durch Proben mit dem Anspruch auf allgemeine Validität beglaubigen. So gesehen, entfalten die Wahrheitsprüfungen das Wünschenswerte so, als sei es gegeben, während die Realitätsprüfungen zwischen Sollen und Sein, zwischen Werturteil und Tatsachenurteil differenzieren – daher auf sprachlicher Ebene ihre Präferenz für Argumentationsdispositive, und die Präferenz der Wahrheitsprüfungen für die Wiederholung von Formeln (von »feststehenden Formeln«, wie man pleonastischerweise zu sagen pflegt, als seien Formeln denkbar, die nur ein einziges Mal Verwendung finden).

Während Wahrheitsprüfungen stets die bestehende Ordnung bestätigen, können Realitätsprüfungen daher sowohl der Bestätigung als auch der Kritik dienen. Sie sind konservativ orientiert, wenn sie bestehende Hierarchien ins Recht setzen, indem sie eine großenteils schon von vornherein auf die Prüfungsformate ausgerichtete (das heißt konstruierte) Realität für gültig erklären. Wird die Realitätsprüfung allerdings ernst genommen, kann sie nichtsdestoweniger störend wirken, sei es, indem sie Widersprüche zwischen unterschiedlichen normativen Ausdrucksformen enthüllt, sei es, indem sie Dimensionen ans Tageslicht bringt, die von der Realität gewissermaßen vergessen wurden. Die Anordnung der Prüfungen einschließlich der »legitimsten« sind – wie Wittgenstein von der Sprache sagt – vergleichbar einer »alten Stadt« mit ihren modernen und ihren armseligen Vierteln, ihren halb verfallenen Gebäuden, ihren vergessenen Gäßchen und Sackgassen,[27] so daß

27 »Unsere Sprache kann man ansehen als eine alte Stadt: ein Gewinkel von Gäßchen und Plätzen, alten und neuen Häusern, und Häusern mit Zubauten aus verschiedenen Zeiten; und dies umgeben von einer Menge neuer Vororte mit geraden und regelmäßigen Straßen und mit einförmigen Häusern« (Ludwig

die Kritik auch in der Realität selbst Elemente vorfinden kann, die die Infragestellung bestätigter Vorstellungen von der Realität begünstigen.

Die Kritik kann aus den Realitätsprüfungen daher Gewinn ziehen, und zwar auf unterschiedliche Art. Zunächst einmal, indem sie anprangert, daß diese oder jene Person nicht die Position innehat, die dem entspricht, was sie *tatsächlich* tun kann, oder auch, daß sie nicht *anerkannt* ist, wie sie es verdient. Die Realitätsprüfung unterstützt solche Forderungen durch *Beweise*. Die Kritik kann auch die nichtkonforme Durchführung dieser oder jener Prüfung in Frage stellen (indem sie z. B. gegen die irreguläre Durchführung von Wahlen protestiert). Sie kann auch Inkohärenz in der Logik nachweisen, nach der unterschiedliche Prüfungen in unterschiedlichen Realitätsbereichen durchgeführt werden, und *Kompromisse* zur Milderung dieser Spannungen einfordern usw. Bei keiner dieser Operationen jedoch wird die Realität als solche in Frage gestellt, und die Behauptung ließe sich vertreten, daß diese kritischen Operationen in mancher Hinsicht dazu beitragen, die Realität der Realität zu verstärken. Wenn eine Person oder Gruppe mit kritischen Dispositionen sich für eine Realitätsprüfung einsetzt, so tut sie es, um zu erreichen, daß andere (und in den meisten Fällen grundsätzlich alle) die Triftigkeit ihrer Ansprüche und die Tatsächlichkeit ihrer Benachteiligung anerkennen. Damit erkennen diese Kritiker aber an, was sich als *Realität der Realität* bezeichnen ließe, nämlich die Validität der Strukturen, die von den instituierten Prüfungsformaten zumindest prinzipiell gewährleistet und reproduziert werden – und dies ist stets der Fall, wenn jemand sein gutes Recht, die Einhaltung der Vorschrift, die Beachtung eines eingeführten Verfahrens einfordert.

Neben den Wahrheits- und den Realitätsprüfungen ist auch den von uns so genannten *existentiellen Prüfungen* ein Platz einzuräumen. Diese dürfen im Gegensatz zu den beiden ersten nicht so aufgefaßt werden, als hätten sie einen Institutionalisierungsprozeß durchgemacht; ihnen bleibt mithin ein individueller Charakter bzw. ihnen eignet der Charakter des »Gelebten« selbst dann, wenn sie eine größere Anzahl von Menschen betrifft, diese allerdings jeweils als einzelne genommen. »Kollektiven« Charakter können sie lediglich dadurch gewinnen, daß sie von mehreren geteilt werden. Dieser kann dann wieder dazu stark gemacht werden, Forde-

Wittgenstein, »Philosophische Untersuchungen«, in: *Schriften 1*, Frankfurt am Main: Suhrkamp 1969, S. 296).

rungen abzustützen, die existierenden Realitätsprüfungen zu kritisieren und gegebenenfalls auf die Einführung neuer Realitätsprüfungen zu drängen. Dies mit dem Ziel, Faktoren von Kränkung und Beleidigung die *Anerkennung* nicht mehr vorzuenthalten, die bislang verkannt geblieben waren, in dem Sinne, daß sie zwar *gesehen*, aber nicht *aufgegriffen* und in den Bereich der Realität integriert werden konnten. In bezug auf *existentielle Prüfungen* überwiegt gegenüber der Bedeutung als »Test«, die in der Realitätsprüfung vorherrscht, eine andere Bedeutung des Worts Prüfung: jene, die auf Leiden, zumindest psychisches Leiden, verweist, auf etwas, was *affiziert,* das heißt Affekte auslöst, erschüttert. Existentielle Prüfungen gründen in Erfahrungen, wie Ungerechtigkeit oder Beschämung – mit dem damit einhergehenden Schamgefühl, in anderen Fällen aber auch der Freude, die die Übertretung auslöst, wenn sie eine bestimmte Form von Authentizität erfahrbar werden läßt. Freilich sind diese Erfahrungen nur schwer zu formulieren oder zu thematisieren: weil das vorgängige Format fehlt, in dem sie Gestalt gewinnen, oder weil sie aus dem Blickwinkel der bestehenden Ordnung einen abwegigen Charakter besitzen. Deshalb werden sie häufig auch als »subjektiv« bezeichnet, was erlaubt, sie dann, wenn einer, der sie durchlebt hat, dies mit anderen teilen will, in ihrer Realität zu leugnen, sie zu disqualifizieren oder lächerlich zu machen (so daß man von dem, der zum Ausdruck bringt, wie sehr ihm eine Ungerechtigkeit oder eine Beschämung nahegegangen ist, sagen kann, er sei zu »empfindlich«, habe »falsch verstanden«, ja er sei »paranoisch« usw.).

Diese existentiellen Prüfungen eröffnen aber gerade damit einen Weg zur *Welt*, daß sie sich am Rand der *Realität* ereignen – der Realität, wie sie in einer bestimmten sozialen Ordnung »konstruiert« ist. Damit stellen sie eine der Quellen dar, aus der eine Form von Kritik erwachsen kann, die in Absetzung von einer *reformistischen*, auf Verbesserung der bestehenden Realitätsprüfungen zielenden Kritik als *radikal* zu bezeichnen ist. Weshalb die radikale Kritik häufig auch, zumindest in ihren Anfängen, auf Ausdrucksformen aus dem kreativen Bereich zurückgreift – wie der Dichtung, den bildenden Künsten oder dem Roman –, in denen es (zumindest seit der Romantik) sozial mehr oder weniger erlaubt ist, vor dem Publikum persönliche Erfahrungen und Gefühle auszubreiten, und deren ästhetische Ausrichtung es ermöglicht, Zwänge innerer Stimmigkeit und rechtlicher oder moralischer Rechtfertigung, die auf der diskursiven Argumentation lasten, zu umgehen.

Dies ist vielleicht auch der Grund, warum die Philosophie bei ihrem Versuch, die Kritik dem Joch der Realität zu entziehen, häufig ihren Stoff zunächst in der Analyse dessen sucht, wie Schriftsteller die Sprache bearbeitet haben, um ihr die ihnen je eigene Besonderheit einzuschreiben (beispielhaft etwa Sartres Deutung von Jean Genet). Was die Philosophie mit den Schriftstellern anstellt – genau das will auch die Soziologie der Kritik mit den Alltagsmenschen anstellen: daran arbeiten, daß deren existentielle Erfahrungen sichtbar und verständlich werden.

Um besser zu begreifen, was wir unter existentieller Prüfung verstehen, mag man z. B. an die Prüfungen *an sich* denken, die Homosexuelle durchmachen mußten, die, jahrhundertelang zu einer Art Untergrunddasein verurteilt, Schimpf und Schande ausgesetzt waren. Ihre Erfahrungen haben sich zunächst in der Literatur, auf der Bühne und in der bildenden Kunst niedergeschlagen, bevor sie kollektive Gestalt gewannen und einer Bewegung den Weg ebneten, die für das, was eine *Gruppe* geworden war, öffentliche Anerkennung einfordern konnten. Parallel zu dieser fortschreitenden – aber beileibe noch nicht völlig erreichten – Anerkennung vollzog sich ein Konturenwechsel der Realität, kam es zur Einführung von Prüfungen *für sich* – genauer gesagt: Realitätsprüfungen –, durch die sich die Kränkung, die Beleidigung objektivieren ließ, was dann ermöglichte, ein Vergehen wie Homophobie per Gesetz strafbar zu machen.

Wenn die Kritik unter Rückgriff auf existentielle Prüfungen den Versuch unternimmt, schmerzhaften Erfahrungen wie Verachtung und Verleugnung, mit denen die Betroffenen bislang ganz für sich allein fertigwerden mußten, öffentliche und geteilte Resonanz zu verleihen, ist ihr weiteres Ziel, das allgemein akzeptierte Verhältnis von Symbolformen und Sachverhalten aufzulösen. Sie kann dies zu erreichen suchen, indem sie der Welt weitere, neuartige Beispiele entlehnt, die den Anspruch der eingeführten Definitionen, allumfassend zu sein, bedrohen und den universellen Charakter des beglaubigten Verhältnisses in Zweifel ziehen lassen. Denn die Beispiele stellen Stichproben von Wesen dar, der Welt entnommen und der Realität eingefügt, in denen die in die Definition der Objekte eingehenden Merkmale instantiiert werden. In gewisser Weise wird mit der Möglichkeit angebbarer Beispiele die Gefahr der Zirkularität, mit der jede Definition konfrontiert ist, durchbrochen, diese zu einem Außen hin geöffnet. Das Problem ist nur, daß der Bereich der möglichen Beispiele selbst unvollständig und unabgeschlossen ist. Tatsächlich müssen die als Beispiele verwendbaren unterschiedlichen Stichproben entsprechend der definitorischen Begrifflichkeit des Objekts neu kodiert werden. Allerdings lassen sich nicht nur Stichproben finden, die entsprechend den bei der Kodierung herangezogenen Merkmalen so kodiert werden können, daß sie die Definition der verschiedenen Objekte abstützen, sondern auch solche mit instabiler Position zwischen den Objekten, die dann zu widersprüchlichen Definitionen führen.

Dies wird sehr gut an den von uns so bezeichneten *Affären* sichtbar. Nehmen wir beispielhaft ein Geschehen, bei dem willentlich der Tod eines Menschen herbeigeführt wurde und der von einigen (nicht allen) als Akt begleitender Sterbehilfe und nicht als kriminelle Tat dargestellt wird. In einer solchen Affäre, der sogenannten »Humbert-Affäre«, hatte eine Frau mit Hilfe eines Arztes ihrem querschnittsgelähmten Sohn, der sie, wie sie zu Protokoll gab, darum angefleht hatte, weil er zur Selbsttötung nicht mehr fähig war, eine tödliche Dosis Gift injiziert. Diese Frau und der ihr beistehende Arzt sind des Verbrechens angeklagt. Die für die Legalisierung der Sterbehilfe eintretenden Vereine können nun, gestützt auf dieses Beispiel und ganz konkret auf die Aussagen dieser Mutter, ihr am Bildschirm in Tränen aufgelöstes Gesicht, ihr Buch, das sie geschrieben hat usw., zum Beispiel sagen: »Nennen Sie das eine Verbrecherin?« Auch wenn sie willentlich etwas getan hat, was den Tod herbeiführte, reicht das als Rechtfertigung nicht aus, sie als *Verbrecherin* – ein entwertendes Prädikat – abzustempeln; durch die Berücksichtigung anderer Merkmale des zur Tat gehörenden Sachverhalts gewinnt sie vielmehr heroischen Charakter. Worauf diese Affäre jenseits des Einzelfalls dieser Frau und ihres Sohnes hinausläuft, ist freilich dies: Sie führt zu einer Veränderung des Bedeutungsumfangs der Bezeichnung »Verbrecher« bzw. »Verbrechen« – definiert anhand der willentlichen Tötung eines anderen – dadurch, daß sie den Abstand zwischen unterschiedlichen Beispielen zur Geltung bringt: auf der einen Seite jene Beispiele von Handlungen, die ohne zu zögern als verbrecherisch gekennzeichnet werden – etwa Raubmord – und die das Zentrum der Kategorie (im Sinne Eléonore Roschs) ausmachen, auf der anderen Seite Grenzfälle (Borderline), bei denen eine andere Bezeichnung gefordert wird.[28]

28 Wie Tomaso Vitale anmerkt, verwandeln die Mobilisierungen somit die »privaten Probleme« und »individuellen Erfahrungen« in »öffentliche Probleme«, die von nun an »die Gruppe in ihrer Gesamtheit« betreffen (vgl. Tomaso Vitale, »Le

Worum es geht, betrifft also die Typen, auf die jene jeweils in ihrer kontextuellen Besonderheit genommenen Handlungen zu beziehen sind, sowie die Form von Achtung, die ihnen entgegengebracht werden muß. Denn es sind nie gleichgültige Handlungen, die nur ein einziges Mal in den Blick geraten können. Die erstgenannten Beispiele aber, zunächst in ihrer kontextuellen Existenz betrachtet, müssen auf einen Typ zurückgeführt werden, der neben weiteren auch das normative Merkmal aufweist, sehr negativ beurteilt zu werden, mit der Folge, daß diesen Beispielen negative Achtung entgegengebracht wird. Umgekehrt sind die zweitgenannten Beispiele auf jenen anderen Typ zu beziehen, der zwar mit dem ersten Typ gemeinsame Merkmale aufweist (in beiden Fällen hat die Handlung willentlich zum Tod geführt), darüber hinaus aber auf normativer Ebene positive oder neutrale Merkmale enthält – was diesen Beispielen gegenüber zu einer anderen Art Achtung verpflichtet.
Kritische Operationen, die häufig wie im gerade erwähnten Fall die Gestalt von *Affären* annehmen, beruhen auf existentiellen Prüfungen insoweit, als sie sich auf gelebte Erfahrungen stützen müssen, Erfahrungen, die dazu dienen, der *Welt* oder, wenn Sie so wollen, dem *Lebensstrom* Elemente zu entnehmen, die sowohl die bestätigten Beziehungen als auch die instituierten Realitätsprüfungen als mangelhaft erscheinen lassen. »Wenn diese Frau eine Verbrecherin ist, dann ist jede liebende Mutter eine Verbrecherin.« Die Affären spielen somit eine sehr wichtige Rolle beim Austausch der Werkzeuge, mit denen die von den Institutionen vollzogenen Qualifizierungsoperationen durchgeführt werden, in unseren Gesellschaften vorzüglich der juristischen Instrumente. Sie bringen neue Beispiele ins Spiel, die in den zugelassenen Definitionen nicht aufgehen, und ermöglichen so die Infragestellung des Rechts und – häufig über den Einsatz reformistischer Rhetorik – seine Anprangerung als »toter Buchstabe«, der mit den Sachverhalten oder, was auf dasselbe hinausläuft, mit dem gewandelten Gefühl einfacher Menschen für die überkommenen Sachverhalte (ihrem »Sinn für Moral«) nicht mehr übereinstimmt. So wird das Recht seiner Fehlerhaftigkeit überführt, wenn es einen Mann, der (einem reichen Betrüger) Brot wegnimmt, um es seinen darbenden Kindern zu geben, als »Dieb« bezeichnet; wenn es ein Mädchen, das abtreiben

tensioni tra partecipazione e rappresentanza e i dilemmi dell'azione collettiva nelle mobilitazioni locali«, in: Tomaso Vitale (Hg.), *In nome di chi? Partecipazione e rappresentanza nelle mobilitazioni locali*, Mailand: Franco Angeli 2007. S. 9-40).

läßt, nachdem es von seinem Chef vergewaltigt wurde, »Verbrecherin« nennt; wenn es eine Mutter als »Mörderin« bezeichnet, der das unmenschliche Leiden ihres querschnittsgelähmten Sohnes das Herz zerreißt, die ihm (auf seinen Wunsch und mit Zustimmung des Arztes) eine tödliche Injektion versetzt usw.

Die kritische Arbeit der Ausnutzung der Widersprüche

Ohne den Katalog der sehr unterschiedlichen Wege auflisten zu wollen, die die Kritik einschlagen kann, möchten wir doch einen Augenblick bei der Frage verweilen, wie sie die Widersprüche ausnutzt, von denen die Realität durchzogen wird, und dies nicht nur beim Vollzug der kritischen Arbeit, sondern auch bei den Formaten. Die Wahrheitsprüfungen sind so aufgebaut, daß sie zwischen disparaten Elementen Kohärenz stiften. Was die Realitätsprüfungen angeht, so unterliegen sie Anforderungen interner Kohärenz, die sich auf regulative Prinzipien konzentrieren. Aber im einen wie im anderen Fall kann die Aufrechterhaltung jener Kohärenzen nur dann mehr oder weniger gewährleistet sein, wenn die Prüfungen in isolierten Arenen stattfinden, so daß sie sich gegenseitig nicht allzusehr beeinflussen können. Unterschiedliche Prüfungen in räumlich und/oder zeitlich benachbarten Kontexten können sich nämlich auf divergierende und sogar nicht zu vereinbarende Prinzipien stützen.[29] Und umgekehrt kann ein und derselbe Rechtfertigungsrahmen zur Stützung schwerlich zu vereinbarender Positionen herangezogen werden. Die Kritik kann diese Disparitäten nutzen, indem sie Prüfungen oder Positionen aus unterschiedlichen Bereichen miteinander in Verbindung bringt, so daß die Widersprüche hervortreten, in denen die fraglichen Akteure befangen sind. So kann im Fall der Auseinandersetzungen über die Frage der Abtreibung die Kritik der »Pro-Choice«-Anhänger zu Recht die Inkohärenz derer aufspießen, die sich »Pro-Life« erklären und doch in anderen Zusammenhängen für die Todesstrafe eintreten. Diese beiden widersprüchlichen Haltungen werden vermutlich von der Transformation ein und desselben kategorialen Operators generiert, der auf der Analogie zwischen dem Gegensatz Leben/Tod und Unschuld/Schuld basiert. Aber dieses von den Opferreligionen ererbte Schema – das den Tod zur Sühne für die Sünde macht – hat heute

29 Vgl. L. Boltanski und L. Thévenot, *Über die Rechtfertigung*, a. a. O.

seine Relevanz und Legitimität eingebüßt, so daß es kaum explizit zu einer Rechtfertigung herangezogen werden und daher nur verdeckt fortwirken kann.[30]

Andere Widersprüche, die die Kritik nutzen kann, zeigen sich, wenn ein und derselbe *Referenz*gegenstand in Abhängigkeit von der jeweiligen Situation unterschiedliche und nicht zu vereinbarende Bedeutungen annimmt. Vom propositionellen Kontext, in dem die Referenz zu einem durch einen festen Designator oder gar durch eine präzise Beschreibung eines festgelegten Gegenstands eingegliedert ist, hängt dann ab, in welche Beziehung er zu anderen, mit anderen Bewertungsmodi verbundenen Typen treten kann. So hat ein und dasselbe Lamm, das auf einer Wiese als »zutraulich und reizend« gelten mag, auf einem Teller die Eigenschaft, »zart und köstlich« zu sein. Es kann je nach Situation »pet or meat« sein (um die Begriffe eines angelsächsischen Beispiels aufzugreifen).[31]

Die Wesen, die in unterschiedlichen Situationen Gegenstand offen widersprüchlicher Qualifizierungen werden können, bilden sehr häufig Vektoren der Kritik, so daß die Grenzen zwischen den Kontexten, in die sie einbezogen werden können, durch besonders starke Separatoren bezeichnet werden müssen. In den – im übrigen sehr häufigen – Fällen dieses Typs treten die komplexesten und rigidesten *Grammatiken* der Qualifizierung und Handlung in Kraft. Ihr objektiver Zweck besteht darin, Kritik fernzuhalten, indem Akteuren und Sprechern die einzuschlagenden bzw. zu vermeidenden Wege nahegelegt werden, auf denen gefährliche Assoziationen vermieden oder – in ihren feinsinnigsten Varianten – praktische Arrangements und rhetorische Formen suggeriert werden, die es ermöglichen sollen, Widersprüche wo nicht aufzulösen, so doch zu kaschieren. Aus den bereits zitierten Arbeiten des Autors der vorliegenden Abhandlung lassen sich einige Beispiele für solche Grammatiken anführen. So hat die Grammatik der *Anklage*

30 In dem Sinn, in dem die kognitive Anthropologie von »verdeckten Kategorien« spricht (vgl. Brent Berlin, Dennis E. Breedlove und Peter H. Raven, »Covert categories and folk taxonomies«, *American Anthropologist*, Bd. 72, 1968, Nr. 2, S. 290-299).

31 Die Bezeichnungen, die Ärzte im Verlauf einer medizinischen Untersuchung dem Fötus geben, lassen ähnliche Feststellungen zu. Der bei der Ultraschallaufnahme ausgemachte Körper des Fötus kann ein und derselbe Referenzgegenstand sein und doch mit unterschiedlichen Bedeutungen belehnt werden, je nachdem ob die Schwangere beschlossen hat, ihn zu behalten oder ihn aus ihrem Körper entfernen zu lassen (vgl. L. Boltanski, *Soziologie der Abtreibung*, a. a. O., S. 229-240).

die Spannung zwischen der Anwendung von Gewalt und einem Wunsch nach Gerechtigkeit zu mildern; die Grammatik der *Rechtfertigung* sucht den Anspruch auf gemeinsames Menschsein, die gleiche Akteure voraussetzt, mit deren hierarchischem Verhältnis kompatibel zu machen; wer aus der Ferne fremdem Leiden beiwohnt (z. B. im Fernsehen), erfährt die Spannung zwischen einem Wunsch, der sich aus seiner Betroffenheit ergibt, und seiner Hilflosigkeit, zur Verbesserung der Lage der Unglücklichen beizutragen, deren Schaupiel ihm geboten wird (was ihn der Beschuldigung aussetzt, er befriedige einzig ein »krankhaftes« Vergnügen),[32] usw. Die Unfähigkeit, mit diesen komplexen Grammatiken korrekt umzugehen, ist im übrigen weitgehend ein Indiz für geistige Verwirrung. Der Sinn für Normalität, von dem wir oben sprachen, stützt sich nicht nur auf eine Kenntnis normativer Modelle (oder Rollen) im Sinne der kulturalistischen Anthropologie. Er hat vor allem ein Gespür für die Art und Weise, in der Personen mit schwierigen Situationen fertigwerden, in denen sie mit der Gefahr des Widerspruchs konfrontiert sind. Er unterscheidet also zwischen einerseits der Normüberschreitung – sei sie krimineller oder lediglich exzentrischer Natur – und andererseits dem Wahn,[33] der sich in der Fremdartigkeit zeigt, mit der die komplexen Grammatiken des Widerspruchs angewandt werden, häufig in übertriebener Weise, als gelänge es verwirrten Personen nicht, den wenig anspruchsvollen Umgang normaler Personen mit den Prinzipien der Kohärenz hinzunehmen, deren Relevanz ihnen bekannt sein müßte.

Wenn die Kritik die in einem bestimmten Zustand der sozialen Realität steckenden Widersprüche zum Vorschein bringt, bedient sie sich oft der *Provokation*. Eine Geste – die man mit Irrsinn in Verbindung bringen könnte, würde sie nicht absichtlich und sogar strategisch vollzogen – wird öffentlich durchgeführt, um die Zuschauer reagieren – sie »aus der Haut fahren« – zu lassen, das heißt in einer Weise, daß sie gezwungen werden, aus den Grenzen der die Widersprüche einschließenden, komplexen Grammatiken auszu-

32 Luc Boltanski, *La souffrance à distance. Morale humanitaire, médias et politique*, Paris: Gallimard 2007 [1993].

33 Ich stütze mich hier auf eine laufende Untersuchung von Delphine Moreau. Diese Arbeit bezieht sich auf Freunde und Verwandte junger Menschen, bei denen Schizophrenie diagnostiziert worden war, und insbesondere darauf, wie sie den Verdacht gefaßt haben, daß diese »exzentrischen Wesen« in Wirklichkeit geistig krank waren. Vgl. Delphine Moreau, *Faire interner un proche? Le travail sur l'autonomie en contexte de troubles psychiatriques*, Dossiers d'études, Nr. 94, Paris: CNAF 2007 (auf der Website konsultierbar).

scheren, deren gewöhnlich kaschierte Präsenz damit *enthüllt* wird. So kann die Provokation beispielsweise – tritt sie etwa gewaltsam auf – die politischen Ordnungen, die sich auf Demokratie und Menschenrechte berufen, dazu veranlassen wollen, sich in Widerspruch zu diesen ihren angeblichen Werten zu begeben und die ihnen latent enthaltene repressive Gewalt auszuspielen.[34]

Die vier Richtungen des Enthüllens und die Verwirrtheit der Kritik

Bei der Wahrheitsprüfung kann wie bei der Realitätsprüfung und der existentiellen Prüfung von *Enthüllung* gesprochen werden, allerdings mit jeweils anderer Bedeutung. Die Wahrheitsprüfung *enthüllt* ein Universum von Zeichen, indem sie es umfassend in seiner Kohärenz entfaltet. Sie macht es *manifest* und gibt dem *Glanz*, was in ihm mit dem Gefühl von *Achtung* vereint ist. Mittels *Handlungen enthüllt* die Realitätsprüfung die im Innern der Wesen verborgenen *Potenzen*, damit sie so behandelt werden, wie es ihrem wahren Wesen entspricht, und damit Kohärenz und Kohäsion einer *Realität* bewahrt bleiben, die sich so weitgehend wie möglich mit den von den Wahrheitsprüfungen entfalteten Vorstellungen deckt, das heißt einer Realität, in der *Richtigkeit* und *Gerechtigkeit* vereint sind. Die existentielle Prüfung wiederum *enthüllt*, sofern ihr der Weg zur Formulierung und zum Öffentlichwerden gelingt, den *unvollkommenen*, *unabgeschlossenen Charakter* der Realität und selbst deren *Kontingenz*, indem sie aus dem *Lebensstrom* Beispiele schöpft, die in der Lage sind, deren Fundamente zum Wanken zu bringen und sie dergestalt zu problematisieren, daß sie sie mit jenem unerschöpflichen und folglich nicht *total zu erfassenden* Vorrat konfrontiert, den die *Welt* darstellt.

Diesen drei Richtungen, in die die Enthüllung sich erstrecken kann, ist eine vierte hinzuzufügen, die für die Kritik eine Versuchung und eine Bedrohung darstellt. Wir werden versuchen, sie analytisch zu identifizieren, indem wir herausarbeiten, was sie von den in existentiellen Prüfungen angewandten Enthüllungsformen unterscheidet, an die jene letzte Richtung sich bis zur Ununterscheidbarkeit anlehnen kann. Wie die Realitätsprüfungen zeigen auch

34 Vgl. Dominique Linhardt, »Guerilla diffusa. Clandestinité, soupçon et provocation dans le conflit entre organisations révolutionnaires subversives et l'Etat ouest-allemand (années 1970)«, *Politix*, Bd. 19, 2006, Nr. 74, S. 75-102.

die existentiellen Prüfungen sich als Prüfungen einer *bestimmten Sache*, mag auch in ihrem Fall das Geprüfte nicht Gegenstand einer offiziellen Qualifizierung oder auch nur einer expliziten Charakterisierung sein, die es den realitätsstützenden normativen Formaten integrieren könnten. Nichtsdestoweniger kann diese Sache von den Akteuren selbst – oder, zunächst einmal, von einigen von ihnen –, ausgehend von dem Leiden, das mit ihrer Entbehrung einhergeht, deutlich bezeichnet werden und als ausdrücklicher *Wunsch* nach dieser Sache dessen substantielle Erfüllung einleiten. Diese Präzisierung der Entbehrung und die Formulierung des Begehrens eröffnen die Möglichkeit, daß andere sich ihm anschließen und dem *Vermißten* Ausdruck verleihen, was die Form *kollektiver* Forderungen annehmen kann, wenn andere sich darin wiedererkennen. Das besagt, daß die Kritik sich in diesem Fall nicht allein als Gegensatz zur etablierten Ordnung einer insgesamt opaken Realität bestimmt, sondern auch oder vor allem durch ihren Bezug auf Möglichkeiten, die in der Erfahrung der Welt bereits identifizierbar wurden – Möglichkeiten, die sich im Lebensstrom durch Leiden und Begehren kundtun.

Konnte diese Arbeit der Präzisierung jedoch nicht vollzogen werden, dann mag die tatsächliche Erfahrung des Leidens und des Mangels sich in einer Art Enthüllungssucht niederschlagen, die sich als *Generalverdacht* äußert. In diesem Fall braucht die Kritik keine andere Grundlage als die anerkannten Wahrheiten, ohne in der Lage zu sein, sich auch in einem spezifischen Begehren, dem Begehren nach etwas Bestimmtem, zu verankern.[35] Die Kritik leidet dann an einem Mangel und zugleich Überfluß an Gegenständen. Dieser kritischen Konfiguration genügt es, daß eine Wahrheit anerkannt ist, um sie unter Verdacht zu stellen, ohne daß sie die Solidität ihrer Instrumente unbedingt ernsthaft geprüft hätte oder zumindest auf Rechtfertigungen eingegangen wäre, die ihr entgegengehalten werden und denen zu erwidern sie sich keineswegs gehalten fühlt. Die vom Verdachtstrieb entwickelte Kritik – sie ent-

35 Es ist allerdings zu bemerken, daß diese Art Kritik versuchen kann, sich in einer idealisierten, aber fernen »Realität« zu verankern, die daher leicht in dem Sinn mythifiziert werden kann, daß sie ausgehend von Fragmenten schriftlicher oder mündlicher »Zeugnisse« imaginär rekonstituiert wird, so daß die, die sich auf sie beziehen oder berufen, sie gar nicht direkt kennen können. Und gerade weil diese »Realität« nicht unmittelbar erfahren wurde (keinerlei Realitätsprüfung beinhaltete sie), nimmt die Kritik, die sich auf sie beruft, einen zugleich künstlichen, starren und unwiderlegbaren Charakter an, auf was auch immer sie sich angeblich bezieht.

spricht ziemlich genau dem, was man gewöhnlich unter Nihilismus versteht – kann als *entfremdet* in dem Sinne bezeichnet werden, als sie sich durch nichts anderes bestimmen läßt als durch die Kräfte, die ihr zu widerstehen scheinen. Zwar bleibt sie von einem Begehren motiviert. Aber dieses gegenstandslose Begehren ist nichts weiter als die Umkehrung dessen, was sie bedrückt. Daher ihre Tendenz einerseits zur Elaboration von Fiktionen, von denen sie sich nährt, und andererseits dazu, Befriedigung in der kritischen Geste selbst zu suchen statt in ihrem Erfolg und der Versuchung zu erliegen, die gewissermaßen um ihrer selbst willen angestrebten und geschätzten transgressiven Akte zu ästhetisieren, als handle es sich um Kunstwerke.

Vermutlich ließe sich zeigen, daß diese geistig verwirrte Kritik zumindest größtenteils von den Hindernissen ausgelöst wird, denen sie begegnet. Der Verdacht verallgemeinert sich in dem Maße, in dem die Beziehung zwischen institutioneller Bestätigung und kritischer Infragestellung aus den Fugen geraten ist, und zwar zuungunsten der Kritik. Die Realität erreicht dann ein Ausmaß an Kohärenz, an Geschlossenheit gegenüber allem, was nicht in die etablierten Rahmenbedingungen paßt, und zugleich an Festigkeit und Dauerhaftigkeit, daß diejenigen, deren Erwartungen immer wieder von entmutigenden Prüfungen enttäuscht werden, ihr schließlich eine Intentionalität unterstellen und die Realität insgesamt als *Komplott* betrachten. Wenn anerkannte, mit institutioneller Macht ausgestattete Instanzen Wahrheiten als absolut und unantastbar ausgegeben und geschützt werden – und dies nicht nur durch Rechtsgelehrte, sondern auch durch Polizeimaßnahmen, die jeden Dissens zu sanktionieren bereit sind –, dann wird die Versuchung fast unwiderstehlich, sie (der Logik der Blasphemie folgend) gerade darum zu leugnen und durch praktisches Verhalten zu zeigen, daß die mit ihnen verbundenen Normen übertreten werden können. Die unbeugsamsten Herrschaftsverhältnisse sind in dieser Hinsicht nicht die unverwundbarsten, und dies selbst dann nicht, wenn die verwirrte Kritik letzten Endes nichts anderes vermag, als sie zugunsten anderer Herrschaftsverhältnisse zu stürzen. Es sei denn, es gelänge ihr, sich zu emanzipieren und an die Erfahrung der Akteure anzuknüpfen, das heißt an ihr Leiden und ihre Wünsche und auch an den Sinn für Moral, der sie bei der Interpretation dieser Prüfungen und bei dem Versuch leitete, sie zu überwinden und politisch zu wenden, um Schmerzen und Träume in Forderungen und Hoffnungen zu verwandeln.

5. Politische Herrschaftsmodi

Die Verkörperung des hermeneutischen Widerspruchs in politischen Regimen

Im vorangegangenen Abschnitt wurde der hermeneutische Widerspruch in seiner allgemeinen Form dargestellt. Unter diesem Gesichtswinkel könnte er als zwangsläufige Folge jeder politischen Ordnung interpretiert werden, unterliegen sie doch alle gleichermaßen der Notwendigkeit von Institutionen und der Unvermeidlichkeit von Kritik. So gesehen wäre Kritik aber mehr oder weniger vergeblich, könnte sie sich doch von den Bindungen nicht lösen, die sie noch in ihrer subversiven Arbeit an Institutionen fixieren (und eine Art konfliktgeladene Verbundenheit von »Herr und Widerherr« darstellen).[1] Letzten Endes trüge sie dann dazu bei, eine politische Ordnung unter anderen Modalitäten zu reproduzieren, die im wesentlichen derjenigen gleichkäme, der die Kritik gegolten hatte. Diese Sicht – der Weberschen nicht ganz fremd – liefe mehr oder weniger darauf hinaus, abgehobene Herrschaftstheorien zu beglaubigen, für die jedwede politische Ordnung auf Herrschaftseffekten fußt, Herrschaft also allgegenwärtig ist, und die folglich (wie wir schon feststellen konnten) in etwa zu denselben praktischen Konsequenzen führt wie die Positionen, die das ganze Problem der Herrschaft ein für allemal ad acta legen wollen.

Nun ist aber hervorzuheben, daß der hermeneutische Widerspruch sich einerseits stets in spezifischen Formen äußert und daß er sich andererseits mit Regierungsformen verbindet, die nicht nur unterschiedlich, sondern auch in Beziehung auf die von ihnen zugelassenen Herrschaftseffekte ungleich repressiv sind. Als *politisches Regime* lassen sich daher die *Arrangements* bzw. *Übereinkünfte* bezeichnen, die, für historisch unterschiedliche Gesellschaften konstitutiv, sich um den hermeneutischen Widerspruch herum aufbauen, um ihn in unterschiedlichen Formen zu verkörpern und zugleich zu kaschieren.[2] Diese Arbeit des Kaschierens ist es weitge-

1 In Anlehnung an Michel Serres' Kommentar zu Carpaccios Kampf des heiligen Georg mit dem Drachen (*Carpaccio. Ästhetische Zugänge*. Deutsch von Ulrich Raulff, Reinbek b. Hamburg: Rowohlt 1981, S. 41).

2 Den Begriff ›Arrangement‹ bzw. ›Übereinkunft‹ im hier benutzten Sinn habe ich in meiner *Soziologie der Abtreibung* entwickelt. Die Argumentationsweise ist dieselbe, handelt es sich doch auch in dieser Untersuchung um einen allgemeinen

hend, die Herrschaftsmodi auf den Plan ruft, die um so notwendiger sind, als die Institutionen selbst der Fortdauer bestehender Asymmetrien und Ausbeutungsformen zuarbeiten und/oder die Stimme der Kritik vernehmbarer wird. Wie schon im letzten Abschnitt vermerkt, kann kein politisches Regime dem Risiko der Kritik völlig entgehen, die ja in unterschiedlichen Formen dem hermeneutischen Widerspruch selbst innewohnt. Als Herrschaft im wahren Sinn des Wortes ist daher nicht ein Sachverhalt zu bezeichnen, der sich ein für allemal durchsetzt: vielmehr handelt es sich um *Prozesse*. Mittels dieser Prozesse suchen die Instanzen, die sich der Bestimmung dessen, was ist, und der Aufrechterhaltung der Realität annehmen, die Kritik einzudämmen und in Grenzen zu halten, sie zum Schweigen zu bringen oder zur Flucht zu zwingen oder, anders gesagt: die Realität derart zu stabilisieren, daß sie die Welt weitestmöglich verdeckt und daran hindert, sich kundzutun.

Was Herrschaft bewirkt, läßt sich daher unter anderem durch ihre Fähigkeit kennzeichnen, das Feld der Kritik mehr oder weniger stark einzuschränken oder, was praktisch auf dasselbe hinausläuft, ihr jeden Einfluß auf die Realität zu nehmen. Herrschaft unterbricht die Reflexivitätsschleifen, die Bestätigung und Kritik miteinander verbinden. Die Funktion der Bestätigung verdrängt die kritische Funktion und macht sie mehr oder weniger mundtot, was sich in einer absoluten Vorherrschaft der Wahrheitsprüfungen gegenüber den Realitätsprüfungen und mehr noch den existentiellen Prüfungen niederschlägt, die den Zugang zum Bereich der öffentlichen Kommunikation einbüßen. Der Fall der Prüfungen stellt aber nur eine Nebenwirkung der *Verdrängungs*mechanismen dar, deren Hauptgegenstand der hermeneutische Widerspruch selbst ist. In einem historischen Kontext, der den Akteuren die Autonomiemarge beläßt, auf die ihr Handeln angewiesen ist (um mit einer Ungewißheit umzugehen, ohne zwangsläufig äußeren Anweisungen oder einem verinnerlichten Programm zu folgen), gehört der hermeneutische Widerspruch zu den Dispositiven, die dem sozialen Leben vorgegeben sind. Die Personen können entsprechend tun, als kennten sie ihn nicht, können ihn aber auch aufgreifen und in den Vordergrund rücken. In einem herrschaftsbestimmten Kontext hingegen wird er verworfen. Es ist daher durchaus legitim, gegenüber Situationen dieser Art eine normative Sprache zu verwen-

Widerspruch, der in unterschiedlichen Arrangements zugleich verkörpert und kaschiert wird.

den und sie als *pathologisch* zu bezeichnen.[3] Was auch besagt, daß das Hauptindiz einer pathologischen Situation nicht Inkohärenz und auch nicht Uneinigkeit ist (wie eine konservative Interpretation der Durkheimschen Position glauben machen könnte). Denn es gehört ja zum normalen Leben in Gesellschaft, daß es nur sehr partiell kohärent ist und trotzdem die Koexistenz von Wesen möglich macht, deren Differenzen und Divergenzen immer stärker sind als das, was sie, und sei es nur gelegentlich, zusammenbringt. Was eine pathologische Situation als solche kennzeichnet, ist daher im Gegenteil *die manische Suche nach Kohärenz*,[4] als könne es den Menschen gegeben sein, alle zusammen in einer einzigen, immergleichen Welt zu leben.[5]

Ohne die Beschreibung bis ins Einzelne zu treiben – was die Grenzen dieses kurzen *Abrisses* sprengen würde –, lassen sich doch einige Dimensionen angeben, die eine Analyse der Modalitäten berücksichtigen könnte, die der hermeneutische Widerspruch in unterschiedlichen historischen Situationen und politischen Regimen annimmt.

Eine erste zu berücksichtigende Dimension könnte die Form sein, in der der hermeneutische Widerspruch in Abhängigkeit von dem vorherrschenden politisch-semantischen Regime, das heißt der Natur der Institutionen auftritt, die in erster Linie zu sagen haben, was es mit dem, was ist, auf sich hat. Weiter unten werden wir insbesondere den Unterschied zwischen Institutionen betonen, die sich in irgendeiner Weise auf die *volonté générale* berufen (in welcher Form der Volkswille sich auch immer kundzutun hat), und solchen, die sich vor allem auf das Expertentum und am Rande auf die Autorität der Wissenschaft stützen.

Eine zweite Dimension, die die Art umreißt, in der der hermeneutische Widerspruch eine spezifische politische Ordnung prägt, stellt die Berücksichtigung der Dispositive dar, die dazu beitragen, ihn

3 Bekanntlich benutzt Durkheim diese Bezeichnung in *Die Regeln der soziologischen Methode* (übers. v. René König, Frankfurt am Main: Suhrkamp 2002 [1895]), neuerdings auch Axel Honneth, wenn er von den »Pathologien des Kapitalismus« spricht (»Eine soziale Pathologie der Vernunft. Zur intellektuellen Erbschaft der Kritischen Theorie«, in: Axel Honneth, *Pathologien der Vernunft. Geschichte und Gegenwart der Kritischen Theorie*, Frankfurt am Main: Suhrkamp 2007, S. 28-56).

4 Dieses Motiv entwickelt Arnaud Esquerre, *La manipulation mentale. Sociologie des sectes en France*, Paris: Fayard 2009.

5 Eine soziale Welt, die aus einer Pluralität von Welten besteht, skizzieren L. Boltanski und L. Thévenot in: *Über die Rechtfertigung*, a.a.O.

weitestmöglich zu verschleiern. Ein politisches Regime definiert sich nämlich zumindest partiell durch die Weise, in der es den hermeneutischen Widerspruch behandelt, das heißt meist: dadurch, wie die Dispositive angeordnet sind, die ihn umgehen oder kaschieren. Zu diesen Dispositiven zählen alle, die zur Verabsolutierung der Institutionen beitragen. Diese Dispositive mögen eine symbolische – oder besser gesagt mythische – Dimension haben: so beispielsweise die, welche die Fiktion, auf der die Institutionen aufbauen, in einer *politischen Philosophie* zu verankern suchen, und zwar insbesondere die bis heute mächtigste und allgemeinste unter diesen Fiktionen, auf die die in spezifischen Bereichen operierenden Institutionen ihre Legitimität stützen, die Institution des *souveränen Staats* nämlich. Aber neben den großen theologisch-politischen Mythen – mögen sie sich nun auf göttliches Recht oder auf das souveräne Volk berufen, auf die Nation, die Wissenschaft usw. – steht eine Vielzahl bescheidenerer Dispositive, deren Rolle für das tägliche Funktionieren der institutionellen Macht gleichwohl nicht wegzudenken ist. Ihnen obliegt es, Sprechern und hohen Beamten eine symbolische Würde zu verleihen, um ihre institutionelle Metamorphose – so gut es geht – von ihrer körperlichen Erscheinung in anderen Situationen zu trennen, in denen sie als gewöhnliche Menschen handeln. Unter diese sehr zahlreichen und oft sehr subtilen Dispositive lassen sich beispielsweise diejenigen einreihen, die die *multiple Positionierung* regeln und die zu erschweren versuchen, daß unterschiedlichen Positionen, die ein und dieselbe Person in unterschiedlichen Räumen besetzt – in unserer Gesellschaft z. B. in einem politischen und in einem ökonomischen Raum –, in einer synoptischen Tabelle erfaßt und miteinander in Verbindung gebracht werden.[6]

Eine dritte interessante Dimension ist keine andere als die, in der institutionelle Macht und Kritik ineinandergreifen. Obwohl vermutlich in keiner Gesellschaft jede Form von Kritik fehlt, unterscheiden politische Regime sich durch die Rolle, die sie der Kritik gegenüber der Macht der Institutionen einräumen. So lassen sich, wie wir noch sehen werden, politische Regime, in denen die institutionelle Gewalt auf Kosten einer Vernichtung der Kritik aufrechterhalten wird, von politischen Regimen unterscheiden, die sie zumindest verbal gewähren lassen, was nicht unbedingt heißt, daß sie jede Form von Herrschaft abgelegt hätten.

6 Vgl. Luc Boltanski, »L'espace positionnel«, *Revue française de sociologie*, Bd. 14, 1973, Nr. 1, S. 3-20.

In diesem Abschnitt werde ich den Idealtyp (wenn ich so sagen darf) der beiden Herrschaftsmodi skizzieren, die die zeitgenössischen westlichen Gesellschaften markiert haben. Zunächst aber möchte ich versuchen, verschiedene mögliche politische Regime in eine breitere historische Perspektive einzuordnen und in großen Zügen zu überprüfen, wie unterschiedliche politische Metaphysiken mit dem unausbleiblichen Problem der Integrierung der kontinuierlichen, graduellen oder plötzlichen, jedenfalls aber unvermeidlichen Veränderungen der bestehenden Ordnung umgehen.

Ungewißheit und die Frage der Veränderung

Die unter dem Zwang der Ungewißheit stehende Beziehung zwischen institutionellen Formen und Formen der Kritik ist eng verbunden mit der Frage der *Veränderung*. Denkbar ist durchaus, daß in der absurden Utopie einer unwandelbaren und geschichtslosen Welt die Gesichtspunkte der verschiedenen Personen gleichsam mechanisch konvergierten. In der wirklichen Welt dagegen ist die Erfahrung von Veränderung – und sei es nur die des Alterns – die allgemeinste und unausweichlichste. Aber diese primäre Erfahrung kann man nicht auf sich beruhen lassen – ihr muß fortwährend entgegengewirkt werden. Keine Gruppe von Menschen könnte sich ihr so einfach hingeben, sich ihr überlassen, ohne sich das Leben im wahrsten Sinn des Wortes unmöglich zu machen und sich dazu zu verurteilen, in der Vielheit der aufeinanderfolgenden und sich aleatorisch überlagernden Sachverhalte unterzugehen. Zugleich aber muß diese Erfahrung immer wieder aufgenommen und aktiviert werden, um zu verhindern, daß die Realität alle Bindung zur Welt verliert. Wie Veränderung zum einen bewältigt werden kann durch Einfügung in eine Ordnung, die sie sowohl anzuerkennen und zu absorbieren vermag, um die Realität vor dem Zusammenbruch zu bewahren – eine Frage, die sich den Institutionen stellt –, wie zum anderen, gestützt auf Veränderung, jene Ordnungen angeprangert und jene konstruierten Realitäten ins Wanken gebracht werden können – eine Frage, die sich der Kritik stellt –, dies kann vielfältig beantwortet werden. Aus einer Palette möglicher Lösungen fassen wir zwei ins Auge, die in den westlichen Gesellschaften eine herausragende Rolle gespielt haben (und noch immer spielen). Wir greifen dabei zurück auf Kategorien aus Philippe Descolas' Werk zur strukturalen Anthropologie der Meta-

physiken, die mit der in unserer Gesellschaft so genannten »Natur« verknüpft sind.[7]
Eine erste, als *idealistisch* (oder, wenn man will, platonisch) zu bezeichnende Lösung besteht in der Ausarbeitung von Typen oder Idealen (Wesenheiten), die Wahrheiten enthalten, die der Schein der Dinge fortwährend Lügen zu strafen sucht. Erkennen, Erkenntnis wird von hier aus nicht bestimmt als Beobachtung und Beschreibung der Oberflächenerscheinungen, die mit unsteten und trügerischen Singularitäten assoziiert sind, sondern als Verstehen der Typen oder Ideale, die allein über die Macht und das Vermögen verfügen, der sinnlichen Realität Form und Sinn zu verleihen. In derartigen Konstruktionen müssen die Inhaber der Erkenntnis – Gelehrte und Philosophen – jene sein, denen die Autorität und folglich die legitime Ausübung der Macht zusteht. In ihnen verkörpern sich die Institutionen. Ihre Hauptaufgabe lautet, die Fragmentierung, das Auseinanderbrechen des Gemeinwesens, das ihm durch die ungezügelte Konfrontation der *Standpunkte*, das heißt durch die *öffentliche Meinung*, droht, dadurch zu verhindern, daß die Affekte und Handlungen der Staatsbürger – ob durch Einsicht oder Zwang – auf jene der Alltagswahrnehmung entzogenen Fokalpunkte gelenkt werden: die Typen und Ideale. In diesem Sinne stellen sie – ob eher demokratisch oder eher autoritär gesinnt – Friedensstifter dar, da ohne ihr hellsichtiges Eingreifen das Kollektiv sich zerstreiten und auseinanderfallen würde. Diese Lösung kann als *politische* bezeichnet werden, unabhängig davon, auf welche – je nach historischer Konjunktur unterschiedliche – Weise ein immer prekärer Kompromiß zustande kommt zwischen einem unmittelbar oder durch Vertreter zum Ausdruck gebrachten Volkswillen und der Autorität von ihres Wissens wegen auserwählten Führern oder Experten. Auch diese können sich nicht völlig blind der Veränderung sperren. Aber ihre Weisheit zeigt sich gerade in ihrer Fähigkeit, ihr zu widerstehen oder sie so lange wie möglich *hinauszuzögern* oder aber sich ihrer interpretatorisch zu bemächtigen und sie *auf sanfte Art* der bestehenden Ordnung einzufügen (was darauf hinausläuft, sie ihrer revolutionären Potentialitäten zu berauben).
Eine zweite, von Philippe Descola als »Analogismus« bezeichnete Lösung besteht demgegenüber darin, von Singularitäten auszugehen und sie innerhalb der vielfältigen räumlichen und/oder zeit-

7 Philippe Descola, *Par-delà nature et culture*, Paris: Gallimard 2005.

lichen Kontexte zu betrachten, in denen sie eingebunden sind, zwischen ihnen auf der Grundlage sinnlicher Eigenschaften (wie Farbe, Geruch, Form usw.) Ähnlichkeiten und Unterschiede herzustellen und sie so in ein feinmaschiges und niemals geschlossenes (weil für neue Entdeckungen immer durchlässiges) Netz von *Korrespondenzen* einzufügen. Diese zeichnen sich vor dem Hintergrund der ihrer Konstruktion nach unvergleichbaren Erfahrungen der Menschen ab und ermöglichen so, zwischen diesen Erfahrungen Zusammenhänge herzustellen, die insoweit genau als *analogische* bezeichnet werden können, als sie – im Unterschied zu Klassifizierung oder Kategorisierung, die auf der einen oder anderen Form von Idealismus beruhen (mit Bezugnahme auf einen die Klasse/Gruppe/Kategorie definierenden Typus) – die Singularität der Wesen, zwischen denen ein Verhältnis gesetzt wird, bewahren. In diesem Fall wird die Veränderung absorbiert, nämlich integriert in den Pulsschlag des sich fortwährend formierenden und deformierenden Netzes. Es wäre allerdings ein Irrtum zu glauben, diese Lösung käme der Anerkennung der Veränderung eher entgegen. Denn in einer derartigen Konstruktion wird Veränderung immer nur lokal, in umständebedingten Dimensionen erfaßt, ohne allgemeine Gestalt zu gewinnen. Die Folge: Veränderung wird in ein und derselben Operation anerkannt und ignoriert oder zumindest doch unterbewertet.

Innerhalb dieser zweiten Lösung, die als *poetische* zu bezeichnen wäre, besteht die Rolle der Institutionen zunächst darin, anhand von Gesten oder Worten, Zeremonien, Ritualen oder Gedichten in steter Weise die Wechselspiele der Symbole zu bestätigen, mit denen die Korrespondenzen hergestellt werden können; und dies besonders intensiv dann, wenn der Eindruck aufkommt, Ereignisse von ungewöhnlicher Stärke und Fremdheit ließen das Feld der Singularitäten insgesamt problematisch werden, oder wenn es gilt, die Metamorphosen von Menschen zu begleiten.[8] Womit ge-

8 Die Eventualität einer Metamorphose hängt Philippe Descola zufolge von der Möglichkeit der Menschen ab, sich äußerlich zu verändern und doch innerlich mit sich identisch zu bleiben, oder auch umgekehrt (wie in unseren Gesellschaften meist der Fall): in ihrer äußeren Erscheinung identisch zu bleiben und sich innerlich zu wandeln. Nach Hans Blumenberg (»Wirklichkeitsbegriff und Wirkungspotential des Mythos«, in: Manfred Fuhrmann (Hg.), *Poetik und Hermeneutik*, Bd. 5: *Terror und Spiel*, München: Wilhelm Fink 1971, S. 11-66) haben die biblische Tradition und in ihrer Folge das Christentum unablässig die in der griechischen Mythologie zentrale Möglichkeit der Metamorphose wie auch deren Wiederkunft in den Häresien bekämpft. Nichtsdestoweniger läßt sich denken, daß

sagt ist, daß in jenen Gesellschaften oder historischen Augenblikken, in denen diese zweite Lösung gegenüber der ersten vorrangig wird, die Institutionen nach außen hin sichtbarer, aktiver und präsenter werden. Widmen sich idealistische Institutionen vornehmlich häufig recht unscheinbaren Aufgaben der Prognose und Prävention, wie ihr Interesse an der *Erziehung* der *Staatsbürger* bezeugt, müssen demgegenüber die analogischen Institutionen gleichsam permanent auf der Lauer liegen, um einzugreifen, wenn es gilt, die durch unvorhergesehene Ereignisse entstandenen Löcher im Gewebe der Korrespondenzen zu stopfen.

Daraus folgen auch unterschiedliche Arten von Kritik, die sich auf unterschiedliche Aktualisierungen des *hermeneutischen Widerspruchs* stützen. Gegenüber *idealistischen* Institutionen wird die Kritik unter Rückgriff auf eine verkörperte Konzeption des hermeneutischen Widerspruchs entweder die Repräsentativität bzw. Integrität des Sprechers bzw. Wortführers oder aber die Kompetenz des Führers oder Experten anfechten und die Destabilisierung der Typen und Ideale dadurch zu erreichen suchen, daß sie bald unqualifizierbare Sachverhalte vorzeigt, bald Widersprüche zwischen Kategorienarten aufdeckt. Gegenüber *analogischen* Institutionen besteht die Aufgabe der Kritik darin, auf den unzulässigen Charakter eines Einzelereignisses und die gescheiterten Versuche ritueller oder narrativer Natur abzuheben, um es wieder in das Gewebe der Korrespondenzen einzufügen, außerhalb dessen jedes Geschehen sinnlos ist. Auch in diesem Fall wird der hermeneutische Widerspruch einen hervorstechenden, aber im Austinschen Sinn *performativen* Charakter gewinnen, wobei die Kritik sich bemühen wird aufzuzeigen, daß die institutionellen Riten zum Scheitern verurteilt waren, weil sie nicht adäquat vollzogen wurden (was hinsichtlich eines Ritus bedeutet: gar nicht vollzogen) – womit sie die Ordnung der Dinge selbst in Aufruhr versetzt. Die Unruhe wird sich unter diesen Umständen weniger auf die eigentliche Person der Autoritäten richten und deren Integrität oder Kompetenz in Zweifel ziehen, als auf die nicht minder verstörende Frage, ob die erforderlichen Handlungen und Gesten in ihren winzigsten Details auch korrekt ausgeführt wurden. Eine Verstörung

die Metamorphose eine schwerlich auszuschließende Evidenz darstellte, da sie im 12. Jahrhundert im christlichen Abendland wiederkehrt, namentlich in Form des Werwolfs, und in der Theologie in allerdings erfolglos gebliebenen Versuchen, die Verwandlung der Arten als Metamorphosen zu deuten (vgl. Carolyne Walter Bynum, *Metamorphosis and Identity,* New York: Zone books 2001).

dieser Art ist schwer zu beheben, da selbst dann, wenn präzise, schriftlich festgelegte oder in der Erinnerung der Weisen und Alten aufbewahrte Verfahren vorliegen, die Liste der zu befolgenden Regeln sich nie mit all den vielfältigen Umständen decken kann, die aufgrund ihres Auftretens in der Welt unbegrenzt sind.

Es ist verführerisch, die *Moderne* durch die ständig wachsende Bedeutung der Kritik zu kennzeichnen. Freilich entspricht dieser Prozeß faktisch vor allem der Entwicklung der idealistischen zuungunsten der analogischen Kritik. Intensivierung und stärkere Sichtbarkeit der Kritik sind einhergegangen – wie die Arbeiten Bruno Latours gezeigt haben – mit einer erheblichen Einschränkung des Anwendungsfeldes der Kritik. Getragen wurde dieser Siegeszug bei gleichzeitiger Beschränkung zum einen durch den Niedergang der noch im Europa des 16. Jahrhunderts sehr wirkmächtigen analogischen Modi der Realitätskonstruktion – einen Niedergang, der geprägt war durch schwindende Präsenz der Institutionen auf symbolisch performativer Ebene, der Rituale, der Zeremonien, der Sprache, und parallel dazu durch eine Stärkung der minder spektakulären, von uns als idealistisch bezeichneten Formen des institutionellen Lebens. Das Erstarken der Kritik wie ihre Eindämmung stehen zum anderen in engem Zusammenhang mit dem, was Philippe Descola den »Naturalismus« und was Bruno Latour in seinem Werk *Wir sind nie modern gewesen* die »große Trennung« nennt:[9] also die Verteilung der Aufgabe der statuarischen Festlegung dessen, was ist, und ihrer kontinuierlichen Bestätigung auf zwei unterschiedlich geartete Institutionen je nachdem, was in den Blick genommen werden sollte, die der »Natur« unterstehenden Fakten oder aber die dem gesellschaftlichen Leben der Kollektive unterstehenden Tatsachen.

In dieser großen Trennung wurden also die Aufgaben der Kritik auf zwei Sorten von Institutionen aufgeteilt: die *wissenschaftlichen Institutionen* auf der einen, die *politischen Institutionen* auf der anderen Seite. Wie Bruno Latour sehr treffend gezeigt hat, nahm die der Wissenschaft zugebilligte Macht in dem Maße stetig zu, wie sie die dem Reich der Natur zugewiesenen Fakten an sich zog und damit der Politik entriß. Wissenschaft im so definierten Sinn hat es sich als Ehre angerechnet, Kritik zum Hauptinstrument ihrer Erkenntnis zu erheben. Im gleichen Zug wurde die Kritik aber

9 Bruno Latour, *Wir sind nie modern gewesen. Versuch einer Symmetrischen Anthropologie*. Aus dem Französischen von Gustav Roßler, Frankfurt am Main: Suhrkamp 2008.

auch dem Zugriff der Mehrheit entzogen und in die Hände der Wissenschaftler und in sie allein gelegt; mit der – bei näherer Betrachtung höchst befremdlichen – Konsequenz, daß letztere sich die Macht zugesprochen haben, Wahrheiten, die sie zu einem bestimmten Augenblick äußern, als (von den anderen) nicht diskutierbar zu erklären, sich zugleich aber auch die Freiheit vorbehalten haben, sie kurze Zeit später wieder zu verwerfen. Möglich, daß man der Wissenschaft mit der Macht zur Stabilisierung der Beziehung zwischen Symbolformen und Sachverhalten in bezug auf die meisten relevanten Gegenstände (zu) viel zugestanden hat. Jedenfalls wurde damit der Autonomisierung der Sozialkritik in Bereichen Tür und Tor geöffnet, die im Unterschied zu wissenschaftlichen Problemen als genuin *politische* definiert waren. Doch aufgrund des Umfangs der Fragen, für die die Wissenschaft zur einzigen Autoritätsinstanz geworden war, erfuhr im selben Zug diese Kritik auch eine enge Begrenzung.

Innerhalb dieser Landschaft hat das Auftreten der Sozialwissenschaften, zumal der Wirtschaftswissenschaften, den bei der großen Trennung hergestellten Kompromiß zwischen (großer) Wissenschaft und (kleiner) Politik erheblich modifiziert, nämlich den Manövrierraum letzterer noch weiter vermindert. Auf das kritische Postulat »Alles ist politisch« – das unsere Jugend prägte (aber schon als Reaktion) –, kam als Antwort die – mit fortschreitender Zeit immer lautstärkere – Behauptung, alles sei wissenschaftlich, mithin der Autorität der Experten vorbehalten. In diesem Übergang von einer Definition von Politik, die sie als Kompromiß zwischen als Wortführern auftretenden Volksvertretern und auf die Autorität der Wissenschaft sich berufenden Experten faßt, hin zu einer Definition, in der Politik nahezu völlig der Macht der Experten unterworfen ist, wird ein regelrechter Wandel des politischen Regimes und eine neue Form von Herrschaft sichtbar.

Von diesem Ansatz ausgehend werde ich nun versuchen, zwei zeitgenössische Formen von Herrschaft zu umreißen, die mit zwei unterschiedlichen Formen der Verdrängung des hermeneutischen Widerspruchs einhergehen. Die erste besteht darin, die Beziehungen zwischen Wahrheitsprüfungen und Realitätsprüfungen zu zerbrechen, das heißt von der Realität (auch und gerade als einer mit Bezug auf bestätigte Prüfungsformate konstruierten Realität) zu abstrahieren, als wäre dies möglich, ohne irgendwelche bösen Folgen zu provozieren. In diesem ersten Fall löst insbesondere die Veränderung, vor der die Augen verschlossen werden müssen, zwanghafte Angst aus. Die zweite besteht darin, immerzu die Konturen der Realität zu modifizieren, als solle die Welt als Ort permanenter Veränderung in sie einbezogen werden. Dann aber wird die Welt selber zum Gegenstand der Verwerfung und gewissermaßen abgeschafft. Im ersten Fall spreche ich von einem einfachen Herrschaftseffekt, im zweiten von einem komplexen oder managementkonformen Herrschaftseffekt.

Die einfachen Herrschaftseffekte und die Leugnung der Realität

Wir können die Auswirkungen einfacher Herrschaft in zweierlei Situationen ausmachen. Einerseits in Grenzsituationen, in denen Personen teilweise oder gänzlich ihre Grundfreiheiten entzogen werden und in denen durch explizite und namentlich (aber nicht ausschließlich) physische Gewalt tiefgreifende Asymmetrien aufrechterhalten oder geschaffen werden. In paradigmatischen Fällen der Sklaverei würde ich es allerdings vorziehen, von *Unterdrükkung* zu sprechen. Von Unterdrückung läßt sich freilich auch in zahlreichen weniger extremen Fällen sprechen, in denen die Aufrechterhaltung einer *Orthodoxie* durch Einsatz von Gewalt, namentlich polizeilicher Gewalt, erreicht wird, mit der die Kritik erstickt werden soll. In Unterdrückungssituationen können die Personen kaum andere Gemeinsamkeiten untereinander feststellen als diejenigen, die durch offizielle Klassifizierungen über sie verhängt wurden. Wie die Literatur über die Sklaverei zeigt (ganz zu schweigen vom Extremfall der Konzentrationslager), ist ein Kollektiv hier nicht oder nur sehr schwer herstellbar. Die Fragmentierung ist vollständig und die Möglichkeit von Kritik schlicht ausgeschlossen, ja schon die einfache Frage danach, was eigentlich vor sich geht (»Hier werden keine Fragen gestellt«). Da Kritik und Befragung ausscheiden, gibt es auch keine Rechtfertigung mehr. In derartigen Situationen kann praktisch auch auf Ideologien verzichtet werden, zumindest auf ideologische Beeinflussung der Beherrschten, wenn nicht sogar des gewalthabenden Personals, das es freilich ohne ideologische oder, wenn man so sagen darf, »moralische« Unterstützung schwer haben wird, seiner Aufgabe kaltblütig und auf Dauer nachzukommen. Den Beherrschten gegenüber kann man sich in einem solchen Kontext allerdings intensiven ideologischen Aufwand – der stets kostspielig ist – ersparen, da die

Koordinierung ihrer Handlungen an keinerlei Zustimmung appelliert, sondern unmittelbar durch Gewalt oder deren Androhung und die entsprechenden Dispositive erzwungen wird. Ebenso und aus ähnlichen Gründen sind die Bestätigungsinstanzen auf ein Minimum reduziert. Angesichts der Unmöglichkeit zu fragen, was ist, sind Instanzen, die bestätigen, was ist und wahrhaft ist, überflüssig.

Andererseits läßt sich von einfacher Herrschaft auch in weniger extremen Situationen sprechen, in denen Kritik bis zu einem gewissen Maße möglich erscheint (obwohl die Akteure niemals wissen, in *welchem* Maße, und *wie weit* sie gehen können, ohne daß die Kosten der Kritik untragbar werden) und in denen die Akteure und Instanzen, die Herrschaftseffekte ausüben, sich zu Rechtfertigungen herablassen. In diesen Kontexten ist hauptsächlich zu unterscheiden zwischen dem, was *offiziell,* und dem, was *offiziös* gilt. Die *offiziellen* Rechtfertigungen werden nämlich nicht mit der Realität konfrontiert. Zwar gibt es durchaus so etwas wie Realitätsprüfungen, die auf Formate bezogen sind. Aber niemand ist in der Lage zu kontrollieren, ob Ablauf und Ergebnisse der Prüfungen an Ort und Stelle, hier und jetzt, dem Format entsprechen, dem sie entsprechen sollen. Ebenso können Gerechtigkeitsforderungen (meritokratischer oder sozialer Art) offiziell anerkannt werden, so beispielsweise Forderungen nach der Umkehrbarkeit von Größen (»Chancengleichheit«) oder auch die nach der Trennung zwischen Bewertungsformen und Fähigkeiten und der Verhinderung einer »Häufung von Benachteiligungen«, aber diese Forderungen bleiben rein deklarativ und gehen nicht mit Dispositiven einher, die ihre Umsetzung ermöglichten.

In einem solchen Kontext bleibt Kritik, sofern überhaupt möglich, wirkungslos. Was die Rechtfertigungen angeht, so entarten sie zu simplen *Vorwänden* und bleiben *rein verbal* – wie zumindest diejenigen sagen, an die sie adressiert sind und die, weit entfernt davon, sich immer täuschen zu lassen, meist realistische, das heißt illusionslose Interpretationen dessen entwickeln, was mit ihnen geschieht. In solchen Kontexten bildet sich auf der Grundlage täglicher Erfahrungen ein *offiziöses* Wissen heraus, dem der Zugang zur Öffentlichkeit verwehrt ist. Existentielle Prüfungen können kaum miteinander geteilt und in Forderungen umgesetzt werden. Die Bemühungen, autonome Spielräume zu schaffen oder zu erhalten, werden Sache individueller oder in Kleingruppen improvisierter Notbehelfe. Um die Zwänge zu reduzieren, denen sie ausgesetzt

sind, entwickeln die Akteure eine spezifische interpretative Kompetenz, Freiheitsräume auszumachen und Lücken in den Kontrolldispositiven zu nutzen. Was auch besagt, daß die solchen Auswirkungen von Herrschaft ausgesetzten »gewöhnlichen« Menschen weder ihren Gerechtigkeitssinn noch ihren Freiheitsdurst, noch ihre Urteilsfähigkeit über das verlieren, was wirklich los ist – oder, wenn man will: ihre Luzidität. Aber sie sind außerstande zu handeln.
Gegenüber dieser Luzidität und um ihrer Unglaubwürdigkeit entgegenzuwirken, versuchen die Instanzen, die mit der Stützung eines bestimmten Zustands dessen, was ist und Wert hat, also mit der Einrichtung und Aufrechterhaltung tiefgreifender Asymmetrien (zwischen Gendern, sozialen Klassen, identitätsbezogenen Gruppen usw.) und somit der Möglichkeit von *Ausbeutung* beauftragt sind, die kritischen Dispositionen zu vermindern. Um dies zu erreichen, lassen sie zum einen die etablierte Ordnung regelmäßig durch eine spektakuläre Entfaltung von Wahrheitsprüfungen (Rituale, Zeremonien, Aufmärsche, verordnete Schmückungen usw.) reakklamieren und schalten zum anderen – wenn das nicht genügt – Administrationen mit (gewöhnlich vom Staat abhängenden) Zwangsmitteln ein, so daß ihre Herrschaft durch *Repression* aufrechterhalten bleibt. In einem einfachen Herrschaftsmodell sind die Bestätigungsinstanzen obsessiv mit der Aufrechterhaltung einer geschlossenen Ordnung beschäftigt, die es gegenüber Erfahrungen mit aus der Welt herrührenden Störungen zu sichern gilt. Dies geht selbstverständlich mit der Vernichtung der Kritik einher. Das gewünschte Ziel kann daher als *Verweigerung der Veränderung* bezeichnet werden, und die dazu eingesetzten Mittel haben mit dem *Kriegszustand* gegenüber einem ewigen inneren Feind zu tun.
Die Auswirkungen einfacher Herrschaft passen nicht schlecht zu den unterschiedlichen Punkten des »Leistungsverzeichnisses«, das wir zu Beginn dieses Abschnitts angelegt haben. In einem Herrschaftsmodus dieses Typs suchen die Institutionen dem Wandel Schranken zu setzen. Genauer gesagt, sie suchen die Realität aufrechtzuerhalten und zu verhindern, daß sie von Elementen der Welt überschwemmt wird, was die Eindeichung der Kritik voraussetzt, und zwar nicht allein durch semantische Gewalt, sondern bei Bedarf auch durch physische. Die »rechtserhaltende Gewalt« geht in »rechtsetzende« über (was Benjamin zufolge das »Schmachvolle« der Polizei ausmacht).[10] Die Verschleierung des hermeneuti-

10 »Das Schmachvolle einer solchen Behörde [...] liegt darin, daß in ihr die Tren-

schen Widerspruchs nimmt hier die Form einer Sakralisierung der Institutionen und namentlich ihrer Sprecher und Vikare an – im wörtlichen Sinn, wenn das den Institutionen zugrundeliegende Souveränitätsprinzip auf einen religiösen Ursprung zurückgeführt wird (wie in den verschiedenen Machtphänomenen göttlichen Rechts), im übertragenen Sinn bei einer areligiösen Quasisakralisierung, wenn die Stelle des göttlichen Souveräns von einer irdischen Entsprechung (wie der Nation, dem souveränen Volk, der Partei usw.) besetzt wird.[11] Den Wahrheitsprüfungen kommt, wie wir gesehen haben, unter einem solchen Herrschaftsregime ein großer Stellenwert zu. Die Sprecher und Vikare werden von einem Apparat umgeben, als genügten Versatzstücke, um die Erscheinung ihrer glorreichen Körper zu gewährleisten und den gewöhnlichen und folglich situierten (interessierten, libidinösen usw.) Körper vergessen zu lassen, auf dem sie beruhen. Daher, nebenbei bemerkt, jene Vorliebe für Greise (Pétain, Pinochet, den Papst, Breschnjew, de Gaulle usw.), denen die bedeutendsten Aufgaben übertragen werden, da ihr hohes Alter ihre physische Präsenz mindert und vor allem auch hinsichtlich der (notwendigerweise individuellen) Triebansprüche dieser Führergestalten beruhigt, die ihren Anspruch auf Verkörperung des Gemeinwohls überfluten könnten. Und dies unabhängig davon, in welcher Form (als göttliche Eingebung, Unterwerfung unter das Herkommen, Wahlen usw.) letzteres sich manifestiert, um sich in einem persönlichen oder kollektiven *Willen* zu konzentrieren. Dieser Wille rechtfertigt sich dadurch, daß er Regeln (zur Definition von Verfahren, Qualifizierungen, Prüfungsformaten usw.) erläßt oder bewahrt, deren Beachtung die Aufrechterhaltung der Ordnung ermöglichen soll, das heißt der Realität, wie sie nun einmal nicht anders sein kann.

nung von rechtsetzender und rechtserhaltender Gewalt aufgehoben ist. Wird von der ersten verlangt, daß sie im Siege sich ausweise, so unterliegt die zweite der Einschränkung, daß sie nicht neue Zwecke sich setze. Von beiden Bedingungen ist die Polizeigewalt emanzipiert. Sie ist rechtsetzende – denn deren charakteristische Funktion ist ja nicht die Promulgation von Gesetzen, sondern jedweder Erlaß, den sie mit Rechtsanspruch ergehen läßt – und sie ist rechtserhaltende, weil sie sich jenen Zwecken zur Verfügung stellt« (W. Benjamin, »Zur Kritik der Gewalt«, a.a.O., S. 187ff.).

11 Vgl. Giorgio Agamben, *Das Reich und die Herrlichkeit. Zur theologischen Genealogie von Ökonomie und Regierung*. Aus dem Italienischen von Andreas Hiepko, Frankfurt am Main: Suhrkamp 2008, und Bruno Karsentis Kommentar zu dieser Schrift: »Agamben et le mystère du gouvernement«, *Critique*, Bd. 744, 2009, Mai, S. 355-375.

Die komplexen oder managementkonformen Herrschaftseffekte

Es lassen sich jedoch Herrschaftsformen ausmachen, die den zeitgenössischen *kapitalistisch-demokratischen* Gesellschaften angemessener sind. Eines der Kennzeichen dieser Gesellschaften besteht darin, mit dem soeben umrissenen Modell einfacher oder offenkundiger Herrschaft gebrochen zu haben. Sie lassen sich geradezu dadurch kennzeichnen, daß sie die Idee von Herrschaft überhaupt zurückweisen und Repression weitestmöglich vermeiden – zumindest so weit, wie die Öffentlichkeit Einblick hat; was sich hinter deren Rücken und (um einen Begriff Goffmans aufzugreifen) in den *Kulissen* tut, steht auf einem anderen Blatt.

In diesen Gesellschaften unterliegen die der Öffentlichkeit übermittelten Geschehnisse und die über sie verbreiteten Diskurse nämlich einem *Imperativ der Rechtfertigung*, so daß sie von jedem wie auch immer dazu qualifizierten (und als *legitim* angesehenen) Adressaten *diskutierbar* gemacht werden können. Antagonistische Ansprüche von Personen sind zumindest so lange, wie ihre Auseinandersetzungen in der Öffentlichkeit ausgetragen werden, *Realitätsprüfungen* unterworfen. In diesem Gesellschaftstyp unterliegen nicht nur Staatsagenturen, sondern auch das, was man mit Williamson die *Institutionen des Kapitalismus* nennen könnte, diesen Anforderungen.[12] Von sozialen Dispositiven dieser Art läßt sich sagen, daß sie geradezu die Möglichkeit von Herrschaft bewußt ausschließen sollen, und dies insbesondere durch Herstellung von Beziehungen zwischen Institutionen auf der einen und Kritik auf der anderen Seite – einer Kritik, die angehört werden muß (wenn ihr auch nicht unbedingt gefolgt wird), solange sie sich in Formen äußert, die als mit den legitimen Konventionen vereinbar angesehen werden. Diese Dispositive kennzeichnet also die Herstellung einer neuen Art der Beziehung zwischen Institutionen und Kritik und in gewisser Weise deren Einbeziehung in die Routinen des sozialen Lebens.

Nichtsdestoweniger lassen sich in einem historischen Kontext der Art, wie ich ihn gerade umrissen habe, auch Herrschaftseffekte anderen Schlages ausmachen, die dennoch mit den Anforderungen einer kapitalistisch-demokratischen Gesellschaft kompatibel sind. Charakteristisch für die solche Effekte ermöglichenden Disposi-

12 Oliver E. Williamson, *The Economic Institution of Capitalism*, New York: Free Press 1985.

tive ist eine Herrschaftsform, die Veränderung nicht ausschließt und sich geradezu, wie wir noch sehen werden, *durch Veränderung* vollzieht, wobei sie weitestmöglich und zumindest dem Anschein nach mehr oder weniger friedliche Mittel einsetzt.

Unter diesen Herrschaftsmodalitäten – die als komplex (oder managementkonform)[13] bezeichnet werden können – bleibt die Möglichkeit einer Ausbeutung beibehalten, die Differenzen für die Gewinnschöpfung instrumentalisiert. Diese Differenzen mögen verschiedener Natur sein: in erster Linie mögen sie vom Eigentum herrühren, sie können aber beispielsweise – wie Ève Chiapello und ich in *Der neue Geist des Kapitalismus* zu zeigen versuchten – auch mit Mobilität zu tun haben.[14] Die Herrschaftsprozesse gehen daher stets mit der Perennierung einer oder mehrerer tiefgreifender Asymmetrien einher in dem Sinn, daß alle (oder fast alle) Prüfungen stets *denselben* zugute kommen, während sie andere und ebenfalls immer *dieselben* benachteiligen. Aber die Beibehaltung dieser Asymmetrien geschieht nicht absichtlich; jedenfalls wird eine solche Absicht stets geleugnet. Bringt die Kritik sie doch an den Tag, ruft sie Überraschung hervor, löst eine »Gewissensprüfung« aus, führt zu einer »schonungslosen Untersuchung«; die »harte Wirklichkeit« wird beschworen oder es werden, wie in der von Albert O. Hirschman untersuchten Rhetorik, »ungewollte Auswirkungen« gut gemeinter politischer Strategien beklagt.[15] Die Validität der Kritik wird somit anerkannt, zumindest im Fall bestimmter Prüfungen (deren Durchführung als ungerecht oder »übertrieben« beurteilt wird). Aber die Prozesse ihrer Vereinnahmung haben letztlich ihre Limitierung zum Ergebnis. Wird die Fortdauer oder Zunahme der Asymmetrien von der Kritik angeprangert, was letztlich doch zu geschehen pflegt, tritt die Rechtfertigung der bestehenden Ordnung zugunsten von Entschuldigungen zurück, die bald zufällige Umstände, bald historische Entwicklungen anführen, die einem autonomen und neutralen Raum (gewöhnlich dem der Wissenschaft und Technik) zugeschrieben werden, bald auch dem Verhalten derer die Schuld geben, die in der Mehrzahl der

13 Eine Beschreibung einiger am Management orientierter Formen von Staatsmacht findet sich bei Albert Ogien, *L'esprit gestionnaire*, Paris: Editions de l'EHESS 1995.

14 L. Boltanski und E. Chiapello, *Der neue Geist des Kapitalismus*, a.a.O.

15 Albert O. Hirschman, *Denken gegen die Zukunft. Die Rhetorik der Reaktion.* Aus dem Amerikanischen von Daniel von Recklinghausen, München: Hanser 1992.

Prüfungen unvorteilhaft wirken, weil man z. B. den Eindruck gewinnt, daß sie trinken oder Drogen nehmen oder nicht wirklich arbeiten wollen – Begründungen, die darauf hinauslaufen, »das Opfer zu schelten«,[16] das heißt neoliberaler Logik entsprechend die auf kollektiver Ebene wirksamen Zwänge in die »individuelle Verantwortung« abzuschieben.[17] Die zentrale Denkfigur besteht darin, den Menschen eine formale Autonomie und einen nicht weniger formalen gleichen Zugang zu einer Palette von »Chancen« zu unterstellen, so daß jedes Scheitern an instituierten Prüfungen mit einem Versagen dessen in Verbindung zu bringen ist, der aus eigener Verantwortung »die ihm gebotenen Chancen« nicht wahrnehmen wollte oder sich als untauglich dazu erwies. Diese Untauglichkeit wird, wie schon im 19. Jahrhundert geschehen, immer häufiger auf biologische Faktoren zurückgeführt: »Sie« schaffen es einfach nicht, weil sie *genetisch* nicht hinreichend ausgestattet sind, und daran ist niemand anders schuld als der Zufall.

Eines der Kennzeichen komplexer Herrschaft besteht somit darin, daß sie der Kritik weniger Angriffsflächen bietet als ein repressives Regime. Ebendarauf haben die kritische Theorie und die soziologische Kritik der 60er und 70er Jahre insistiert. Eine der Hauptfragen, die sich die kritische Soziologie damals stellte, war die nach der anscheinend mehr oder weniger passiven Hinnahme der Asymmetrien gerade durch ihre Opfer. Antwort auf diese Frage suchte das kritische Denken in erster Linie in einer Theorie der *Ideologien*; es erhob *Glaube* und *Illusion* zu Kernthemen der Soziologie. Einer der Beiträge der pragmatischen Soziologie der Kritik hingegen bestand in der These, daß die Akteure sich *nicht* täuschen ließen (jedenfalls nicht so weitgehend wie ihnen die soziologische Kritik dies unterstellte) und daß sie sich in allem, was das wirkliche Leben und die in ihrem Alltag möglicherweise auftretenden Ungerechtigkeiten angeht, *keine Illusionen* machten. Sie zeigte aber auch, daß diese Hellsichtigkeit den Akteuren darum doch nicht das Gefühl vermittelte, die Realität im geringsten beeinflussen zu können. Um zu verstehen, wie Herrschaftseffekte dieses Typs sich aufrechterhalten lassen, müssen die Themen Ideologie und Illusion (wie sie beispielsweise von Medien usw. ausgestreut wird) vielleicht zumindest vorübergehend ausge-

16 William Ryan, *Blaming the Victim*, New York: Vintage Book 1988.

17 Emilie Hache, »La responsabilité, une technique de gouvernementalité néolibérale?«, *Raisons politiques*, Bd. 28, 2007, Nr. 4, S. 49-66.

klammert und statt dessen untersucht werden, was sich *in der Realität* zuträgt.

Durch Veränderung herrschen: die Notwendigkeit als Wille und Vorstellung

Diese Form von Herrschaft beruht auf *Dispositiven*, die von Individuen oder Gruppen genutzt werden können. Da aber verschiedene Personen zu verschiedenen Zeitpunkten Zugriff auf diese Dispositive haben können, ist es für die Kritik schwierig, die Inhaber der Verfügungsgewalt zu identifizieren. Obgleich durch Individuen verkörpert, bewahren sie doch mehr oder weniger unpersönlichen Charakter. Die Frage danach, *wer* die Herrschenden sind, erscheint somit problematisch. Diese Dispositive suchen nicht Veränderungen zu behindern und – wie die sogenannten »totalitären« Gesellschaften – um jeden Preis eine Orthodoxie aufrechtzuerhalten. Im Gegenteil: ihre Interventionen schätzen die Veränderung, begleiten und lenken sie. Insofern sind diese Dispositive an den Kapitalismus als eine historische Form gebunden, deren Fortbestehen das Zusammenspiel von Wiederholungen und Differenzen stillschweigend voraussetzt und die doch die Veränderung um ihrer selbst willen, als Energiequelle, preist.

Diese Dispositive sind daher nicht in erster Linie auf die Bewahrung etablierter Qualifizierungen und Prüfungsformate ausgerichtet; vielmehr greifen sie ein, um abwechselnd bald *die Prüfungsformate*, bald die durch die Prüfungsergebnisse konstruierte und validierte *Realität*, bald *die Welt* zu modifizieren. Durch diese *Vielfalt von Interventionen* findet die Kritik sich entwaffnet. Sie hat es nämlich schwer, nicht nur geltend zu machen, daß die Realitätsprüfungen nicht mit den offiziellen Prüfungsformaten übereinstimmen, sondern vor allem auf die Welt der Erfahrungen zurückzugreifen, die sich der einmal konstruierten Realität entziehen, und die Gültigkeit und Geltung etablierter Definitionen und Qualifizierungen zu hinterfragen. Jene diversen Interventionen aber können sich nur in dem Maße der Beschuldigung, Ausdruck eines Willens zur Herrschaft zu sein, erwehren und sich *relativ vorwurfsfrei* vollziehen, indem sie einen Prozeß permanenter *Veränderung* begleiten, der als *unausweichlich* und zugleich als *wünschenswert* ausgegeben wird.

Vor dreißig Jahren verfaßte ich zusammen mit Pierre Bourdieu als dessen Mitarbeiter einen umfangreichen Artikel mit dem Titel *La production de l'idéologie dominante* (»Die Produktion der herrschenden Ideologie«; der 1976 entstandene Text ist inzwischen in Buchform erschienen).[18] Dieser Artikel analysierte das Schrifttum der an der Macht befindlichen Eliten zu einem Zeitpunkt, da zwei Verbindungsmodi zwischen Kapitalismus und Staat ineinander übergingen: der mehr oder weniger dirigistische, der in den 50er bis 70er Jahren überwog, und der damals gerade anlaufende, der der Marktwirtschaft zu ihrer erweiterten Stellung verhalf.

Das Hauptcharakteristikum jener »Verantwortungsträger« (und dies gilt auch für die jetzigen Machtinhaber) bestand darin, daß sie die »Veränderung« predigten. Diese Eliten gaben sich radikal innovativ und modernistisch. Der Kern ihrer Argumentation (wir faßten ihn in der Formel »die Schicksalhaftigkeit des Wahrscheinlichen« zusammen) war folgender: wir müssen die Veränderung wollen, weil sie unvermeidlich ist. Wir müssen folglich *die Notwendigkeit wollen*. Natürlich fordert die Veränderung Opfer (unter denen, die sich »ihrem Rhythmus nicht anpassen können« und die man einige Jahre später als »Opfer der Exklusion« bezeichnen wird), aber alles wäre nur noch schlimmer, wenn wir »als ›Verantwortungsträger‹« die Veränderung nicht mitmachten; wenn wir sie nicht *wollten*.

Diese genau besehen seltsame Vereinigung von *Willen* und *Notwendigkeit*, sonst oft mit totalitären Regimen in Verbindung gebracht, die sich auf eine deterministische Geschichtsphilosophie berufen, stellt einen Gemeinplatz der Regierungsmodi des fortgeschrittenen Kapitalismus dar. Die Veränderung, um die es geht, wird eher angekündigt als aktuell vollzogen. Wir kennen sie noch nicht, oder noch nicht ganz. Wir müssen uns also an *Experten* aus den Sozialwissenschaften (Wirtschaft, Soziologie, Statistik, Politologie usw.) halten, an Rechen- und Prognosezentren, um jetzt die Veränderung zu verstehen, die allen, aber erst später, unerbittlich blühen wird. Als ich zwanzig Jahre später – diesmal zusammen mit Ève Chiapello – die Diskurse des neuen Managements unter-

18 Pierre Bourdieu und Luc Boltanski, »La production de l'idéologie dominante«, *Actes de la recherche en sciences sociales*, Bd. 2, 1976, Nr. 2-3, S. 3-73; Nachdruck in Buchform: Paris: Demopolis/Raisons d'agir 2008. [Gleichzeitig veröffentlichte Boltanski einen Kommentarband, der die Entstehungsbedingungen des mit Bourdieu verfaßten Aufsatzes erläutert: *Rendre la réalité inacceptable. A propos de »La production de l'idéologie dominante«*, Paris: Demopolis 2008 – A.d.Ü.]

suchte, die in den 80er und 90er Jahren in Kurs kamen und um sich griffen, fand sich hier nahezu derselbe rhetorische Typus wieder, von dem sich zahlreiche Beispiele anführen ließen, zumal aus Begleitdiskursen neoliberaler Politik in England und Frankreich.[19]

Auf der Notwendigkeit zu bestehen ist erforderlich, um die politische Aktion in einem formal auf das Gemeinwohl hin orientierten Rahmen zu legitimieren, wenn er als demokratisch denotiert ist. In einem solchen Rahmen ist eine Handlung nämlich illegitim, wenn sie *willkürlich* genannt und gezeigt werden kann, daß sie dem Willen eines Individuums oder einer Gruppe gehorcht, die einzig und allein die entsprechende Entscheidung getroffen haben. Die Berufung auf unpersönliche und unerbittliche Kräfte ermöglicht, den Willen dominierender Akteure den Gesetzen unterzuordnen, die in der Natur der Sache liegen, das heißt in der Realität und zugleich in dem Modell der Welt, das die Experten entwerfen und das die Welt gewissermaßen absorbiert und ununterscheidbar von der Realität macht, in der sie damit aufgeht. Zugleich jedoch verwischen sich dabei auch die Grenzen der Realität. Ihr wohnt nun nicht mehr der Wille eines dominierenden Kollektivs inne, das sich in Institutionen und Akteuren darstellt, die seinen Willen zu realisieren haben, weil die Realität, die sie herstellen und gegen alle Gefahr verteidigen, an sich wünschenswert ist. Mit dem Verlust ihrer zeremoniellen und fiktionalen Dimensionen, die von der Manifestation eines Begehrens nicht zu trennen waren, entzieht die Realität sich auch der Drohung, von der Kritik als *irreal* bezichtigt zu werden, diesmal in dem Sinn, daß sie alles einschließt, was sein kann, aber als *Konstrukt*. Ob man will oder nicht, die Realität ist nun nicht mehr das, was ist, das heißt, was schicksalhafterweise so ist und nicht anders sein kann. Sein, was ist und was nicht anders sein kann: das ist das Kennzeichen der Welt. Aber mit dem wesentlichen Unterschied – durch den sie sich eben von der Realität unterscheidet –, daß wir die Welt nicht kennen noch kennen können, jedenfalls nicht in ihrer Totalität. In der jener Herrschaftsform zugrundeliegenden politischen Metaphysik ist die Welt ebendas, was wir *jetzt* kennen, und zwar durch die Mächte der Wissenschaft, das heißt sowohl der Naturwissenschaften als auch zugleich der Human- oder Sozialwissenschaften, die bis zur Verwechslung inein-

19 Eine der ersten französischen Untersuchungen zu diesem neuen Politikverständnis verfaßte Bruno Jobert, *Le tournant néo-libéral en Europe: idées et recettes dans les pratiques gouvernementales,* Paris: L'Harmattan 1994.

ander übergehen, wie z. B. die Ausrichtungstendenz biologische Wissenschaften → kognitive Wissenschaften → Mikroökonomie zeigt.

In einem solchen Rahmen können Eingriffe in die Prüfungsformate und Qualifizierungen so begründet werden, daß sie nicht als willkürlich angegriffen werden können, das heißt: diese Veränderungen können nicht mehr bezichtigt werden, sie hätten die weitere Bevorzugung einer herrschenden Gruppe zum Hauptziel. Das Recht – in unseren Gesellschaften immer noch die legale Stütze der Verfahren, denen die wichtigsten Prüfungen (vor allem die Auswahlprüfungen) unterworfen sind: z. B. das Arbeitsrecht, das Steuerrecht, das Eigentumsrecht oder das Finanzrecht – kann nun modifiziert werden, um die Realität der Vorstellung anzupassen, die von der Zukunft entworfen wird. Eingriffe desselben Schlages können aber auch nach und nach auf die meisten Bereiche ausgedehnt werden, etwa auf die Einrichtungen der Sozialhilfe, auf das Bildungswesen, auf künstlerische und geistige Tätigkeiten usw.

Den Veränderungen der Prüfungsformate geht voraus, was wir *Verschiebungen* genannt haben.[20] Diese Verschiebungen folgen oft auf Perioden, in denen unter dem Druck zunehmender Kritik wichtige Auswahlprüfungen überarbeitet wurden, um sie dem offiziellen Format konformer zu machen, das heißt »gerechter« im meritokratischen Sinn des Begriffs. Ebendies geschah in den Jahren 1965-1975, die wir in *Der neue Geist des Kapitalismus* untersucht haben.

Wenn solche Überarbeitungen ein gewisses Ausmaß erreichen, tendieren diejenigen, deren frühere Vorteile sie vermindern, dazu, statt der instituierten Prüfungen andere gewinnträchtige Wege zu erkunden. Verlaufen diese Erkundungen erfolgreich, können sie den Zustand der Welt verändern, aber in gewisser Weise beiherspielend, insgeheim, fast unerkannt, mit Kollateralwirkungen (wie man in Kriegen von Kollateralschäden spricht), die als ungewollte Ergebnisse vollzogener Entwicklungen erscheinen mögen. (So haben – um ein leicht nachvollziehbares Beispiel zu zitieren – die von der Maximierung von Marktchancen und keinerlei anderer *Absicht* getragenen Delokalisierungen von Kapitalien die Textur der *Welt* nichtsdestoweniger tiefgreifend verändert. Und dies bis hin zu von der Finanzlogik so weit abgelegenen Bereichen wie Ver-

20 Luc Boltanski und Ève Chiapello, *Le nouvel esprit du capitalisme*, Paris: Gallimard 1999, S. 226 (zur Definition dieses Begriffs); dt.: *Der neue Geist des Kapitalismus*, a. a. O., S. 201 [hier fälschlich mit »Übertragung« übersetzt – A. d. Ü.].

wandtschaftsbeziehungen, Genderbeziehungen, sozialen Verhaltensformen, Bildungsmodellen usw., sowie allgemeiner in Beziehung auf die Gesamtheit der Vermittlungen, die in die Ausbildung formaler Zwänge und folglich die Orientierung der Subjektivitäten eingreifen.)

Diese Verschiebungen entwerten die bestehenden Prüfungen tendenziell und machen sie obsolet. Sie werden daher von denen, die aufgrund ihrer Position oder ihrer einschlägigen Erfahrungen über einen Informationsvorsprung verfügen, immer häufiger preisgegeben, bleiben jedoch für die, deren Information sich auf einen früheren Stand des Prüfungssystems stützt, noch lange attraktiv. Dabei handelt es sich oft um Neuankömmlinge (Angehörige der Unterschichten auf der Suche nach sozialem Aufstieg über die Schule, Ausländer, neu auf den Arbeitsmarkt gelangte Frauen usw.), die unfehlbar *Enttäuschungen* im Sinn Albert O. Hirschmans[21] erleben, wenn sie *realisieren*, daß ihre Investitionen in Prüfungen, bei denen sie ihren Wert unter Beweis stellen wollten, sich nicht auszahlen werden.

Aufgrund der Veränderung der Prüfungsformate und Qualifizierungsmodi kommen andere Prozesse in Gang, die ihrerseits auf die Konstruktion der Realität hinwirken. Was der Prüfung unterliegt, tendiert nämlich dazu, sich neuen Prüfungsformaten anzupassen, die zwischen Relevantem und Irrelevantem zu trennen haben, zwischen dem, dessen Wert Anerkennung findet, und dem, was nun als uninteressant und wertlos gilt.

Die Einzelheiten der zahlreichen Eingriffe zu entwickeln, die, gestützt auf eine Veränderung der Prüfungsformate, die Realität neu modellieren, würde hier zu weit führen. Wie neuere Untersuchungen zeigen, wird diesen schleifenförmig ineinandergreifenden Prozessen immer mehr Aufmerksamkeit gewidmet. Diese Arbeiten – so die von Michel Callon[22] – thematisieren Prozesse, die immer häufiger unter Bezeichnungen wie *Performativität des Sozialen* geführt werden.[23] Diese Sicht wurde insbesondere im Hinblick auf

21 Albert O. Hirschman, *Engagement und Enttäuschung. Über das Schwanken der Bürger zwischen Privatwohl und Gemeinwohl.* Übersetzt von Sabine Offe, Frankfurt am Main: Suhrkamp 1984.

22 Michel Callon (Hg.), *The Laws of the Markets*, Oxford: Blackwell 1988. Vgl. auch Donald MacKenzie, Fabian Muniesa und Lucia Siu (Hg.), *Do Economists Make Markets? On the Performativity of Economics*, Princeton: Princeton UP 2007.

23 Diese Arbeiten nutzen die Breschen, die mehrere – zumindest in Europa vor allem in den Jahren 1975-1990 erfolgreiche – Strömungen wie die Ethnometho-

die Wirtschaft und mit dem Ziel entwickelt, den Unterschied zwischen *economy* (dem Wirtschaften der Unternehmen) und *economics* (Wirtschaftswissenschaft) dadurch zu reduzieren, daß die Abhängigkeit der ersten von der zweiten dargelegt wurde. Diese Sicht dringt aber auch in die Soziologie ein, wo sie in meinen Augen ihre ganze Wirksamkeit noch nicht entfaltet hat, die über kurz oder lang zu einer grundlegenden Neudefinition dieser Disziplin führen dürfte, in der heute noch oft der positivistische Unterschied zwischen Subjekt (Sozialwissenschaft) und Objekt der Erkenntnis (Gesellschaft) fortbesteht.

Für die Soziologie sind namentlich die performativen Wirkungen des (von Alain Desrosières untersuchten) *Benchmarking* relevant, das sich im Verlauf der letzten beiden Jahrzehnte bei öffentlichen und privaten Operatoren stark auf den Einsatz der Statistik ausgewirkt hat. Mit Benchmarking ist, kurz gesagt, die Herstellung und Verbreitung von Ranglisten gemeint, die es ermöglicht, Organisationen (Unternehmen, Bildungseinrichtungen, öffentliche Verwaltungen usw.) im Hinblick auf eine Norm zu bewerten, die gewöhnlich als Effizienznorm definiert wird. Diese Ranglisten werden auf der Basis statistischer Indikatoren erstellt, die oft von Kommissionen ermittelt werden, die sich aus Akteuren verschiedener Bereiche zusammensetzen: aus hohen Beamten, basisnahen Akteuren, Beratern von Managementbüros usw.[24] Von der in solchen Ranglisten erreichten Position hängt der Zugang zu Vorteilen ab, die sehr unterschiedlicher Natur sein können (Finanzmittel im Fall öffentlicher Verwaltungen, Steuervorteile, erleichterter Zugang zu Märkten usw.). Einer Logik der *self fulfilling prophecy* folgend löst schon das Bestehen dieser Ranglisten eine reflexive Schleife aus: die Akteure, die am besten informiert sind und am besten dazu in der Lage, gestützt auf ihre Umgebung (im Fall von Unternehmen z. B. durch teilweise Externalisierung ihres Produktionsapparats) ihre Konturen rasch zu modifizieren, bemühen sich um die Maximierung anerkannter Indikatoren, um ihre Stellung in der Rang-

dologie, die Sciences Studies, die historische Soziologie der Statistik und Kameralistik usw. dem Positivismus und Behaviorismus geschlagen haben. Im Fall der Ökonomie spielte auch ein wiedererwachtes Interesse für das Werk Karl Polanyis eine Rolle (in Frankreich wurde sein Werk spät und nur partiell übersetzt).

24 Wie dieser Prozeß sich in den Jahren 1980-2000 in Großbritannien abspielte, berichten Patrick Le Galès und Alan Scott in »Une révolution bureaucratique britannique? Autonomie sans contrôle ou ›free markets, more rules‹«, *Revue française de sociologie*, Bd. 49, 2008, Nr. 2, S. 301-330.

liste zu verbessern. Die Konturen der Realität werden dadurch nach und nach transformiert.[25]

Sind Qualifizierungsmodi und Prüfungsformate erst einmal anerkannt und etabliert, durch Definitionen, Regelungen und Verfahren – in den westlichen Demokratien oft in Form dessen, was wir Recht nennen – konsolidiert und kodifiziert, dann wird es lokal mächtigen Akteuren möglich, gestützt auf diese Dispositive die Realität in ihrer gewöhnlichsten und alltäglichsten Gestalt zu ändern.[26]

Für diesen Typ von Transformationen, die im Frankreich der 80er Jahre die Arbeitswelt veränderten, lassen sich mancherlei Beispiele finden: so die Ersetzung des Worts *ouvrier* (Arbeiter) durch *opérateur* (Bedienungspersonal), die mit einer Veränderung des Arbeitsplatzes und vor allem der Definitionen einherging, die die bei Stellenbewerbern erwünschten oder im Gegenteil unerwünschten Eigenschaften (mit einem Schwerpunkt auf kommunikativen Kompetenzen) formalisierten, und somit die Prüfungsformate für diese Arbeitskräfte veränderten. Neue Prüfungen konnten nun herangezogen werden, zunächst in einer Vielzahl lokaler, alltäglicher, jedesmal spezifischer Situationen, um das Schicksal von Personen, die stets als (manchmal »schmerzliche«) Einzelfälle galten, zu lindern. Aber die Anhäufung all dieser Sonderfälle führte, wie zu erwarten, dahin, daß die Realität der Arbeitswelt und damit die soziale Realität insgesamt tiefgreifend verändert wurde.

Ein Aspekt dieses *Governance*- bzw. *Steuerungsmodus* fällt besonders ins Auge: der *instrumentale*, strikt *betriebswirtschaftliche* Charakter der Eingriffe und ihrer Rechtfertigungen. Die ergriffe-

25 Zur Rolle der Ranglisten und der Benchmarking-Instrumente in den Dispositiven der Betriebsführung und der Macht vgl. insbesondere die Arbeiten von Alain Desrosières, namentlich: »Historiciser l'action publique. L'Etat, le marché et les statistiques«, in: Pascale Laborier und Danny Trom (Hg.), *Historicités de l'action publique*, Paris: PUF 2003, S. 207-221. Eine hervorragende Beschreibung dieses Prozesses (ausgehend von einer Untersuchung der Auswirkungen von Ranglisten auf juristische Hochschulen in den Vereinigten Staaten) findet sich bei Wendy Espeland und Michael Sauder, »Ranking and reactivity: how public measures recreate social worlds«, *American Journal of Sociology*, Bd. 113, Juli 2007, Nr. 1, S. 1-40. Ein anderes hochrelevantes Beispiel stellt die von Isabelle Bruno untersuchte Führung der Forschung auf europäischer Ebene (der »Prozeß von Lissabon«) dar: *A vos marques, prêts ... cherchez: la stratégie européenne de Lisbonne. Vers un marché de la recherche*, Paris: Editions du Croquant 2008.

26 Vgl. Pierre Lascoumes und Patrick Le Galès (Hg.), *Gouverner par les instruments*, Paris: Presses de Science Po 2005.

nen Maßnahmen finden ihr Notwendigkeitsprinzip in der Beachtung eines zumeist buchhalterischen oder juristischen Rahmens, ohne die breite Entfaltung ideologischer Diskurse oder gar von *Wahrheitsprüfungen* (im weiter oben definierten Sinn) erforderlich zu machen, die die Kohärenz einer Ordnung auf symbolischer Ebene validieren. Die Wahrheitsprüfungen, so bedeutsam in einfachen, auf die Aufrechterhaltung einer Orthodoxie ausgerichteten Herrschaftsformen, werden mehr oder weniger obsolet. Die Herrschaft durch Veränderung kann auf Apparat und *Größenzuordnung* verzichten. Der technische Charakter der Maßnahmen macht ihre Weitergabe an ein breites Publikum im übrigen schwierig, ja unnütz. Nichts oder fast nichts sichert die Kohärenz des Ganzen – bis auf ebenden allgemeinen buchhalterischen und/oder juristischen Rahmen,[27] dem die einzelnen Maßnahmen sich anzupassen haben. Laurent Thévenot hat dies »Regieren durch Normen« genannt.[28]

Die langen Perioden, während deren die Steuerung durch Veränderung sich in einer Abfolge eher sektorisierter, technischer, diskreter, ja opaker Maßnahmen vollzieht, werden jedoch von *Krisenmomenten* interpunktiert, denen unter einer managementkonformen Herrschaft eine entscheidende Rolle zukommt. Die Krise ist nämlich der Moment schlechthin, in dem die Welt von der Realität Besitz zu ergreifen scheint, einer Realität, die sich nun darstellt, als führe sie eine autonome Existenz, die kein menschlicher Wille geformt hat, und am wenigsten der einer leitenden (sprich herrschenden) Klasse in einer Folge wenig kohärent erscheinender Interventionen, von denen keine dazu ausersehen schien, weitgehende Folgen zu zeitigen. Wie auch immer die Krise sich darstellt – ob vor allem als *ökonomische* (z. B. in einer Hyperinflation), ob als *finanzielle* (beim Platzen von Finanzblasen) oder als *soziale* (z. B. bei Streiks, Aufruhr, wachsender »Unsicherheit«) –, immer sind dies Momente, in

27 Zu der Bedeutung, die die Buchhaltung heute unter den Regierungsinstrumenten einnimmt, vgl. die Arbeiten von Ève Chiapello, insbesondere ihre Beiträge »Les normes comptables comme institution du capitalisme. Une analyse du passage aux normes IFRS en Europe à partir de 2005«, *Sociologie du travail*, Bd. 47, 2005, Nr. 3, S. 362-382, sowie Ève Chiapello und Karim Medjad, »Une privatisation inédite de la norme: le cas de la politique comptable européenne«, *Sociologie du travail*, Bd. 49, 2007, Nr. 1, S. 46-64.

28 Laurent Thévenot, »Un gouvernement par les normes. Pratiques et politiques des formats d'intervention«, in: Bernard Conein und Laurent Thévenot (Hg.), *Cognition et information en société,* Raisons pratiques, Nr. 8, Paris: Editions de l'EHESS, S. 205-242.

denen eine autonome Realität unbestreitbar hervortritt, gewissermaßen eine Realität *im eigentlichen Sinne*, die als *ökonomische*, *finanzielle*, *soziologische* im Sinne der sogenannten »Sozialwissenschaften« qualifizierbar ist, ganz so, wie die Natur sich unter positivistischen Prämissen den »Naturwissenschaften« darbietet. Diese Krisen haben eine scheinbar paradoxe Wirkung. Einerseits stellen sie die Beziehung zwischen Symbolformen und Sachverhalten in Frage, auf der die soziale Ordnung beruht, und führen eine radikale Ungewißheit über die Qualifizierung der Objekte und ihre gegenseitige Beziehung ein, das heißt über ihren *Wert*. So schwindet in Hyperinflationskrisen z. B. die Möglichkeit der geringsten »Voraussage«, weil »die Beziehung zwischen Individuen und Gütern« durch die »Inkohärenz der Äquivalenzsysteme« zutiefst gestört ist.[29] Solche Momente der Desorganisation – denen ein Modus einfacher Herrschaft durch neuerliche Bekräftigung der Orthodoxie, durch reinigende Rituale und Designierung, Ausschluß oder Ermordung von Sündenböcken begegnen würde – stellen in einem Modus der Herrschaft durch Veränderung jedoch eine Gelegenheit dar, seine Meisterschaft erneut unter Beweis zu stellen.

Solche Krisenmomente erfüllen mindestens vier, unter Umständen einander sequentiell ablösende Funktionen. Erstens sprechen sie die herrschende Klasse – vor allem in politischen Regimen, die auf Expertenherrschaft beruhen – von jeder Schuld frei und entziehen sie einer dekonstruktivistischen Kritik. Ist das, was sich in der Krise zeigt, nicht eine *krude* und damit das Gegenteil einer *konstruierten* Realität, eine nackte, von Eigenkräften beseelte Realität, gleichgültig gegenüber dem Willen derer, die dazu da sind, andere durch ihr »Wissen«, ihre »Erfahrung« und ihr »Verantwortungsgefühl« zu lenken? Zweitens machen sie dadurch die Existenz jener *Notwendigkeit* vor aller Augen offenkundig und in gewisser Weise undiskutierbar, auf die die »Verantwortungsträger« sich berufen, um ihre Interventionen zu begründen. Drittens bieten die Krisenmomente den »Verantwortungsträgern« damit zugleich Gelegenheit, erneut einen Blankoscheck für ihr Handeln einzufordern. Wer, wenn nicht sie, wäre denn in der Lage, die Menschen vor der Realität zu schützen, soweit dies überhaupt möglich ist –

29 Vgl. Gabriel Kessler und Sylvia Sigal, »Survivre: Réflexion sur l'action en situation de chaos. Comportements et représentations face à la dislocation des régulations sociales: l'hyperinflation en Argentine«, *Cultures & conflits*, Bd. 24-25, 1996-1997, S. 37-77.

vor einer Realität, die sich verdinglicht hat, ihren Händen zu entgleiten droht und sie anzugreifen scheint? Und viertens schließlich geben die Krisen den »Verantwortungsträgern« recht, wenn sie mit ihrem Eingreifen »die Sache in die Hand nehmen« und erneut ihre Fähigkeit unter Beweis stellen, der Unordnung die Stirn zu bieten, freilich indem sie sich *realistisch* zeigen, das heißt ihren Willen von den Kräften formen lassen, denen sie entgegentreten. Können sie doch nur in bescheidener Anerkennung der Mächtigkeit dieser Kräfte (das heißt auch ihrer eigenen, *relativen* Machtlosigkeit) behaupten, sie für das Gemeinwohl einzuspannen (etwa wie ein Skipper »gegen den Wind kreuzt« und damit paradoxerweise Kurs hält) und die Krise dadurch zu meistern und sich totlaufen zu lassen, daß sie sie mitmachen. Gewiß, die Remedur kann meist schlimmer erscheinen als das Übel. Aber es sind eben doch »Gegenmaßnahmen«, und nur darum geht es, vor allem wegen der »pädagogischen« Wirkung, die sie entfalten, indem sie den »gewöhnlichen« Akteuren den gebieterischen Charakter der »Gesetze der Wirtschaft« oder der »Gesellschaft« vor Augen führen, sowie die Kompetenz der Experten.[30]

Was folglich besagt, daß Momente der *Panik*, der *Desorganisation*, der *moralischen Verunsicherung*, des *Rette-sich-wer-kann*, das heißt auch des wildgewordenen Individualismus – ebendie Momente, die Durkheim in seiner naiven Konzeption einer von der Weisheit einer republikanischen Elite demokratisch gemeisterten sozialen Welt *Anomie* nennt –, in einem managementkonformen Herrschaftsmodus, der sich auf Hochschätzung und Ausnutzung des Wandels gründet, eine wichtige Rolle spielen. Sie sind mit scheinbar ruhigen Perioden gekoppelt, die der Vervielfachung punktueller Eingriffe in die Realität oder technischer Eingriffe in die Prüfungsformate entgegenkommen, deren Häufung in nie vollständig gemeisterter Weise die Realität so formt, daß sie sich im Verlauf der nächsten Krise mit eiserner Notwendigkeit von neuem zu erkennen geben wird.[31]

30 Zu der den Krisen zugesprochenen pädagogischen Rolle vgl. Federico Neiburg, »Inflation: economists and economic cultures in Brazil and Argentina«, *Comparative Studies in Society and History*, Bd. 48, 2006, Nr. 3, S. 604-633.

31 Damit ist freilich auch – aber das ist nicht Gegenstand dieses Textes – die Naivität der Vorstellungen von politischem Handeln bezeichnet, das seine revolutionäre Hoffnung völlig auf als *historisch*, das heißt exzeptionell, vorgestellte Momente der Auflösung der herrschenden sozialen Ordnung gründet. Zwar können solche Momente die Äußerung von Kritik und Protest begünstigen. Da sie aber meist mit den Krisenmomenten zusammenfallen, von denen der Herr-

Der Umgang mit dem hermeneutischen Widerspruch innerhalb eines managementkonformen Herrschaftsmodus

Fassen wir die voranstehenden Bemerkungen zusammen, indem wir die zu Beginn dieses Abschnitts gestellten Fragen aus dem »Leistungsverzeichnis« an den managementkonforme Herrschaftsmodus richten. In einem Modus dieses Typs richten die herrschaftssichernden Dispositive sich nicht auf die Verlangsamung des Wandels oder seine Einbeziehung in einer Form, in der er als solcher geleugnet werden könnte. Im Gegenteil: Sie stützen sich auf das Argument unaufhörlichen Wandels, behalten sich indessen vor, ihn zu interpretieren, und geben sich damit die Möglichkeit, ihm eine Richtung zu geben, die die Beibehaltung von Asymmetrien und bestehenden Ausbeutungsformen begünstigt. Dieser Prozeß wurde dadurch möglich, daß die Institutionen sich auf eine Form von Autorität – die der Experten – gründen, die sich zwischen Realität und Welt zu situieren sucht. Der Wille, den die Sprecher der Institutionen zum Ausdruck bringen, gibt sich also, als sei er nichts anderes als der Wille der Welt selbst, freilich in der – notwendigerweise modellierten – Vorstellung, die die Experten davon vermitteln. Da diese Modelle jedoch zugleich auch Handlungsinstrumente sind, können sie die Textur der Welt tiefgreifend modifizieren, dort nämlich, wo sie am leichtesten erreichbar ist, das heißt an der Nahtstelle zur Realität; und diese Modifikationen wirken wiederum auf die Vorstellungen dessen zurück, was es mit ihr auf sich hat, und zwar um so stärker, als diese Modifikationen meist auch prognostischen Charakter haben.

Diejenigen, die diese Vorstellungen gestalten oder sich aneignen, haben auch die Macht, sie real werden zu lassen, weil sie über Mittel namentlich juristischer oder reglementierender Natur – von polizeilichen ganz zu schweigen – verfügen, die Konturen der Realität zu modifizieren. Doch braucht die permanente Modifizierung der Formate, die die Realität eingrenzen und gestalten, nicht mehr auf einen Willen zurückgeführt zu werden, der etwas anderes wäre als

schaftsmodus recht eigentlich zehrt, laufen sie stets Gefahr, der Logik einer Ordnung eingegliedert zu werden, die sich durch Wandel perpetuiert. Dies gilt zumindest solange, als sie nicht Frucht einer langen kritischen Arbeit sind, die sich zunächst einmal auf die Infragestellung der bestehenden Realitätsprüfungen gründet und also auf eine tägliche Erfahrung der Revolte, die den Menschen individuell und kollektiv Handlungsmöglichkeiten und die Fähigkeit zurückgeben kann, Erwartungen zu formulieren, die auf ihre existentiellen Prüfungen zurückgreifen.

der Wille unpersönlicher Mächte. Diejenigen, die *Verantwortung tragen*, das heißt die »Verantwortungsträger« – um die aktuelle Bezeichnung für die Herrschenden zu verwenden –, tragen sie für ein Ganzes, dessen Pläne niemand Bestimmtem zuzuschreiben sind; sie sind für nichts mehr verantwortlich, obwohl mit allem betraut. Für jenes Ganze, das weder mit einer Realität zu tun hat, die die Herrschenden vor den Übergriffen der Welt schützen würden, noch mit einer Welt, von der aus die Beherrschten in der Lage wären, die Realität in Frage zu stellen, in der sie sich unterdrückt fühlen, ließe sich der Neologismus Real&Welt prägen.

Die Beschlagnahme der Real&Welt durch die herrschenden Instanzen läßt der Kritik nicht viel Raum, zumindest nicht einer politischen Kritik, da sie ihr jene Außenposition entzieht, die die Welt darstellt und auf die sie sich bei dem Versuch stützen konnte, die Realität in Frage zu stellen. Die Kritik wird nämlich leicht von den Herrschaftsdispositiven absorbiert und in Formen umgegossen, die ihr die bei den Institutionen approbierten wissenschaftlichen und technischen Instanzen verleihen.[32] Sie begibt sich dann in einen Dauerwettstreit von Expertise und Gegenexpertise, in der die Gegenexpertise notwendigerweise dominiert wird und meist auch unterliegt, da sie mit der Expertise nur gleichziehen, das heißt akzeptabel oder schlicht vernehmbar werden kann, wenn sie sich den von ihr verwendeten Prüfungsformaten unterwirft und ihren Formalismus und allgemein ihre Kodierungsmodi der Realität übernimmt.[33] So steht es auch mit den Zwängen, die von der herrschen-

32 Wie es der Herrschaft der Experten und insbesondere der Ökonomen gelang, die Politik von allem kritischen Inhalt – das heißt von allem Inhalt – zu entleeren, zeigt die bemerkenswerte Arbeit von Mariana Hérédia über die Formen, die dieser Prozeß in Argentinien im Verlauf der letzten dreißig Jahre annahm (Mariana Hérédia, *Les métamorphose de la représentation. Les économistes et la politique en Argentine [1975-2001]*, Paris: Editions de l'EHESS 2007).

33 Thomas Angeletti hat die Funktionsweise des *Conseil d'analyse économique* untersucht, der 1997 geschaffen wurde, um die französische Regierung bei ökonomischen Entscheidungen zu beraten, und sich aus Ökonomen zusammensetzt, die eigentlich unterschiedlichen »Strömungen« angehören sollen, damit zwischen ihnen eine »Diskussion« stattfinde. Er zeigt in seiner Arbeit, wie dieser pluralistisch sein wollende Areopag in Wirklichkeit nur uniforme und dem neoklassischen *mainstream* konforme Ansichten produzierte, da die Positionen sogenannter »heterodoxer« Ökonomen sich nicht Gehör verschaffen konnten. Letztere standen vor der Wahl, entweder sich herrschender Modelle und Formalismen zu bedienen, um Anerkennung zu finden, und damit notwendig zumindest einen Teil dessen zu homogenisieren und zu zensieren, was sie zu sagen hatten, oder zu vermeiden, zu bestimmten Punkten klar Position zu beziehen, und sich damit selbst zu zensieren, oder eben zu schweigen (vgl. Thomas Angeletti,

den Rechtsprechung ausgehen (im Fall der sozialen Kämpfe vor allem vom Arbeitsrecht). Die gesetzliche Anerkennung kritischer Instanzen als verantwortlich und legitim handelnd (im Gegensatz zu anderen kritischen Instanzen, die ausgeschlossen und dem Wildwuchs überlassen werden, weil sie den gesetzlichen Rahmen angeblich überschreiten), zwingt jene dazu, innerhalb der engen Maschen des bestehenden Rechts zu agieren, dessen Anerkennung nicht erlaubt, neue Ungerechtigkeiten aufzugreifen oder neuartige Protestformen zu entwickeln.

Die Tendenz, sich der Kritik durch deren Einverleibung zu bemächtigen, wird dadurch verstärkt, daß die auf Wandel gegründete Herrschaft sich selbst auf die Kritik beruft (zu der sie denen das Recht entzieht, die sich ihr etwa widersetzen möchten) – freilich auf eine interne, nach dem Vorbild wissenschaftlicher Auseinandersetzungen konstruierte Kritik, wie sie allein unter denen stattfindet, die über die erforderliche, durch Kompetenzen oder mehr noch durch Titel legitimierte Autorität verfügen, eine relevante Ansicht zu äußern. Kennzeichnend für diese »Expertendebatten« ist, daß die Beteiligten sich im wesentlichen einig sind und nur über marginale Punkte in Gegensatz geraten. Vermutlich ist dies gemeint, wenn solche Gespräche mit bewunderndem Unterton als »tiefschürfend« bezeichnet werden.

Ein Herrschaftsmodus dieses Schlages ist sicher besser als jeder andere geeignet, den hermeneutischen Widerspruch zu kaschieren. Hier treten die Institutionen bescheiden auf und geben ihre Ansprüche in der Garderobe ab. Wie bereits angedeutet, werden Wahrheitsprüfungen, soweit sie noch durchgeführt werden, mit der leicht nostalgisch gefärbten Süffisanz begleitet, wie man sie obsoleten Größen gönnt. Die Institutionen treten ihre Macht zu sagen, was ist, namentlich an die Wissenschaft und die Technik ab, die zu Grundlagen aufrücken. Die Institutionen selbst sind nur mehr deren Dolmetscher. Das Souveränitätsprinzip, auf das sie sich noch berufen, ist kein anderes als die Real&Welt selbst, was die Unterscheidung von Legislative und Exekutive hinfällig macht. Die von der Regierung verkündeten Gesetze oder, öfter noch, Verordnungen geben sich als schlichte Übersetzungen gesellschaftlicher oder ökonomischer Gesetze in den Rechtsjargon, der sich ihnen anzuschmiegen sucht, also als Kundgebungen des unpersönlichen Wollens dieser Gesetze. Was die Sprecher angeht, die sich

»Economistes, Etats, démocratie: du peuple souverain à l'expert institué«, *Tracés* [im Erscheinen begriffen]).

meist durch ihre Effizienz rechtfertigen, so offenbaren sie die ihnen verliehene Macht weniger durch die Verkündung ihres Willens – selbst nicht in jenem demokratischen Sinn, in dem sie ihn als bloßen Ausdruck einer *volonté générale* ausgeben würden, die sie auszuführen hätten – als vielmehr durch die Aufzählung der Zwänge, unter denen sie angeblich stehen und die sie dazu verpflichteten, so zu handeln, wie sie es tun: alternativlos. So jedenfalls gibt sich in ihrem Fall das oben erwähnte »frisch von der Leber weg«. Allerdings setzen sie sich dann dem Verdacht aus, gar nichts zu tun.

Gegenüber einem Herrschaftsmodus dieses Typs findet sich die Kritik, sofern nicht schlicht entwaffnet, tiefgreifend modifiziert. Sie nutzt den hermeneutischen Widerspruch nun auf einem neuen Weg. So zeigt beispielsweise unter einem politisch-semantischen Regime, in dem die Institutionen sagen, was es mit dem, was ist, auf sich hat, und in Architekturen eingelassen sind, die auf Repräsentationsformen des politischen Körpers (oder des »Volkes«) beruhen, der Widerspruch sich oft in Form eines Verdachts gegenüber ihren Vertretern (was man die *rousseauistische* Form des hermeneutischen Widerspruchs nennen könnte). In einem politisch-semantischen Regime dagegen, das, wie in den kapitalistisch-demokratischen Regimen immer stärker der Fall, sich auf das *Expertentum* gründet (mag dieses sich nun auf die Naturwissenschaften, die Wirtschaftswissenschaften oder andere Sozialwissenschaften berufen), wird sich der Widerspruch als Antagonismus zwischen *Realismus* und *Konstruktionismus* äußern: Hat der Experte die Dinge wirklich dargestellt, »wie sie sind«, so transparent, daß alle Vermittlung ausgeschlossen ist und die »Tatsachen« in ihrer unerbittlichen Notwendigkeit hervortreten, oder schickt er sie durch den Filter einer Konstruktion »Marke Eigenbau«, die einen »willkürlichen« Zug hat, so daß man sie ebensogut anders darstellen könnte? Verständlich, wie ein solcher, ursprünglich vor allem epistemologischer Gegensatz heute zu einer Hauptressource in politischen Auseinandersetzungen werden konnte – so z. B. in jüngsten Auseinandersetzungen zu biopolitischen Fragen wie zur Homosexualität oder zum Status des Fötus –, aber auch in zahlreichen Auseinandersetzungen zu Themen ökologischer oder ökonomischer Natur.

Die dadurch ausgelöste Beunruhigung wird durch die Instituierung der neuen, genuin politischen Rolle von Unternehmen verstärkt, die Realität zu beschreiben, wovon ausgehend Experten sich einem Herrschaftsmodus unterordnen, der auf das *benchmarking* rekurriert. Dies läßt sich gut am Fall der von Alain Desrosières untersuchten öffentlichen Statistik nachvollziehen. In ihrer klassischen Form, die bis etwa in die 80er Jahre vorherrschte, sollte der in seinem Institut isolierte Statistiker getreu einer positivistischen, auf die radikale Trennung von Subjekt und Objekt der Erkenntnis gegründeten Konzeption zumindest idealiter eine maximale Distanz gegenüber der zu beschreibenden Realität bewahren. Es war für ihn Ehrensache, diese Realität, von der vorausgesetzt war, daß sie an sich und unabhängig vom Beobachter existiert, so »objektiv« wie möglich in die Sprache der Mathematik zu übersetzen; selbst von dem doch offenkundigen Fakt, daß die Veröffentlichung seiner Arbeiten das Beobachtete modifizieren konnte, war tunlichst abzusehen. Der Einsatz der Statistik durch das *benchmarking* kehrt diese Position vollständig um. Die auf Basis kodifizierter statistischer Indikatoren erstellten Ranglisten, die alle qualitativen in quantitative Differenzen zu übersetzen und dadurch Vergleiche zu ermöglichen trachten, stellen Beschreibungsformen dar, deren explizites und eingestandenes Ziel darin besteht, die Akteure in einer Logik der Maximierung des Indikators zu veranlassen, ihr Verhalten zu ändern, um in der Rangliste zu steigen. Die Beschreibung ist somit von der Bewertung dessen untrennbar geworden, was Instanzen beschreiben, die über seltene Ressourcen verfügen und deren Distribution kontrollieren. Diese Beschreibung akzeptiert also explizit Rückkoppelungsschleifen zwischen Erkenntnissubjekt und -objekt und setzt sie strategisch ein, um die Effizienz von Maßnahmen zu steigern, mit denen die Konturen der Realität modifiziert werden sollen.

Ohne nennenswertem Widerstand zu begegnen, wurden diese vom Management ausgeheckten Techniken zuerst von der Führung privater Großunternehmen mit dem Ziel eingesetzt, die Effizienz der Akteure zu steigern, ihre Produktivität zu erhöhen und den Profit zu maximieren, bevor sie von staatlichen und überstaatlichen Organismen übernommen wurden. Eine solche Übernahme bewirkte, daß die Sorge darüber zunahm, inwiefern diese Institutionen in der Lage sind, von einem übergeordneten Gesichtspunkt aus zu sagen, was es mit dem, was ist, auf sich hat. Wie Lorraine Daston gezeigt hat, war die Zuerkennung dieser Fähigkeit in Europa mindestens seit dem 18. Jahrhundert an den Austausch zwischen drei Denotierungen des Begriffs *Objektivität* gebunden: die juristische, die politische und die wissenschaftliche.[34] Der Begriff Objektivi-

34 Lorraine Daston, »Objectivity and the escape from perspective«, *Social Studies of Science*, Bd. 22, 1992, Nr. 4, S. 597-618.

tät implizierte daher einerseits die Vorstellung von der *Unparteilichkeit* der Justiz, andererseits die mit der höheren Warte der Regierungsinstanzen verbundene persönliche *Interesselosigkeit*, und schließlich die der *Trennung* von Subjekt und Objekt der Erkenntnis, so daß der Beobachter in der Lage war, von seiner Studierstube aus überzeitlich gültige und von anderen in einem vergleichbaren experimentellen Kontext reproduzierbare Urteile zu fällen. Wenn aber Institutionen, die sich durch ihre Bindung an den Staat legitimieren, Beschreibungstechniken verwenden, die den beschriebenen Gegenstand – etwa das Verhalten von Staatsbürgern – verändern sollen, dann geraten Unparteilichkeit und Interesselosigkeit, wie sie staatlichen Institutionen zugeschrieben werden – sei es auch nur, weil diese sie für sich in Anspruch nehmen – unter Verdacht und werden auf den Stellenwert von Instrumenten zur *Manipulation*[35] zurückgestuft, deren Ziel ausschließlich darin besteht, den Standpunkt einiger weniger im Dienste der Optimierung ihrer eigenen Interessen durchzusetzen.

Indessen wohnt den westlichen kapitalistischen Demokratien, in denen der von uns umrissene Herrschaftsmodus gilt, eine schwer aufzuhebende Spannung inne. Sie hat damit zu tun, daß diese Regime sich nicht vollständig der den Nationalstaat tragenden politischen Formen der Vergangenheit begeben können, mögen diese nun von liberalem Denken oder, wie in Frankreich der Fall, auch von jakobinischem Rousseauismus geprägt sein. Der von uns umrissene Herrschaftsmodus ist vom *Management* ausgebrütet worden; darin kommt die enge Beziehung zum Ausdruck, in der dieser Herrschaftsmodus zur Entwicklung des Kapitalismus steht. Zunächst im Rahmen der Unternehmensführung eingesetzt, hat er sich dort nach und nach verfeinert – sei es auch nur aufgrund der intensiven Kritik, die ihn gewissermaßen geprüft hat –, bevor er dem Staat implantiert wurde, der von nun an ganz wie das Unternehmen als eine Organisation gilt, deren Ziel darin besteht, eine Gesamtheit von Ressourcen so zu verwalten, daß ihnen unter dem Druck der Konkurrenz zu anderen Organisationen gleicher Art Profit zu entziehen ist. Dieser Transfer, begünstigt durch die Entwicklung eines neuen Geistes des Kapitalismus, mit dem den Protestbewegungen der 60er und 70er Jahre begegnet und die Produktivität des Kapitals, vor allem aber der Profit der Aktionäre gesteigert werden sollte, folgte auf eine Periode, in der nach dem Zusammen-

35 Zur Geschichte und sozialen Verwendung des Begriffs »Manipulation« vgl. A. Esquerre, *La manipulation mentale*, a. a. O.

bruch der Jahre 1930-1945 umgekehrt der zentralisierte, schützende und militärische Staat zumindest in einiger Beziehung zum Modell des integrierten Großunternehmens mit mehr oder weniger »sozialen« Zielen geworden war (was wir den »zweiten Geist des Kapitalismus« genannt haben).[36]

Diese Tendenzwende – vom Staat als Modell des Unternehmens zum Unternehmen als Modell des Staats – wirft die Frage nach der Verknüpfung zwischen diesen beiden möglichen Herrschaftsinstrumenten auf, die unterschiedlichen Zwängen ausgesetzt sind. Das Unternehmen, dessen Daseinszweck im Rahmen des Kapitalismus darin besteht, unter Konkurrenzdruck Profit abzuwerfen, verlangt – in seiner Logik ganz zu Recht – nach der Freiheit, die Hauptparameter zur Bestimmung des Profits in einem bestimmten rechnerischen Rahmen nach Belieben zu kontrollieren, insbesondere den Ein- und Ausgang nicht nur von Waren, sondern auch und vor allem von Arbeitskräften. Infolgedessen sind die Lohnabhängigen nicht »Bürger des Unternehmens« – das ja in der Lage sein muß, sie nach Maßgabe seiner Interessen einzustellen und zu entlassen – und können es auch nicht sein. Da das Unternehmen sich durch nichts anderes als die Realisierung von Profit rechtfertigt, kann es sich darüber hinaus einerseits auch von territorialen Zwängen lossagen – wie im Fall der außerstaatlichen Verlagerung von Produktionsstätten ersichtlich –, andererseits auch von der Verpflichtung zu Dauerhaftigkeit. Ein Unternehmen ist nicht für die Ewigkeit geschaffen. Lassen die Profite nach oder schwinden sie dahin, muß es schließen und produktiveren Organisationen Platz machen.

Der Staat hingegen versteht sich zwar auch auf den Profit, ist aber vor allem an ein Territorium und an Dauerhaftigkeit gebunden. Seine Aufgabe ist es, die Sicherheit einer auf einem bestimmten Territorium ansässigen Bevölkerung zu gewährleisten, was unter dem Druck sozialer Kämpfe dahin führte, daß er diese Population von Staatsbürgern in immer mehr Formen in seine Obhut zu nehmen, gleichzeitig aber auch die Kontrolle über sie und die staatlichen Zwänge zu verschärfen hatte.[37] Sowenig aber die Arbeitskräfte Bürger sind, sowenig können die Bürger auf den Status von Arbeitskräften des Nationalstaats reduziert werden. Denn nur in ganz

36 L. Boltanski und E. Chiapello, *Der neue Geist des Kapitalismus*, a. a. O.

37 Vgl. Michael Mann, »The Autonomous Power of the State: Its Origins, mechanisms, and results«, *Archives européennes de sociologie*, Bd. 25, 1984, Nr. 1, S. 185-213.

besonderen historischen Situationen kann der Staat den Zu- und Abgang von Bürgern in Abhängigkeit von den Interessen der herrschenden Klasse so kontrollieren, wie das Unternehmen Zu- und Abgänge seiner Belegschaft kontrolliert: also eine überzählige Population durch Begünstigung ihrer Auswanderung abschieben – wie dies in Europa zwischen 1880 und 1914 geschah, als etwa 30 Millionen Menschen nach Amerika, vor allem in die Vereinigten Staaten, aber auch in die Kolonien auswanderten –, oder aber umgekehrt eine in bezug auf Arbeitsbedingungen und Löhne wenig anspruchsvolle Population aus armen Ländern oder Kolonien importieren –, was in Westeuropa namentlich in den Jahren 1950-1970 der Fall war. Angesichts einer geopolitischen Lage, die einerseits durch das Schrumpfen kolonisierbarer Räume gekennzeichnet ist[38] und andererseits dadurch, daß die Zahl der Auswanderungswilligen aufgrund des wachsenden Unterschieds zwischen reichen und armen Ländern beträchtlich gestiegen ist, wird die Kontrolle von Zu- und Abgängen äußerst problematisch. Besonders dann, wenn der Nationalstaat selbst in seiner materiellen Existenz von seiner Führung als Unternehmen aufgefaßt wird. Der Anspruch, die Zugänge in Abhängigkeit von »Bedürfnissen der Wirtschaft« zu kontrollieren, nimmt obsessive Formen an und geht mit physischer Gewalt gegen Ausländer einher (übrigens auch gegen Inländer, die »der Immigration entstammen«, wie es heißt, und die doch zugleich als »Bürger wie alle anderen« gelten sollen). Was die Abgänge angeht, das heißt diejenigen, von denen kapitalistische Unternehmen sich zu entlasten suchen, weil sie als nicht hinreichend produktiv beurteilt werden (die »Exkludierten«, wie man sie heute nennt), so stellen sie den Unternehmer-Staat vor ein noch heikleres Problem, und zwar aus dem einfachen Grund, daß sie im Lande bleiben und folglich in der Öffentlichkeit sichtbar sind und sogar in der Lage, einem Protest Gehör zu verschaffen oder ihre Unzufriedenheit über die Wahlurne kundzutun. Man bedenke, was wohl aus einem Unternehmen würde, das denen, die es an die frische Luft gesetzt hat, erlauben muß, sich weiterhin dort aufzuhalten, wo sie früher einmal Arbeit fanden.

Dieser historischen Lage können die Institutionen sich nicht entziehen, deren mögliche Grundlagen sich nun gegenseitig relativieren: auf der einen Seite das mit der Konzeption des Staats als Unternehmen verbundene Expertentum, vor allem ökonomischer Art, und

38 Vgl. Zygmunt Bauman, *Verworfenes Leben. Die Ausgegrenzten der Moderne.* Aus dem Englischen von Werner Roller, Hamburg: Hamburger Edition 2005.

auf der anderen Seite das Wahlprinzip, das aufrechterhalten wird, um die Reste dessen zu retten, was von der Verwurzelung des Staats in einer Nation, das heißt der Gesamtheit einer auf einem bestimmten Territorium ansässigen Population, übrigblieb. Diese Relativierung stellt die Form dar, die der hermeneutische Zirkel nun tendenziell annimmt. Der der Wahlentscheidung des souveränen Volks entsprungene und durch diesen Nimbus immer noch geadelte Wille des körperlosen Wesens der Institution wird faktisch von körperhaften Wesen vollzogen, die sich insofern kaum mit diesem Nimbus schmücken können, als ihre Autorität auf eine Praxis – die Expertise – rekurriert, die sich der von der Kritik verinnerlichten Modalität des »Expertenstreits« zu fügen hat. Übrigens versuchen Experten aus den Sozialwissenschaften, vor allem Soziologen und Politologen, in bester Absicht und mit nimmermüder Phantasie dieser Lage zu begegnen, indem sie neue, quasi institutionelle Dispositive erfinden, die Volksmacht und Expertenmacht in einem einzigen Organismus bündeln sollen, »hybride Foren«[39] zum Beispiel oder »Volkskommissionen«.[40]
Die von der Institution insbesondere bei der Formulierung von Gesetzen wahrgenommene semantische Funktion wird so pausenlos von pragmatischen und praktischen Regierungsmodulationen überlagert. Immer mehr Gesetze werden nicht angewendet (meist nicht nur, weil sie praktisch nicht anzuwenden sind, sondern schlicht deswegen, weil dies auch nicht vorgesehen war), was mit der Vervielfachung von Erlassen oder technischen Verordnungen einhergeht, die, stets *ad hoc*, auf bestimmte, partielle Ziele hin formuliert, polizeiliche Maßnahmen ermöglichen, deren willkürlicher Charakter der Denunziation Tür und Tor öffnet, weil sie, wie leicht zu zeigen wäre, sich entweder auf ein Netzwerk von Gesetzen stützen, die einander je nach den Umständen ihrer Anwendung widersprechen, oder auch gar nicht anders zu rechtfertigen sind als durch die ausschließlich quantitativ definierte Effizienz, auf die sie sich berufen. Die institutionelle Gewalt, insbesondere die des Staats, steht somit kurz vor ihrer Entschleierung.

39 Vgl. Michel Callon, Pierre Lascoumes und Yannick Barthe (Hg.), *Agir dans un monde incertain. Essai sur la démocratie technique*, Paris: Seuil 2001.

40 Vgl. Loïc Blondiaux und Yves Sintomer, »L'Impératif délibératif«, *Politix*, Bd. 15, 2002, Nr. 57, S. 17-35, und Yves Sintomer, *Le pouvoir au peuple. Jurys citoyens, tirage au sort et démocratie participative*, Paris: La Découverte 2007.

Für eine managementkonforme Herrschaft ist unter anderem kennzeichnend, daß sie sich auf delokalisierte Netzwerke und komplexe Dispositive stützt, die von lokalen Verankerungen viel unabhängiger sind als die Instrumente einfacher Herrschaft. Sie läßt sich daher auch und sogar besser auf Distanz ausüben. Dieser Stand der Herrschaftsdispositive kann leicht zu der Illusion verleiten, die Macht sei buchstäblich systemisch in dem Sinn geworden, daß sie keinem einzelnen mehr zukommt, sondern sich ganz über einen Verbund aus Menschen und Maschinen verteilt, dessen Kontrolle sich jedem einzelnen der Akteure partiell entzieht – auch denjenigen, die in Gebilden, die sich – ob zu Recht oder zu Unrecht – immer noch als Institutionen darstellen, offizielle Positionen bekleiden.

Diese Konzeption einer ganz oder fast unpersönlich und mechanisch gewordenen Macht entzieht der Idee der Herrschaft einen Großteil ihrer Substanz. Zwar wurde Herrschaft spätestens seit Marx mehr an Strukturen als an Individuen festgemacht (wie der berühmte Hinweis im Vorwort zum *Kapital* bezeugt),[41] dabei jedoch stets mit einer herrschenden Gruppe oder Klasse in Verbindung gebracht. Wenn die Idee von Herrschaft einen Sinn haben soll, muß sich zeigen lassen, daß es einen Konvergenzfaktor gibt, der bewirkt, daß räumlich verstreute Akteure mit unterschiedlichen Tätigkeiten durch ihr Handeln zur Aufrechterhaltung von Herrschaft beitragen, so unterschiedliche Positionen sie im Hinblick auf behördliche Institutionen auch einnehmen und so ungleich sie mit Eigentum oder Kapitalien ausgestattet sein mögen.

Soll die Vorstellung »herrschende Klasse« sinnvoll sein, muß von der Existenz spezifischer Bindungen zwischen den Akteuren ausgegangen werden, die in unterschiedlicher Hinsicht und unterschiedlichem Grade die Aufrechterhaltung der bestehenden Ordnung gewährleisten (und von ihr profitieren, wenn auch in ungleichem Umfang) – und dies, ohne unbedingt ausdrückliche Absprache und noch weniger geheime, konspirativ organisierte »Komplizen-

41 »Zur Vermeidung möglicher Mißverständnisse ein Wort. Die Gestalten von Kapitalist und Grundeigentümer zeichne ich keineswegs in rosigem Licht. Aber es handelt sich hier um die Personen nur, soweit sie *Personifikationen ökonomischer Kategorien* sind, *Träger von bestimmten Klassenverhältnissen und Interessen*« (Karl Marx, *Das Kapital. Kritik der politischen Ökonomie*, Bd. 1, zit. nach: Karl Marx/Friedrich Engels, *Werke*, Bd. 23, Berlin: Dietz Verlag 1969, S. 16 [Hervorhebung v. L. Boltanski]).

schaft« zwischen ihnen zu unterstellen. Jene Forderung ist in den gegenwärtigen demokratisch-kapitalistischen Gesellschaften sicher insofern schwieriger zu erfüllen als in klassischen repressiven Gesellschaften, als die dem Expertentum verliehene Bedeutung und, allgemeiner, die Funktionsweise eines managementkonformen, technisch auf der Grundlage von Dispositiven operierenden Herrschaftsmodus die Macht tendenziell auf höchst unterschiedliche Gruppen mit einem niedrigen Niveau an Koordination verteilen. Weshalb die Kritik übrigens oft auch beschuldigt wird, der »Verschwörungstheorie« aufzusitzen, wenn sie den systematischen Charakter getroffener Maßnahmen aufzeigt. Spricht es nicht schon für ihre Böswilligkeit oder pure Verrücktheit, wenn sie alle in denselben Sack – den der herrschenden Klasse – stecken will: neben den »Superreichen«, den »Stars«, den »Mächtigen« und »Oligarchen«, Staats- oder Geschäftsmännern mit »weltweiter, globaler« Verantwortung (*bling-bling!*) gewöhnlichere (und manchmal bescheidenere) Persönlichkeiten wie zum Beispiel Naturwissenschaftler, Ökonomen und Sozialforscher, die den Rechenzentren zuarbeiten und »Berichte« veröffentlichen, in denen sie die Realität und ihre tendenziellen Veränderungen beschreiben; Journalisten, die die Medien mit Reportagen über Vorfälle füttern, auf die ebenjene Berichte ihre Aufmerksamkeit gelenkt haben; Juristen, aber auch Managementspezialisten, die darüber nachdenken, wie die Prüfungen folglich umzugestalten sind; Volksvertreter, die Gesetze beschließen (wie es ihre Pflicht ist); ganz zu schweigen von noch banaleren und unschuldigeren Akteuren vor Ort – Geschäftsführern mittlerer Unternehmen, Verwaltungsleitern, Lehrkräften usw. –, die in stets örtlich begrenzten, ganz besonderen Situationen für die Anpassung der Realität an die neuen Prüfungen sorgen (irgendwer muß sich ja schließlich darum kümmern).

Als Hauptkriterien für die Zugehörigkeit zur herrschenden Klasse dienten zunächst der Besitz von Produktionsmitteln und die Grundrente. In der kritischen Soziologie der 60er und 70er Jahre – am Ende der Epoche eines Kapitalismus der Betriebsleiter und Führungskräfte und der großen öffentlichen Unternehmen (in Frankreich), also zu einem Zeitpunkt, da die Eigentumsverhältnisse zwar immer noch sehr wichtig, aber weniger entscheidend zu sein schienen – tat die Suche nach subtileren Methoden zur Kennzeichnung der herrschenden *Klasse* oder *Klassen* ihre ersten Schritte. So wird im Werk Pierre Bourdieus – den wir im Verlauf des zweiten Abschnitts erwähnten – einerseits auf der Unterschiedlichkeit der herrschenden Positionen (der »Teilung der Beherrschungsarbeit«) insistiert, andererseits auf einer Konvergenz zwischen Fraktionen, die durch Affinitäten im *Habitus* und eine vom Bildungswesen vermittelte gemeinsame Kultur gewährleistet werde und aus der hervorgehe, was dieser Autor oft »eine Orchestrierung ohne Dirigenten« nennt. Beide Erklärungsprinzipien – Eigentum wie Habitus – scheinen heute überholt, wenn es darum geht, der Kohäsion eines disparaten Ensembles Rechnung zu tragen, das nichtsdestoweniger hinreichend koordiniert ist, um so etwas wie eine herrschende Klasse zu bilden. Zum einen sind die oben erwähnten Akteure möglicherweise nicht unmittelbar Eigner von Produktionsmitteln oder Hauptnutznießer der Grundrente (selbst wenn zumindest eine Fraktion unter ihnen über Finanzprodukte wie Aktienoptionen oder über Steuerbegünstigungen einen beträchtlichen Anteil davon in die Tasche steckt). Und zum anderen sind diejenigen, aus denen sich heute die globalisierten Eliten zusammensetzen (zu denen die oft so genannten *global thinkers* unter den Intellektuellen durchaus auch zu zählen sind), in unterschiedlichen familialen und schulischen Kulturen aufgewachsen, so daß die Affinitäten, die ihre objektive Konvergenz gewährleisten, sich weniger leicht als in der Vergangenheit aus einem gemeinsamen Habitus erklären lassen. Diese neuen, in aller Welt anzutreffenden Eliten kommunizieren zwar durchaus in einer gemeinsamen Sprache, die aber im wesentlichen nicht mehr auf dem – literarischen oder wissenschaftlichen – Kanon der klassischen Bildung beruht, wie er beispielsweise (in Frankreich) in den Jesuitenschulen vermittelt wurde. Heute stützt diese Konvergenz sich eher auf eine neue, internationale Kultur, die in der Ökonomie und vor allem in den Managementdisziplinen wurzelt und die zwar durch Wort und Schrift vermittelt, vor allem aber in Informatik-, Jurisdiktions- und Buchführungsformaten verkörpert ist.

Läßt sich trotzdem eine *Form von Solidarität* ausmachen, die zwischen derart unterschiedlichen Akteuren – einerseits solchen, deren Tätigkeit, obwohl immer parzelliert und hoch spezialisiert, dennoch globale Effekte auf die Welt ausübt (anhand z. B. von Finanzoperationen); andererseits Akteuren, die eher in der Realität intervenieren und die sich selbst häufig als »basisnah« und von dem motiviert bezeichnen, was sie ihren »Pragmatismus« nennen; schließlich Akteuren, deren Tätigkeit eher auf die Prüfungsformate und Qualifizierungsweisen ausgerichtet ist und die, ihre Reflexivität betonend, sich selbst als »Fachleute«, »Intellektuelle«

oder »Juristen« definieren – eine Art stillschweigendes Einverständnis stiften kann?
Entsprechend dem weiter oben skizzierten Rahmen möchte ich zum einen die in bezug auf *Handeln* und die *Möglichkeiten des Handelns* eingenommene Position gewichten, zum anderen die Position, die in bezug auf die *Konventionen, Verfahren und Regeln* bezogen wird, die Prüfungsformate und Qualifizierungs- und Valorisierungsmodi definieren. Ich möchte hier den Gedanken vertreten, daß die herrschende Klasse sich aus »Verantwortungsträgern« zusammensetzt – also aus solchen, die zunächst einmal imstande sind, eine umfängliche Palette von Handlungen in Gang zu bringen, die nicht nur ihr eigenes Leben zu verändern vermögen, sondern auch das einer mehr oder minder großen Zahl weiterer Personen, und die zweitens eine besondere Erfahrung in bezug auf das Verhältnis von handelndem Einwirken auf die Realität und Einwirken auf die Prüfungsformate erworben haben.
Daß sie über umfangreiche Möglichkeiten zum Einwirken nicht nur auf die Welt, sondern auch auf die Festlegung der Prüfungsformate verfügen, läßt sie eine einzigartige Stellung gegenüber den *Regeln* einnehmen. Zum gemeinsamen, unausgesprochen geteilten Wissen der Mitglieder der herrschenden Klasse gehört zum einen, daß Regeln, das heißt Recht, Verfahren, Normen, Standards, Vorschriften usw., unabdingbar sind. Zum anderen aber auch, daß man in einer *komplexen* Welt *nichts wirklich Profitables* (in ihre Sprache übersetzt: »wirklich Nützliches«) *machen*, daß man schlicht und einfach nicht *agieren* kann, wenn man Regeln befolgt. Für jene »Verantwortungsträger« stellt nämlich die Tatsache, daß ihr Handeln auf ganz allgemeine und oft recht vage und wechselnde Ziele ausgerichtet ist, den Grund dafür dar, warum ihr Verhalten sich nicht strikt von Regeln begrenzen läßt. Die Beachtung von Regeln empfinden sie daher in dem Maße als Hindernis, als der Kontext ihres Handelns selbst ungewiß ist und sich unaufhörlich wandelt. Umgekehrt neigen sie jedoch zu der Auffassung, daß Regeln notwendig und hinreichend sind, um das Handeln ausführender Organe zu erzwingen und zu ordnen, insbesondere das Handeln derer, die unter ihrer Leitung stehen und deren punktuelle Aktivität zur Umsetzung der (großen) Pläne beiträgt, mit denen sie den Kern der Realität beizubehalten und/oder zu modifizieren suchen.[42] Während sie bei jeder Gelegenheit in Erinnerung rufen,

42 Ich danke Ève Chiapello dafür, daß sie mich auf den Unterschied zwischen »eine

daß die Regeln »für alle gelten«, fühlen sie sich somit im Recht, wenn sie denken, daß diesen Regeln im Grunde nichts Absolutes eignet und daß sie bestenfalls, anders als das bloß ausführende Personal glauben soll, *Konventionen* sind, deren Hauptverdienst darin besteht, notwendige Handlungen gewaltlos zu koordinieren. Das Erlernen einer solchen »relativistischen« Einstellung zur Regel wird heute vermutlich erleichtert durch die spezifische Erfahrung der Mitglieder der herrschenden Klasse, deren internationale Ausbildung und Berufstätigkeit sie dazu gebracht haben, ihre Ziele unter Ausnutzung unterschiedlicher und oft widersprüchlicher Regelwerke zu verfolgen.[43]

Dieses Wissen des »Verantwortungsträgers« ließe sich in der einst von Octave Mannoni für die Psychoanalyse entwickelten Formel fassen: »Ich weiß wohl, aber trotzdem ...«[44] »Ich weiß wohl«, daß man Regeln braucht, »aber trotzdem« weiß ich auch, daß, wer Regeln befolgt, wer es »blind« tut, wer ihnen »buchstäblich« folgt, wer sie »wortwörtlich« nimmt, wer sich weigert, sie zu interpretieren, sie der Lage anzupassen und sie sogar, wenn es sein muß, zu ignorieren, »nicht weiter kommt!«; »er kann nicht mehr handeln«. Wir müssen uns aber hüten, dieses Wissen als eine Form von Nihilismus aufzufassen oder gar als eine Kritik an den Regeln. Die Regeln werden als absolut notwendig anerkannt. Aber zugleich muß man sie auch ablenken, umgehen, abändern, um effizient sein zu können (»die Realität im Griff haben«), und auch das gilt als absolut notwendig.

Regel befolgen« und »ein Ziel verfolgen« aufmerksam gemacht hat – ein Unterschied, der vor allem in den Managementtheorien des Controlling eine wichtige Rolle spielt. Zu dieser Unterscheidung vgl. auch die bei Laurent Thévenot (*L'action au pluriel*, a.a.O.) analysierten unterschiedlichen Planungsmodalitäten.

43 Vgl. Anne-Christine Wagner, *Les classes sociales dans la mondialisation*, Paris: La Découverte 2007. Das ausgezeichnete Werk von Karim Madjad (*Droit international des affaires*, Paris: Armand Colin 2005), dem unter anderem zu entnehmen ist, daß es kein internationales Wirtschaftsrecht gibt, zeigt auf, daß die Realisierung internationaler Wirtschaftsprojekte (die für das Funktionieren der Ökonomien heute eine zentrale Rolle spielen) zunächst einmal den Erwerb großer Geschicklichkeit im Umgang mit Regeln, Normen und Bräuchen voraussetzt. Letztere sind oft widersprüchlicher Art und stützen sich auf in unterschiedlichen nationalen Territorien gültige Gesetzeswerke. Ihre bunt zusammengewürfelte Vielfalt verleiht der Regelung eine Plastizität, die von den Akteuren als Ressource genutzt wird.

44 Der erstmals 1964 erschienene Artikel »Je sais bien, mais quand-même ...« von Octave Mannoni wurde kürzlich von der Zeitschrift *Incidence* (Bd. 2, 2006, Oktober, S. 167-190) nachgedruckt.

Die »Verantwortungsträger« wissen nun aber auch, daß diese »Weisheit« nicht öffentlich gemacht und nicht mit den *Nicht-Verantwortungsträgern* geteilt werden darf, da sonst ja alle Welt sich ermächtigt fühlte, die Regeln zu umgehen, »und das wäre was? Anarchie!« Denn diejenigen, die daran gewöhnt worden waren, die Regeln zu befolgen, würden dieses »Verständnis der Regel« mit bloßem Nihilismus verwechseln oder, ihren verrücktesten Wünschen folgend, ihren Trieben freien Lauf lassen. Und würden dann auch noch anfangen, die Regeln zu *kritisieren*, sie zu *dekonstruieren*, als *arbiträr* zu erklären, als Dinge, die nicht sein könnten, was sie doch sind – ohne jenes Unterscheidungsvermögen zu besitzen, das in dem Wissen besteht, daß sie einfach da sind, unabdingbar, ewig, sakrosankt, unverwundbar und dennoch dazu bestimmt, immer wieder umgangen, interpretiert, vergessen, modifiziert zu werden, aber niemals, um in Abrede gestellt zu werden! Niemals sind sie so heilig wie dann, wenn man einräumt, daß sie in der Tat Menschenwerk sind und eben dadurch die Realität selber. Dazu, Regeln zu umgehen oder zu überschreiten, ohne das Gefühl zu haben, sie zu verraten, gehört das zumindest implizite Bewußtsein, in eigener Person den *Geist* der Regel zu verkörpern. Zur herrschenden Klasse gehören bedeutet primär, überzeugt sein, den *Buchstaben* der Regeln übertreten zu dürfen, ohne deshalb deren *Geist* zu verraten. Doch diese Glaubensüberzeugung kommt nur denen in den Sinn, die meinen, sie könnten die Regeln verkörpern, weil sie sie aufstellen.

Diese doppelsinnige Beziehung zur Regel läßt sich in Begriffen wie Unaufrichtigkeit und Böswilligkeit beschreiben – und seit mindestens anderthalb Jahrhunderten hat die Kritik der bürgerlichen Heuchelei es daran auch keineswegs fehlen lassen. Es ist jedoch nicht zu übersehen, daß die veränderten Herrschaftsformen eine solche moralische Empörung mehr oder weniger obsolet gemacht haben. Der fragmentierte, technische Charakter des Eingreifens in die Realität begünstigt heute, was man – um der Sphäre des moralischen Urteils auszuweichen – eine Art *praktische Unehrlichkeit* nennen könnte. Die opake Beziehung, in der jeder zu seinem eigenen Handeln steht, stellt sich als innerer Widerhall jener äußeren Opazität dar, in der die Eingriffe in die Realität stattfinden. Ergibt sich aus der approximativen Beziehung zu den Regeln unglücklicherweise ein schwer zu kaschierendes Desaster und bricht infolgedessen ein *Skandal* aus, dann heucheln ertappte und zur Rechtfertigung gezwungene Personen nicht nur Überraschung und

Reue: sie sind wirklich überrascht und bereuen. In aller Aufrichtigkeit erklären sie, verantwortlich und gleichzeitig unschuldig zu sein (*responsable, mais non coupable*, nach der berühmt gewordenen Formel, mit der ein »Verantwortungsträger« sich anläßlich der Affäre des sogenannten »kontaminierten Bluts« rechtfertigte).[45] Dieses Wissen nimmt im Rahmen des heutigen Kapitalismus, den seine innere Logik dazu treibt, immer neue Differenzen, namentlich Informationsvorsprünge, zu nutzen, um sogar noch die Wettbewerbsregelungen zu umgehen, die doch den *point d'honneur* des ökonomischen Liberalismus darstellen, eine besonders verschärfte Form an. Nichts ist in dieser Hinsicht aufschlußreicher als Untersuchungen über die Dilemmata, mit denen sich die »Ethiker« in Geschäftsbanken konfrontiert sehen, wo sie vor der nicht zu bewältigenden Aufgabe stehen, die Transparenz zu erhöhen, ohne der Profitrate zu schaden – und das in einer Sparte, in der Profite zum Großteil auf asymmetrisch verteilten Informationen beruhen.[46]

Daß dieses Spiel mit den Regeln von der profitorientierten Peripherie bis in den Kern sich als hochlegitim gebender Institutionen hinein vordringen konnte, wurde durch jene Einführung neuer Beziehungen zwischen Kapitalismus und Staat erleichtert, von der weiter oben die Rede war. Wie könnte in einem als Unternehmen geführten, von der Managementlogik durchdrungenen Staat ein »Verantwortungsträger« an die Unverletzbarkeit der Regeln glauben, wenn die Institutionen, die als deren Garanten gelten, sie unablässig umgehen oder modifizieren, um politische und ökonomische Asymmetrien zu maximieren?

Allgemeiner läßt die Lage dieser »Verantwortungsträger« sich heute dadurch kennzeichnen, daß sie die Möglichkeit haben, in zwei verschiedenen Arten von Räumen zugleich zu agieren: einerseits in privaten *Organisationen* und öffentlichen *Verwaltungen*, in denen sie offizielle Leitungspositionen einnehmen, und andererseits

45 Marie-Angèle Hermitte, *Le sang et le droit. Essai sur la transfusion sanguine*, Paris: Seuil 1998. [Die erwähnte Affäre, bei der ein staatlicher Organismus wissentlich kontaminierte Blutkonserven an Hämophile weitergab, führte 1999 zur Anklageerhebung unter anderem gegen den ehemaligen Premierminister Laurent Fabius, der sich mit dieser sprichwörtlich gewordenen Sentenz buchstäblich aus der Affäre zog: er wurde freigesprochen – A. d. Ü.]

46 Vgl. Judith Assouly, »La mise en place des normes déontologiques et la question de la vérité de la finance« (Arbeitsdokument) und »Que vaut la valeur fondamentale des actions calculées par les analystes financiers?« (im Erscheinen begriffen).

in diesen Organisationen gegenüber weitgehend autonomen finanziellen, industriellen und intellektuellen *Netzwerken*, auf denen heute das Funktionieren der neuen Formen des Kapitalismus zu einem guten Teil beruht. Diese doppelte Zugehörigkeit stellt eine Quelle von Spannungen dar. Zum Leiter einer wohletablierten Organisation bestallt zu sein, macht eine gewisse Stabilität erforderlich und geht mit Verpflichtungen und Belastungen einher, die die Beweglichkeit der »Verantwortungsträger« einschränken. Hingegen macht die Valorisierung seiner eigenen Person (die man auch wie ein Unternehmen führt, als eine Art Ich-AG) durch wechselnde Positionierungen in den Netzwerken Mobilität und Ungebundenheit erforderlich. Der Erfolg der Akteure in dominierender Position hängt weitgehend davon ab, wie gut sie die beiden entgegengesetzten Zwänge miteinander zu vereinbaren wissen. Beide Zwänge beeinflussen ihre Beziehung zu den Regeln. Während von den »Verantwortungsträgern« in ihrer offiziellen Leitungsposition vorausgesetzt wird, daß sie Gesetze und Regelungen befolgen, die für sie gelten »wie für jedermann«, haben sie in ihrer Tätigkeit als Netzwerkmanager mit einer Vielfalt unterschiedlicher und meist unvereinbarer Regeln zu spielen, die strategisch genutzt werden wollen, sollen die Interventionsfelder erweitert und potentielle Vorteile maximiert werden.

Dieses gemeinsame Wissen um den *Realismus* stellt eine der Grundlagen des stillschweigenden Einverständnisses unter den Mitgliedern der herrschenden Klasse dar, das sich besonders dann zeigt, wenn einer der ihren, auf frischer Tat ertappt, mit Kritik konfrontiert wird. Gewiß, er hat die Regel umgangen und ist damit zugebenermaßen »etwas zu weit« gegangen. Er hat »ein wenig übertrieben«. Aber bevor man den ersten Stein auf ihn wirft, womöglich noch in aller Öffentlichkeit, und damit gemeinsame Sache mit denen macht, die ihn in der Mangel haben (vor allem, wenn es sich dabei um bloß ausführendes Personal handelt, das unfähig ist, die auf den »Verantwortungsträgern« lastende Bürde zu erfassen) – sollte man da nicht erst einmal prüfen, ob man bei anderen Gelegenheiten nicht selbst auch etwas locker mit den Regeln umgegangen war ... natürlich gezwungenermaßen! Wie nun aber diese Notwendigkeit Leuten verständlich machen, die keine anderen Bestimmungsfaktoren kennen als die sich ihnen gewissermaßen von außen aufzwingenden Regeln und denen die Fähigkeit zum Einwirken auf die Realität schlechterdings nicht zuerkannt wird?

6. Emanzipation im pragmatischen Sinn

Abschließend wollen wir uns fragen, worin einige der Beiträge der von uns so genannten *pragmatischen Soziologie der Kritik* zu einer Sozialkritik der Herrschaft und damit auch zur Suche nach Wegen zur *Emanzipation* bestehen könnten. Es kann nur darum gehen: *die Rolle der Kritik zu stärken*. Darunter ist zweierlei zu verstehen: die *Stärke* derer zu erhöhen, die ihre Träger sind, und ihre *Macht* zu festigen, das heißt ihre Fähigkeit, sich in die Realität einzuschalten, um deren Konturen zu verändern. Von der Soziologie aus gesehen steht dieses erste Ziel im Zusammenhang mit Analysen zur Konstitutionsweise jener Kollektive, die in asymmetrischer, (je nach historischer Situation und Kontext mehr oder weniger) ausbeuterischer Beziehung stehen. Eine solche Analyse, die im vorhergehenden Abschnitt anhand der Herrschenden skizziert worden ist, wäre auf die Beherrschten auszuweiten. Natürlich wissen wir, daß nicht alle Herrschaftsbeziehungen (in denen Gender, Ethnien usw. zum Tragen kommen können) auf den Raum der sozialen Klassen reduziert werden dürfen; dennoch könnte der in der vorliegenden Arbeit vorgeschlagene Rahmen sich als nützlich erweisen, wenn er zu einer Wiederbelebung einer Soziologie der sozialen Klassen beitragen könnte, die sich nach einem dreißigjährigen Dahindämmern gegenwärtig gerade wieder zu regen beginnt. Das zweite Ziel, von dem gleich noch zu sprechen sein wird, die Festigung der Macht der Kritik, könnte möglicherweise daraus Nutzen ziehen, wie hier versucht worden ist, über den hermeneutischen Widerspruch die Frage der Institutionen und die der Kritik in ein und denselben analytischen Rahmen zu stellen.

Soziale Klassen und Handeln

Eine aus der Perspektive der Herrschaft vorgenommene Studie der sozialen Klassen könnte sich auf die – im letzten Abschnitt skizzierte – Analyse des Verhältnisses zur Regel stützen wie auch Handlungskapazitäten einbeziehen. So ließen sich unterscheiden: Akteure, die über eine breite Palette von Handlungsmöglichkeiten verfügen, die sich nicht nur auf ihr eigenes Leben erstrecken, sondern auf das einer mehr oder minder großen Zahl anderer Personen. Zweitens Akteure, die ihr eigenes Leben verhältnismäßig gut im Griff haben, aber nur wenig Möglichkeiten besitzen, das der anderen zu beeinflussen. Drittens Akteure, die weder ihr Leben noch das der anderen in der Hand haben.

Im Hinblick auf ihre jeweilige Unterwerfung unter Regeln sind Herrschende und Beherrschte in einer symmetrischen und inversen Position: Jene machen sie, aber sind relativ frei darin, ihnen zu folgen; diesen werden sie von außen aufgezwungen, aber sie müssen sich an sie halten. Zur Klärung dieser Differenz könnte man vielleicht auf den von Durkheim postulierten Gegensatz zwischen »technischer Regel« und »moralischer Regel« rekurrieren.[1] Erstere, so Durkheim, »ergeben sich mechanisch aus dem Akt der Verletzung«. Die Beziehung von Regel und Sanktion ist eine »analytische«. Im Fall der »moralischen Regel« »(sind) die Handlung und ihre Konsequenz [...] absolut heterogen [...]. Das Band, welches die Handlung mit ihrer Konsequenz verknüpft, ist hier ein *synthetisches* Band.« Während »Verantwortungsträger« die Regeln wie *technische Regeln* behandeln können, das heißt auf instrumentelle Art, werden dieselben Regeln den Untergebenen als *moralische Regel* auferlegt, das heißt als würden sie gleichsam um ihrer selbst willen gelten. In diesem Fall zieht die (als Verstoß aufgefaßte) Regelverletzung unabhängig von ihren Auswirkungen eine Sanktion nach sich, und nicht das Scheitern als Konsequenz mangelhafter (oder im Gegenteil allzu strikter) Befolgung.

Heißt das: »Verantwortungsträger« haben keine Moral? Gewiß nicht, aber sie haben eben eine »höhere« Moral. In ihrem Anspruch, die Totalität zu verkörpern (und damit die »Kleinen zu begreifen«, sie zu verstehen und erfassen – mehr dazu in *Über die Rechtfertigung*), sind diese »Großen« der Ansicht, nur an der Elle des Erfolgs oder letztlichen Mißerfolgs ihrer Unternehmungen bemessen werden zu können. Und so reklamieren sie eine Dauer, die die eines Menschenlebens weit überschreiten kann (»die Geschichte wird richten«). Kein Wunder, daß die Entscheidung darüber, was »letzten Endes« gelten soll, immer wieder Kontroversen heraufbeschwört. Der Moment, an dem Bilanz gezogen wird, läßt sich beschleunigen oder aber in eine ferne Zukunft verschieben, je nach den Interessen der Betreffenden, setzt der Akt des *Einen-Prozeß-Abschließens* doch eine Abgrenzung voraus, wie sie auch von Institutionen vollzogen wird (sehr schön zum Beispiel an den Auseinandersetzungen zwischen den Historikern hinsichtlich der Fra-

1 Emile Durkheim, *Soziologie und Philosophie.* Aus dem Französischen von Eva Moldenhauer, Frankfurt am Main: Suhrkamp 1967, S. 93-97.

ge der »Periodisierung« zu sehen). Die Kontrolle über die Dauer ist demzufolge für die »Verantwortungsträger« von allergrößter Wichtigkeit.
Hauptziel eines »Verantwortungsträgers« ist mithin, sich derart in einen zeitlichen Horizont zu stellen, daß die Realität ihm am Ende recht gibt, selbst wenn, gemessen an den aktuellen Prüfungen, seine Aktionen eher zum Scheitern verurteilt zu sein scheinen. Das heißt »überleben« oder auch, in der Sprache der Eliten, erst »in die Wüste geschickt werden«, dann »wieder gefragt sein«. In diesem Sinn ist der Höhergestellte (Herrschende) dem »Überlebenden« Elias Canettis vergleichbar.[2] Mehr als alles andere will er noch da sein, wenn all die anderen, die Treuergebenen wie seine Konkurrenten und Feinde, gefällt sein werden, was ihn vergewissert, daß er der *Größte* ist: »Wem dieses Überleben oft gelingt, der ist ein *Held*. Er ist stärker. Er hat mehr Leben in sich. Die höheren Mächte sind ihm gewogen.«[3] Der »Verantwortungsträger«, der sich behauptet, der überlebt, ist dessen nur gewiß, wenn er die um ihn liegenden Toten sieht. Das Überleben ist für ihn der – einzige – Beweis für seinen Sieg. Selbst bei einem offenbaren Scheitern (aber die Hoffnung bleibt immer, ein Scheitern in einen Sieg zu wenden, indem der Moment der Schlußabrechnung hinausgezögert wird) wird er sich schmeicheln können, *Entscheidungen* getroffen zu haben, ohne allzusehr an Rechtfertigungen zu denken. Entscheiden gehört zum Privileg des »Verantwortungsträgers« und macht seinen ganzen Stolz aus. Dabei ist es nur ein Nebeneffekt der ihm gegebenen Handlungsfähigkeit, die selbst abhängig ist von der Kontrolle über eine breite Palette von Hilfsmitteln. Anders als Elias Canetti am Schluß seines Werks nahezulegen scheint, steht das Streben nach Überleben nicht weniger im Zusammenhang mit Herrschaft und Gewalt, wenn es sich vom physischen Körper auf den *Namen* verschiebt. Und dies in besonderem Maße wohl in der

2 Elias Canetti, *Masse und Macht*. München: Hanser 1994, S. 249 f.

3 Im ersten Band seines »der freiwilligen Knechtschaft« gewidmeten Werks, *Les morts d'accompagnement* (*La Servitude volontaire*, Bd. 1: *Les morts d'accompagnement*, Paris: Editions Errance 2004) untersucht Alain Testart den nahezu universellen Brauch, beim Tod eines Anführers bzw. Häuptlings dessen Vertraute zu töten und um sein Grab herum zu beerdigen. Diese Männer des Vertrauens waren häufig höherrangige Sklaven oder arme und unterworfene Menschen, die ohne jede Zugehörigkeit und zumal familiäre Bindungen lediglich ihrem Anführer gegenüber loyal waren. Alain Testart sieht in dieser Praktik eine der Ursprünge des Staates. Sie verschwindet (z. B. in China), als sich Bürokratien etablieren.

Epoche des »kognitiven Kapitalismus«,[4] der einen Großteil der Verwertung des Kapitals auf die Behandlung von immateriellen und symbolischen Gütern verlegt. Tatsächlich ist es immer häufiger der *Name* des »Verantwortungsträgers«, in dem nicht nur die Anerkennung aufgrund der eingenommenen Machtpositionen in Organisationen, sondern auch die Ergebnisse des Verwertungsprozesses konvergieren, die mittels rascher Standortwechsel in den Netzwerken realisiert werden.

Zunächst also daraus, im Augenblick der Entscheidung sich dem Risiko gestellt und die Regeln umgangen zu haben, zieht der »Verantwortungsträger« (Herrschende) seinen persönlichen Stolz, auf den er sich stützt, um die von ihm Beherrschten verachten zu können. Denn sind sie es nicht, die aus diesem Blickwinkel »kein Risiko eingegangen«, die vor der Gefahr in Deckung gegangen sind, weil sie lediglich gehorcht haben, anders gesagt, den Regeln gemäß gehandelt haben, nichts anderes gemacht haben als genau das, was der Höhergestellte von ihnen erwartete? In dieser Hinsicht ist die Klasse der »Verantwortungsträger« – die herrschende Klasse – also die Klasse derer, die zu allem bereit sind, um zu überleben, und die auch die meisten Chancen haben, daß es ihnen gelingt, weil sie über die breiteste Palette an Handlungsmitteln verfügen – zu deren wichtigsten und für ihr Überleben nützlichsten Mitteln niemand anderes als die Beherrschten zählen, über die sie sich Macht sichern, indem sie ihre Handlungsmöglichkeiten beschränken. Aber auch die Klasse derer zählt dazu, die der Ansicht sind, daß dieses Überleben *notwendig* ist, da es die Realität realisiert und damit der Masse derer ein temporäres Überleben verschafft (bestenfalls Nahrung, Unterkunft usw.), die, der Prüfung durch die Realität unterworfen, das heißt ihrer – der »Verantwortungsträger« – Macht unterworfen, letzten Ende ja doch dazu bestimmt sind, zu verschwinden – zumindest aus dem kollektiven Gedächtnis.

Auf der anderen Seite ist der Beherrschte (dessen Grenzfall der Sklave ist) jedenfalls der Tendenz nach ein *Namenloser*. Selbst wenn zu seinen Lebzeiten und in der allerengsten Umgebung, unter seinen Nächsten, eine Abfolge von Phonemen dazu dient, ihn zu bezeichnen, reicht dies doch für einen Namen nicht aus. Es kann sich auch nur um eine praktische Bezeichnung handeln (etwa einen Spitznamen). Doch selbst wenn sie kraft Gesetz gefestigt ist, wird es das Schicksal dieser bloßen Bezeichnung sein, mit dem physi-

4 Yan Moulier Boutang, *Le capitalisme cognitif. La nouvelle grande transformation*, Paris: Editions Amsterdam 2007.

schen Ableben ihres Trägers ebenfalls zu verschwinden. Der Zeithorizont der Beherrschten ist auf die Zeit ihres physischen Lebens begrenzt – die statistisch gesehen immer viel kürzer ist als die der Herrschenden[5] – und, sollte sich ihre Lage verbessern, auf die Hoffnung, die sie in ihre Nachkommen setzen können. Gerade weil es nicht ihr Schicksal ist, zu den Überlebenden zu gehören, selbst wenn sie im Lebenskampf bestehen, bleibt den Beherrschten kein anderer Ausweg, um sich zu halten, als auf der Seite der *Zugehörigkeit*, das heißt der *Solidarität* (der Klasse, des Gender, der Hautfarbe, der Ethnie usw.) die Kraft zu suchen, deren es bedarf, um zu einer Größe zu gelangen, die sie, jeder für sich allein, nie erreichen, ja nicht einmal beanspruchen können.

Aus der hier vorgelegten Analyseskizze sollte nun aber nicht gefolgert werden, daß jene, die (im Gegensatz zu den Herrschenden in der hier verwendeten Bedeutung des Wortes) als Beherrschte bezeichnet werden können – oder auch, wenn man will, als *Verantwortungslose* (im Gegensatz zu den »Verantwortungsträgern«) –, weil sie über wenig Mittel verfügen, auf die Realität ihres eigenen Lebens einzuwirken, geschweige denn auf das der anderen, und weil sie den Prüfungen ausgeliefert sind, ohne deren Formate verändern zu können, daß diese Beherrschten also den Regeln, die ihnen auferlegt sind, vorbehaltlos zustimmen und sie gleichsam für bare Münze nehmen würden. Doch da ihnen die Möglichkeit fehlt, sie zu gestalten und davon zu profitieren, das heißt schlicht, da sie von der wirtschaftlichen Macht und von politischem Handeln ferngehalten werden, bleiben ihnen nur zwei Wege, die Last der Regeln erträglich zu machen: zum einen relativistischer Skeptizismus (gespeichert in Form von geflügelten Worten wie »Rin in die Kartoffeln, raus aus die Kartoffeln« oder »Ick wundere mir über jarnischt mehr«); er geht häufig einher mit einer Art Spaltung, der Aufteilung in Situationen eher öffentlicher Selbstdarstellung (zumal am Arbeitsplatz), in denen die Regeln ostentativ befolgt werden, und versteckter, in denen man unter sich ist und die Regeln mit Lust und Freude übertritt (Praktiken des »Wilderns«, wie sie einst von Michel de Certeau hervorgehoben wurden[6]). Zum anderen (und dies könnte eher die intermediären sozialen Positionen

5 Tatsächlich liegt die statistische Lebenserwartung der Mittellosesten in den westlichen Gesellschaften – einmal ganz zu schweigen von denen der südlichen Halbkugel – deutlich unter der der Angehörigen der Eliten.

6 Michel de Certeau, *L'invention du quotidien*. Bd. 1: *Art de faire*, Paris: Gallimard 1990.

kennzeichnen) eine Mischung aus Skeptizismus und immer wieder enttäuschtem Glauben. Wie der von Claude Lévi-Strauss beschriebene Schamane[7] haben die den intermediären Kategorien Zugehörigen, die in unmittelbarer Nähe der »Verantwortungsträger« ihre Arbeit verrichten (also die Assistenten, Sekretäre, Buchhalter, Lehrer, Ausbilder usw., wobei festzuhalten ist, daß es sich dabei häufig um weibliche Berufe handelt), hautnah miterlebt, wie – in ihren Augen – skandalös die Herrschenden mit Regeln umgehen, aber sie glauben weiter daran, daß es irgendwo doch integere »Verantwortungsträger« geben muß, das heißt solche, die den Idealen folgen, denen sie selbst trotz allem zustimmen möchten. Sie glauben weiter an die Möglichkeit einer Gesellschaft, in der Regeln, Qualifikationen und Formate, buchstäblich – *buchstabengetreu* – angewendet, eins sind mit einer Realität aus einem Guß. Freilich ist in diesem meritokratischen und, allgemeiner, moralistischen Ideal nur unschwer eine Gesellschaft zu erkennen, die nur in dem Maße als vollkommen »authentisch« beurteilt würde, in dem sie rundweg fundamentalistisch wäre.[8]

7 Claude Lévi-Strauss, »Der Zauberer und seine Magie«, in: Claude Lévi-Strauss, *Strukturale Anthropologie*. Aus dem Französischen von Hans Naumann, Frankfurt am Main: Suhrkamp 1967.

8 Dieses – zugegeben noch recht schlichte – Schema machen sich zahlreiche sozialanthropologische Beschreibungen von Gesellschaften zunutze, die auf einem Initiationsmodell basieren (siehe insbesondere die bereits zitierte Nummer der Zeitschrift *Incidence* von 2006 zu diesem Thema, die neben dem wiederveröffentlichten Artikel Octave Mannonis, von dem bereits die Rede war (»Je sais bien, mais quand même ...«), und dem von Claude Lévi-Strauss (»Le père Noël supplicié«) Studien von und im Umkreis von Donald Tuzin zu *tambaran*, einem männlichen Initiationsritus bei den Arapesh in Neu Guinea enthält. Als Beispiel kann die von Octave Mannoni erwähnte Hopi-Gesellschaft genommen werden, wie sie sich aus der autobiographischen Erinnerung von Talayesva ergibt (*Soleil Hopi*, Paris: Plon 1959). Ein solches Modell umfaßt drei Typen von Akteuren: zum ersten die *getäuschten Kinder*. Sie glauben wirklich, daß die Katschinas bei bestimmten Festen auf dem Dorfplatz tanzen werden und daß sie die Macht haben, sie zu bestrafen oder zu belohnen. Zum zweiten die gerade in der Initiationsphase befindlichen *Jugendlichen*, die erkennen, daß die Katschinas niemand anderes sind als ihre eigenen maskierten Väter und Onkel und darüber in Unruhe verfallen, die bis zum Nihilismus gehen kann – ein Zustand, dem vergleichbar, den wir in unseren Gesellschaften als Adoleszenzkrise bezeichnen. Zum dritten *erwachsene Männer*, die die Initiation ausführen, die das Vertrauen der Jugendlichen wiederherstellen, indem sie sie initiieren, das heißt dazu bringen anzuerkennen, daß, selbst wenn die Körper, die sie mit Furcht und Zittern auf dem Dorfplatz haben tanzen sehen, nicht wirklich, buchstäblich, buchstabengetreu, die von Geistern waren, diese Geister doch anwesend waren, aber eben, wenn dieser Pleonasmus erlaubt ist, *im Geist*. Schließlich zum vierten vom Initiationsprozeß

Das kritische Projekt einer Verminderung der Privilegien, die den herrschenden Klassen aus ihrem besonderen Verhältnis zu den Regeln zufließt, und eines Engagements für die Emanzipation der bislang zum Gehorsam gezwungenen beherrschten Klassen setzt ein radikal anderes politisches Verhältnis zum hermeneutischen Widerspruch voraus: er muß in unter allen Mitgliedern des Kollektivs gleich verteilten Modalitäten explizit gemacht werden können.
Die reflexive Rückwendung zum hermeneutischen Widerspruch führte nicht zu einer Ablehnung der Kritik im Namen einer – gegenwärtig selbst links sehr in Mode gekommenen – Aufwertung (unterstellter) Quellen der Autorität (das »Gesetz des Vaters«, der unparteiische Staat, das Recht, die verabsolutierte Wissenschaft usw.), kann eine solche Aufwertung doch nur die Gefahr erhöhen, daß die von den Institutionen ausgeübte symbolische Gewalt sich verstärkt. Noch führte sie umgekehrt zum Verzicht auf jede Vorstellung von Institution überhaupt, hieße das doch, sich der positiven Funktionen zu berauben, die diese auch übernimmt. Gedacht ist hier insbesondere an die Aufgabe, den Personen ein Mindestmaß an semantischer Sicherheit zu garantieren, die es ihnen ermöglicht, sich in jeder Situation, in der sie sich vorfinden, neuerlich der eigenen Identität zu versichern – was dazu beiträgt, sie in allerdings höchst variablem Umfang der Brutalität der kontextuellen Formen von Herrschaft zu entziehen, die bis zu völliger Dehumanisierung gehen kann. Jene reflexive Orientierung böte die Möglichkeit, die Vertrautheit mit diesem Widerspruch zu verallgemeinern, so daß jeder lernen würde, ihm ins Gesicht zu schauen – und dies weniger, um ihn zu überwinden, als um sich daran zu gewöhnen, mit ihm zusammen, das heißt gemeinsam, in einem Zustand des grundsätzlich Unstabilen, Zerbrechlichen, zu leben.[9]
Alle Auswirkungen einer solchen Rückwendung vorab einzuschätzen erscheint schwierig; aber man darf davon ausgehen, daß sie

ausgeschlossenen *Frauen*, denen gleichermaßen unterstellt wird, sie seien von der Schau der Männer getäuscht, wie die Kinder, und wüßten doch um deren Schliche, zu denen sie diskret einen Beitrag leisten (was übrigens die Vorstellung bestätigt, daß männliche Herrschaft tatsächlich den Archetypus von Herrschaft darstellt, da es letzten Endes wirklich die Frauen sind, die dieser Prozeß mit ihrer zumindest scheinbaren Zustimmung dauerhaft unter der Herrschaft der Männer hält).

9 Philippe Corcuff, *La société de verre. Pour une éthique de la fragilité*, Paris: Armand Colin 2002.

den Menschen die Möglichkeit eröffnete, auf die Kollektive, denen sie selbst angehören, Einfluß auszuüben. Und dies, ohne unter Berufung auf einen illusorischen Konsens (hinter dem sich meist nur Herrschaft versteckt) auf Konflikte zu verzichten, aber auch ohne beim – wie auch immer notwendigen – Moment des Konflikts stehenzubleiben, insofern die Übereinkunft sich auf nichts anderes als den *provisorischen* und *revidierbaren* Charakter der Qualifizierungsweisen, Prüfungsformate und Realitätsdefinitionen gründen könnte. Eine solche Entwicklung, deren utopischer Charakter, gemessen an der gegenwärtig herrschenden politischen Lage, gewiß auf der Hand liegt, beruhte auf einem radikal veränderten Verhältnis von Bestätigungsinstanzen und Instanzen der Kritik. Der Vorrang wäre letzteren gegeben, die dadurch, daß sie nicht institutionalisiert sind und dies nicht sein können, immer unter einem Machtdefizit gegenüber den Bestätigungsinstanzen leiden. In einer derartigen politischen Konfiguration wäre die soziale Welt also dazu gebracht, sich darin wieder- und anzuerkennen, wie sie ist, nämlich in ihrer konstitutiven Fragilität und Unvollendetheit, und sich wieder der Ungewißheit und des Disparaten zu bemächtigen, um sie in das Pantheon ihrer »Werte« zu erheben, statt immer wieder vorzugeben, sie im Namen von Ordnung und Zusammenhalt zu beseitigen. Die fundamentale Differenz von Welt und Realität wäre damit nicht abgeschafft. Aber die Möglichkeit, daß etwas, durch die Kritik der Opakheit der Welt abgetrotzt, sich in das Gewebe der Realität einfügte und so zu deren Veränderung beitrüge, wäre weniger schwer denkbar.

Eine solche in Richtung auf Unterwerfung der Herrschaftsmächte verlaufende Bewegung führte zunächst einmal dazu, jene Ausbeutungsprozesse auszumachen und in Frage zu stellen, die in einer ungleichen Verteilung des *Eigentums* gründen. Dabei wäre jener auf dem Recht basierende Modus der Bindung von Sachen an Personen zu relativieren, an dessen buchstäblichen, stabilen, eindeutigen,[10] ein für allemal festgelegten Charakter nur die glauben, denen er nicht gegeben ist, dessen unstabilen, partiellen und

10 Über die Elastizität des Eigentumsbegriffs siehe Mikhaïl Xifaras, *La propriété. Etude de philosophie du droit*, Paris: PUF 2004. In diesem dem juristischen Denken des 19. Jahrhunderts gewidmeten Werk sind vor allem jene Seiten für unseren Gegenstand von Relevanz, die die Verwirrung bei der Bestimmung des Eigentumsbegriffs betreffen, den die Frage des Verkaufs der Arbeitskraft auslöste, die als von der des Arbeiters unterschiedene Entität aufgefaßt wurde, dessen »Eigentum« sie sei (S. 43-84).

manchmal gleichsam aleatorischen Charakter aber nur zu gut jene kennen, die davon profitieren. Sichtbar wird dies zum Beispiel bei jenen Finanzoperationen, die auf Außenständen beruhen, von denen ein schwer einzuschätzender Teil als »ungewiß« qualifiziert wird (nicht nur in dem Sinne, daß Gläubiger als wenig solvent bewertet werden, sondern auch in dem, daß Unsicherheit darüber besteht, in welchen Portefeuilles sich diese Titel eigentlich befinden), was nicht im mindesten daran hindert, daraus Profit zu ziehen. Ähnliches ließe sich über die Bestimmung des Werts der Güter und nicht zuletzt der Unternehmen sagen, die weitgehend von buchhalterischen Konventionen zur Aufteilung zwischen Aktiva und Passiva abhängt.

Diese Prekarisierung der Eigentumsbindungen und der an die Güter gebundenen Werte wäre aber auf die Personen zu erweitern, also die Bewertungen der Qualitäten der Akteure oder deren »Exzellenz«-Niveaus so lange wie möglich hinauszuzögern und weitestmöglich reversibel zu machen. Damit würde man namentlich die schulischen und bürokratischen Bewertungen ins Leere laufen lassen, die bei der Aufrechterhaltung der sozialen Hierarchie eine so eminente Rolle spielen. Ganz zu schweigen von den möglichen Auswirkungen dieses Wandels auf eine Verminderung des »Individualismus«, diese von Soziologen und Politikern gleichermaßen als unaufhaltsam hingestellte und zugleich lauthals bedauerte Tendenz, wobei nicht immer erkannt wird, daß sie größtenteils aus der Fortentwicklung neoliberaler Evaluationspraktiken resultiert, die die Akteure pausenlos als Konkurrenten aufeinanderhetzen. Durchaus denkbar, daß eine Lockerung der Eigentumsbindungen und eine Minderung der Rechtsansprüche auf hierarchische Zugehörigkeit eine Stärkung egalitärer Tendenzen und damit solidarischer Beziehungen zur Folge hätte.

Davon bleibt freilich unberührt, daß jede Bewegung in diese Richtung eine bessere Verteilung der Handlungsmöglichkeiten, das heißt, in klaren Worten, der politischen Möglichkeiten voraussetzt, die Realität durch deren Öffnung zur Welt zu transformieren. Heutzutage wird die Kritik gerade durch den Rückzug der Realität auf sich selbst entmutigt. In dieser unserer gegenwärtigen Situation von Herrschaft vermag sich die Kritik, obwohl doch durch *Wahrheitsprüfungen* nur unwesentlich behindert und zumindest dem Wort nach formell frei (die »Meinungsdemokratie«), nur mühsam von den *Realitätsprüfungen* loszureißen (oder, was auf dasselbe hinausläuft, von ihrer gleichermaßen radikalen wie vergeblichen Ablehnung), um aus den *existentiellen Prüfungen*, das heißt aus dem Strom des Lebens selbst, neue Kräfte zu schöpfen. Dies führt zu dem Paradox – sicher einer der Gründe für die gegenwärtige Malaise, zumal der Linken (deutlich spürbar in der Welt der Kunst, wovon etwa die Formen zeugen, die die Kritik im zeitgenössischen Theater annimmt) – einer Kritik, die sehr präsent ist und den starken Wunsch verspürt, zu existieren und sich zu bekunden, und die sich zur gleichen Zeit ihrer Schwierigkeit höchst bewußt ist, auf die Realität auch nur den geringsten Einfluß ausüben zu können. Es herrscht der Eindruck, als erschöpfe sich die Kritik in einem Wettlauf mit einer Realität, die robust genug scheint – nicht zuletzt dadurch, daß sie unaufhörlich von dazu beauftragten Experten, darunter zahlreichen Soziologen, zurechtgeflickt wird –, sie in ihrem Höhenflug zu stoppen, zu integrieren und zum Schweigen zu bringen, bevor sie noch selbst begriffen hat, wohin ihr Flug eigentlich ging.

Den Akzent auf die Komplementarität zwischen einerseits der Rolle der Kritik und andererseits der Stellung der Institutionen legen heißt nun aber nicht, eine Art von Gigantomachie postulieren, die zu schicksalhafter, ewiger Wiederkehr verurteilt wäre. Unter dem Blickwinkel des hermeneutischen Widerspruchs entzieht sich die Arbeit der Kritik solcher Zirkularität, um sich an einer Achse auszurichten, die in Richtung auf *Befreiung* oder *Emanzipation* weist (ohne, anders als die fortschrittlichen Sozialphilosophien es wollten, unbedingt zeitlich orientiert zu sein). Die Bezugnahme auf den hermeneutischen Widerspruch ermöglicht es, die Grundbedeutung der beiden Termini so zu verschieben, daß sie sich nicht mehr mit der Frage einer mehr oder minder großen individuellen Autonomie oder der Emanzipation von persönlichen Abhängigkeiten deckt, mit denen sie seit der Aufklärung häufig in Verbindung gebracht wurden. Am hermeneutischen Widerspruch ausgerichtet, bezeichnet Emanzipation einen Weg hin zur Veränderung des Verhältnisses zwischen dem Kollektiv und den Institutionen. Am Ende dieses Wegs kann nicht die Auflösung aller Institutionen stehen – wofür bisweilen die libertären Strömungen eingestanden sind, zwar nicht unbedingt die radikalsten, aber doch die, die sich am stärksten auf das in der eigenen Person als Einzelnem begründete Eigentum an sich selbst zentrierten[11] – da die Institutionen,

11 Darin beruht eine der zentralen Spannungen, mit denen die libertären Denkströmungen und die anarchistischen Bewegungen konfrontiert waren, die sich, schematisch gesprochen, zwischen zwei Polen aufteilten: einem individualisti-

wie zu belegen versucht wurde, für das kollektive Leben unabdingbar sind. Aber er kann doch dazu führen, die Institutionen von diversen Formen der Überdetermination zu säubern, auf die sie sich berufen, um ihr Bestehen zu legitimieren und die in ihnen angelegte Gewalt zu verschleiern. Diese Säuberung bestünde darin, aufzudecken, was jeder immer schon geahnt, aber nie bewußt anerkannt hat, nämlich daß die Institutionen nicht nur *grundlos* sind, daß die von ihnen ausgeübte Macht auf einem »leeren Ort« beruht – wie Claude Lefort es nannte[12] –, sondern daß die Anerkennung des Fehlens eines von außen nach innen projizierten Bürgen jene nicht besonders in Gefahr bringt oder, wenn man so will, sie nicht fragiler macht, als sie es ohnehin schon sind. Die Anerkennung dessen, daß ihr Schicksal an das der Kritik gebunden ist, könnte die Institutionen in gewisser Hinsicht sogar konsolidieren. Denn nur vermittels der (reformistischen) Kritik, die die Gültigkeit der Realitätsprüfungen in Frage stellt, können sich die Institutionen die Hoffnung machen, an etwas Reales anzuknüpfen, und nur vermittels (radikaler) Formen der existentiellen Kritik hoffen, mit der Welt in Kontakt zu bleiben. Sich selbst, das heißt den Wahrheitsprüfungen und diesen allein, überlassen, wären sie zum Untergang verdammt.

Anerkennen, daß der hermeneutische Widerspruch im Kern des sozialen Lebens vorhanden ist, läuft nicht nur darauf hinaus, die Faktizität der Institutionen anzuerkennen, das heißt die Tatsache, daß sie *gemacht* sind, sondern, einen Schritt weiter gehend, daß diese Operation nie die Möglichkeit schafft, eine Instanz zu verwirklichen, die mit ihrem Begriff übereinstimmt. Keine Institution

schen mit Max Stirner als Hauptvertreter und einem kommunistischen, vertreten durch Michael Bakunin, bzw. altruistischen und egalitaristischen, vertreten durch Pjotr Kropotkin (siehe Daniel Guérin, *Ni Dieu ni Maître. Anthologie de l'anarchisme*, Paris: La Découverte 1999 [1970], und Peter Marschall, *Demanding the Impossible. A History of Anarchism*, London: Harper Perennial 2008). Wie Irène Pereira in ihrer Thèse zeigt (»Un nouvel esprit contestataire. Une grammaire pragmatiste dans le syndicalisme d'action directe d'inspiration libertaire«), könnte die gegenwärtig zu beobachtende Konvergenz zwischen Strömungen, die vom Pragmatismus inspiriert sind, und solchen, die sich auf die libertäre Tradition beziehen, diese Spannungen reduzieren. In dieselbe Richtung zielt übrigens auch Philippe Corcuff mit seinem Versuch, Kompromisse zwischen »zeitgenössischem Individualismus« und »sozialer Gerechtigkeit« zu formulieren (Philippe Corcuff, Jacques Ion und François de Singly, *Politiques de l'individualisme*, Paris: Textuel 2005).

12 Claude Lefort, *Fortdauer des Theologisch-Politischen?* Aus dem Französischen von Hans Scheulen und Ariane Cuvelier, Wien: Passagen Verlag 1999, S. 61.

ist auf der Höhe ihrer selbst, sie kann es nie sein. Und das ist gut so. Ohne Bedauern könnte man daher zugeben, daß sie nichts anderes sind als mehr oder minder gut geratene Arrangements zwischen temporären Wesen mit dem Ziel, das Tempo der Veränderung zu drosseln und ihm eine Form zu geben. Doch das hindert sie nicht, die gleichermaßen notwendige wie schwache Rolle zu spielen, die man von ihnen erwartet. Und die Kritik, noch weit davon entfernt, ihre Aufgabe beendet zu haben, müßte deshalb nicht zwangsläufig von der Bühne verschwinden, sondern würde sich im Gegenteil behaupten, neue Formen des Verhältnisses zwischen den kritischen und den institutionellen Instanzen etablieren und dabei zugleich ihre eigene Fragilität anerkennen. Zu hoffen ist, daß das erste Opfer dieser neugestalteten Beziehung zwischen den praktischen Kollektiven und den Institutionen, zwischen den Mächten der Kritik und den Kräften der Bestätigung niemand anderes als der Nationalstaat wäre, zumindest in seiner gegenwärtigen Gestalt. Ohnehin haben die, die ihm Dauer verleihen sollen, immer mehr Mühe damit.

Um in dieser Richtung voranzukommen, dürfte wohl kein anderer Weg gangbar sein als der ewige Weg der Revolte. Solche Revolten manifestieren sich bereits in Ansätzen; häufig sind es Revolten *gegen die Prüfungen*, zumal gegen die Auswahlprüfungen, wie wohlgemeint und fehlerfrei diese unter meritokratischen Gesichtspunkten auch sein mögen. Dies bringt ihnen von seiten nicht nur der Rechten, sondern auch der sozialdemokratischen Linken die Bezeichnung »nihilistisch« ein: Revolten gegen die Schule, gegen die Unternehmen, gegen die Arbeit und zuweilen sogar gegen die Eigenwerbung der Demokratie. Aktuell nehmen sie meistens die Form unüberlegten Ausrastens an, gewaltsamen körperlichen Einsatzes – zumal wenn die einsetzbaren Ressourcen nur unwesentlich über die hinausgehen, die der eigene Körper bietet –, oder aber sie äußern sich als Absetzbewegungen, besonders dann, wenn der Besitz einer schulisch beglaubigten Kompetenz das materielle Überleben am Rande der anerkannten Prüfungspisten, wenn auch in der Prekarität, ermöglicht.

Der Staat ist noch immer das Instrument, das vermittels öffentlicher sozialstaatlicher Maßnahmen ein Leben am Rande ermöglicht, wie prekär und schwierig es auch sei. Doch auch der Staat wird innerhalb dieser noch konturenlosen Komplexe, deren Existenzweise durch *Prekarität* gekennzeichnet ist und die gegenwärtig mehr dem entsprechen, was man *affinitäre Kollektive* nennen könnte, als sozialen Klassen im herkömmlichen Sinn des Wortes, immer mehr bewußt in Frage gestellt. Der Protest richtet sich zunächst gegen ihn als Hauptgaranten der Auswahlprüfungen (in dieser Hinsicht ist die Beteiligung zahlreicher Personen mit höherem Schulabschluß und prekärer Lebenssituation am Kampf zugunsten der illegalen Einwanderer, der »sans-papiers«, sehr bezeichnend).

Das wachsende Desinteresse, auf das der Staat stößt, insofern er als bloße Ressource behandelt wird, deren man sich bedient, um ein randständig geprägtes Leben zu führen – ein Desinteresse, das oberflächlich gesehen als Politikverdrossenheit interpretiert werden kann, was sicher bei weitem nicht zutrifft –, entwickelt sich parallel zum Interesse an Thematiken, die sich auf andere, wie auch immer vage Formen der Konstitution einer gemeinsamen Welt richten, und zwar unter Rückgriff auf die Sprache von Gemeinschaften, Kommunen oder auch Netzwerken. Doch auf welche Formen sich diese noch zaudernden und verschwommenen Aspirationen auch richten werden, sie zeugen von der Suche nach einer sozialen Welt, in der das Verhältnis von Bestätigungsmächten und Mächten der Kritik so kurz geschlossen ist, daß Handeln wirksam werden kann – was wenn nicht den totalen Verzicht auf die Form des Staats, so doch dessen tiefgreifende Veränderung voraussetzt.

Man könnte einwenden, dieses Desinteresse am Staat – wenn es sich nicht einfach um Verachtung handelt – berge die Gefahr, den Kapitalismus von den mageren Fesseln und Zwängen zu befreien, die die alten Staaten insbesondere sozialdemokratischen Schlages (die immer seltener und immer hinfälliger werden) ihm noch auferlegen. Das stimmt, aber dazu doch einige wenige Bemerkungen. Erstens: Der Kapitalismus war immer schon eng mit dem Staat verbunden. Ohne *institutionelle* Hilfsmittel zur Festlegung von Eigentumsrechten, Qualifizierungen und Standardnormen, ohne die von *administrativer Macht* abhängigen Ressourcen zur Gewährleistung der staatlichen Ordnung und insbesondere der Vertragssicherheit kann der Kapitalismus nicht überleben. So hat – wie wir gesehen haben – die neoliberale Wende in den letzten zwanzig Jahren nicht etwa den Niedergang des Staats zur Folge gehabt, sondern seine Transformation nach dem Unternehmens-Modell, mit der er sich den neuen Formen des Kapitalismus anzupassen suchte. Zweitens: Der Verlust des Vertrauens in den Staat hätte zumindest die segensreiche Wirkung, den Kapitalismus bloßzulegen und die inneren Widersprüche sichtbar zu machen, die zu glätten der Staat immer noch, wenn auch von Mal zu Mal mühsamer, beiträgt. Indem schließlich und endlich den Akteuren und zumal jenen unter ihnen, die gegenwärtig zu den Beherrschten gehören, die Initiative zurückgegeben wird, könnte eine Bewegung wie die soeben skizzierte beträchtliche Energien gegen den Kapitalismus mobilisieren. Dieser könnte damit durch minder brutale Formen der Verwendung der Ressourcen unseres Planeten und durch ein verändertes Beziehungsgefüge zwischen den Menschen ersetzt werden, das nicht mehr auf Ausbeutung beruht. Damit könnte auch dem – kaum noch aussprechbaren – Wort *Kommunismus* eine emanzipatorische Bedeutung wiedergegeben werden, die es in Jahrzehnten des Staatskapitalismus und totalitärer Gewalt verloren hat.

Zu Beginn dieses Abrisses zur Kritik wurde der Gedanke geäußert, der von schwer zu überwindenden Spannungen heimgesuchten Soziologie und zumal der kritischen Soziologie eigne etwas *Unmögliches*, und gerade deshalb seien sie es wert, betrieben zu werden. Warum dem so ist, mag nun verständlicher geworden sein: Weil nämlich das, womit sie sich beschäftigen, die soziale Realität, *nicht standhält* oder doch jedenfalls nie auf mechanische Weise. Um es mit Jacques Derridas Bemerkung zur Gerechtigkeit zu sagen: »[...] ohne diese unmögliche Erfahrung der Aporie (gibt es) keine Gerechtigkeit [...]. Die Gerechtigkeit ist eine Erfahrung des Unmöglichen«; und daher kann ein »Gerechtigkeitsanspruch« auch nichts anderem entsprechen als einem »Ruf nach Gerechtigkeit«.[13] Ähnlich könnte man sagen, was sich in einem Leben in Gemeinschaft, einem gemeinsamen Leben bekundet, ist der *Ruf* nach einem Leben in Gemeinschaft, der in einem Anerkennung und Verneinung der Unmöglichkeit für die Menschen ist, sich wechselseitig auf kohärente, stabile und gerechte Weise zu binden. Womit gesagt ist, daß, wenn die Soziologie – und zumal die kritische Soziologie – wie die Anthropologie tatsächlich immer wieder »sterbenslangweilige Geschichten« erzählen, wie es die zahlreichen (reaktionären) Reaktionen bestätigen, sie genau darin und damit ihrem Gegenstand am nächsten bleiben. Ihre Rolle ist es, der Gesellschaft – das heißt den Menschen, den sogenannten »Alltagsmenschen« – beizustehen, sich bewußt in jenem Zustand fortwährenden Ungleichgewichts zu halten, ohne den, wie die schlimmsten Prophezeiungen vorhersagen, die Herrschaft tatsächlich alles verschlingen würde.

13 J. Derrida, *Gesetzeskraft. Der »mystische Grund der Autorität«*, a.a.O., S. 33.

Danksagung

All denen zu danken, die zur Ausarbeitung dieses Werks einen Beitrag geleistet haben, ist ohne Auslassungen und Unterschlagungen nicht zu bewerkstelligen. Mein Dank geht vor allem an die Mitglieder der ›Groupe de Sociologie Politique et Morale‹ (GSPM), an meine Studenten an der EHESS sowie an die zahlreichen Forscher, die durch Beiträge sei es im Rahmen meines Doktorandenseminars, sei es in dem der GSPM mein Denken stimuliert haben. Viel verdanke ich Damien de Blic, Ève Chiapello, Élisabeth Claverie, Bernard Conein, Nicolas Dodier, Arnaud Esquerre, Bruno Karsenti, Cyril Lemieux, die mit großer Hingabe frühere Etappen dieser Arbeit kritisiert und kommentiert haben. Tomaso Vitale, von der Mailänder Universität, war ebenfalls ein anspruchsvoller Leser und ein begeisterter (und begeisternder) Gesprächspartner. Nützlich waren mir auch die Diskussionen mit Studenten und Kollegen aus der Geschichtswissenschaft (Ariane Boltanski, Robert Descimon, Simona Cerutti, Nicolas Offenstadt), der Anthropologie und Ethnologie (Catherine Alès, François Berthomé, Matthew Carey, Philippe Descola), der Linguistik und den Literaturwissenschaften (Gabriel Bergouinoux, Philippe Roussin) und den Rechtswissenschaften (Olivier Cayla, Marie-Angèle Hermitte, Paolo Napoli und nicht zuletzt mein enger und schmerzlich vermißter Freund Ian Thomas). In Frankfurt kamen meiner Arbeit in großem Maße – neben der Aufmerksamkeit und Zuwendung durch Axel Honneth – die Hilfe Mauro Basaures zugute, dieses so intelligenten wie wohlwollenden Vermittlers zwischen dem Institut für Sozialforschung und der GSPM, aber auch die Bemerkungen weiterer Forscher des Instituts sowie die Robin Celikates' und Nora Sieverdings. Mein Dank geht ebenfalls an Sidonia Blättler, Eva Buddeberg sowie an die beiden Übersetzer Achim Russer und Bernd Schwibs, die die auf französisch geschriebenen und vorgetragenen Vorlesungen in die Sprache Adornos übertragen haben. Doch ohne die stets wachsame Kompetenz meines Bruders, des Linguisten Jean-Elie Boltanski, der alle Etappen der Vorbereitung begleitet hat, hätte dieser Text nicht fertiggestellt werden können.

Teile dieser Arbeit wurden auf verschiedenen Seminaren und Kolloquien vorgelegt und diskutiert, insbesondere auf dem Kolloquium in Frankfurt, das im November 2006 Forscher der GSPM (Laurent Thévenot, Danny Trom) und des Instituts für Sozialforschung zusammenbrachte; auf der von Sandra Laugier an der Universität von Amiens im Dezember 2006 organisierten Tagung über Common sense; auf dem Seminar, das im Mai 2007 von den Herausgebern der Zeitschrift *Tracés*, Arnaud Fossier und Éric Monnet, an der École normale supérieure (Hochschule für Literatur und Sozialwissenschaften in Lyon) organisiert wurde, und im selben Monat auf der von Carlo Séveri am Musée du Quai Branly in Paris zu »Anthropologie und Pragmatik« veranstalteten Tagung; auf dem im Dezember 2007 auf Initiative von Nancy Fraser an der New School for Social Research in New York veranstalteten Hannah-Arendt-Symposium, dann, an derselben Institution, anläßlich eines von Janet Roitman und Ann Stoler im Mai 2008 organisierten Workshops; auf dem Seminar von Antonio Negri im Januar 2008; schließlich auf dem von Philippe Corcuff im Juni 2008 in Cerisy veranstalteten Kolloquium über Individualismus, dessen Kommentare mir sehr nützlich waren.

Pierre Bourdieu
im Suhrkamp Verlag

Ein soziologischer Selbstversuch. Übersetzt von Stephan Egger. Mit einem Nachwort von Franz Schultheis. es 2311. 151 Seiten

Die feinen Unterschiede. Kritik der gesellschaftlichen Urteilskraft. Übersetzt von Bernd Schwibs und Achim Russer. Gebunden und stw 658. 910 Seiten

Homo academicus. Übersetzt von Bernd Schwibs. Gebunden, kartoniert und stw 1002. 455 Seiten

Die männliche Herrschaft. Übersetzt von Jürgen Bolder. 211 Seiten. Gebunden

Meditationen. Zur Kritik der scholastischen Vernunft. Übersetzt von Achim Russer. Gebunden und stw 1695. 335 Seiten

Praktische Vernunft. Zur Theorie des Handelns. Übersetzt von Hella Beister. es 1985. 226 Seiten

Rede und Antwort. Übersetzt von Bernd Schwibs. es 1547. 237 Seiten

Die Regeln der Kunst. Genese und Struktur des literarischen Feldes. Übersetzt von Bernd Schwibs und Achim Russer. stw 1539. 552 Seiten

Sozialer Sinn. Kritik der theoretischen Vernunft. Übersetzt von Günther Seib. stw 1066. 503 Seiten

NF 147/1/8.05

Soziologische Fragen. Übersetzt von Hella Beister und Bernd Schwibs. es 1872. 256 Seiten

Über das Fernsehen. Übersetzt von Achim Russer. es 2054. 140 Seiten

Zur Soziologie der symbolischen Formen. Übersetzt von Wolfgang Fietkau. stw 107. 201 Seiten

Zu Pierre Bourdieu

Bourdieu und Luhmann. Ein Theorienvergleich. Herausgegeben von Armin Nassehi und Gerd Nollmann. stw 1696. 350 Seiten

Pierre Bourdieu: Deutsch-französische Perspektiven. Herausgegeben von Catherine Colliot-Thélène, Etienne François und Gunter Gebauer. stw 1752. 329 Seiten

NF 147/2/8.05

Soziologie und Ökonomie
im Suhrkamp Verlag
Eine Auswahl

Dirk Baecker
- Organisation und Management. Aufsätze. stw 1614. 352 Seiten
- Die Form des Unternehmens. stw 1453. 288 Seiten
- Organisation als System. Aufsätze. stw 1434. 377 Seiten

Ulrich Bröckling. Das unternehmerische Selbst. Soziologie einer Subjektivierungsform. stw 1832. 327 Seiten

Exklusion. Die Debatte über die »Überflüssigen«. Herausgegeben von Heinz Bude und Andreas Willisch. stw 1819. 335 Seiten

Paschen von Flotow. Geld, Wirtschaft und Gesellschaft. Georg Simmels Philosophie des Geldes. stw 1144. 168 Seiten

Eva Illouz
- Gefühle in Zeiten des Kapitalismus. Adorno-Vorlesungen 2004. Aus dem Englischen von Michael Hartmann. stw 1857. 170 Seiten
- Der Konsum der Romantik. Liebe und die kulturellen Widersprüche des Kapitalismus. Aus dem Englischen von Andreas Wirthensohn. Mit einem Vorwort von Axel Honneth. stw 1858. 352 Seiten

Georg Simmel. Philosophie des Geldes. stw 806. 787 Seiten

Urs Stäheli. Spektakuläre Spekulation. Das Populäre der Ökonomie. stw 1810. 401 Seiten

NF 163/1/4.08

Nico Stehr

- Die Moralisierung der Märkte. Eine Gesellschaftstheorie. stw 1831. 379 Seiten
- Wissen und Wirtschaften. Die gesellschaftlichen Grundlagen der modernen Ökonomie. stw 1507. 451 Seiten

Hartmut Winkler. Diskursökonomie. Versuch über die innere Ökonomie der Medien. stw 1683. 258 Seiten

NF 163/2/4.08